Kavra
İyileş

AŞKIM KAPIŞMAK
AYNUR TARTAN

Kavramlarla İyileş / *Aynur Tartan – Aşkım Kapışmak*

Yayıncı ve Matbaa Sertifika No: 10614

Genel yayın yönetmeni Ahmet Bozkurt
Yayıma hazırlayan Burcu Agalar - Mine Şirin
Kapak tasarım Berkcan Okar (www.berkcanokar.com)
Sayfa tasarım Derya Balcı

ISBN: 978-975-10-3775-6

17 18 19 20   7 6 5 4 3 2 1
İstanbul, 2017

Baskı ve Cilt
İnkılâp Kitabevi Yayın Sanayi ve Ticaret AŞ
Çobançeşme Mah. Sanayi Cad. Altay Sk. No. 8
34196 Yenibosna – İstanbul
Tel : (0212) 496 11 11 (Pbx)

İnkılâp Kitabevi Yayın Sanayi ve Ticaret AŞ
Çobançeşme Mah. Sanayi Cad. Altay Sk. No. 8
34196 Yenibosna – İstanbul
Tel   : (0212) 496 11 11 (Pbx)
Faks : (0212) 496 11 12
posta@inkilap.com
inkilap.com

Kavramlarla İyileş

AŞKIM KAPIŞMAK
AYNUR TARTAN

İNKILÂP 90. yıl

Aynur Tartan

Meslek yaşamına gazeteci olarak başlayan ve iletişimin birçok alanında görev yapan Aynur Tartan, aynı zamanda Türkiye Odalar Borsalar Birliği (TOBB) Kadın Girişimciler İcra Kurulu Üyesidir. CNN TÜRK'te "Burada Hayat Var" adlı programı hazırlayıp sunan ve *Hürriyet* gazetesi yazarı olan Tartan'ın mutfak stilistliğinin yanı sıra *Bak Mutfakta Kim Var!*, *Bak Mutfakta Hayat Var!* ve *Bak Mutfakta Barış Var!* adlı üç kitabı bulunmaktadır.

Aşkım Kapışmak

Yayınevimizden yayımlanan diğer kitapları şunlardır:

Kadınlar Sağdan Erkekler Soldan
Küçük Mutluluklar Kitabı
Terzi
Carpe Diem
Dolce Vita
Beni Benimle Aldatır mısın?
Hangi Anne Hangi Babasınız?
Aşkımın Beden Dili
Kalbin Anahtarı 1: Kelimelerle İyileş
Kalbin Anahtarı 2: Ruhuna Dokun
Yaşam Kitabı
Üzümlü Kek

İletişim için
www.askimkapismakakademi.com
Pürtelaş Hasan Efendi Mahallesi
Susam Sokak No:11 Daire:5
Cihangir / Beyoğlu / İstanbul
0212 243 29 48 - 0532 733 03 21

Hayatlarımıza dokunan...
Hayat yolculuğumuzda bize yol olan,
yön olan, yoldaş olan herkese,
tüm dostlara...

İçindekiler

Önsöz

Başlarken, bir şeye başlamanın her zaman ne kadar zor olduğunu hissederek başlıyorum. Ne yazacağınız aklınızdadır ama bunların kâğıda nasıl döküleceğini bilemezsiniz. Sonradan ortaya çıkacak şey, önceden kestirebileceğiniz bir şey değildir. Başka bir deyişle zihninizdeki anlatacaklarınızı hakkıyla kâğıda döküp dökemeyeceğinizden, yazdıklarınızın sonuna gelene dek emin olamazsınız. Çünkü, dil bir kısaltmadır. Zihninizdeki bilgileri hep toparlayarak, bir düzene koyarak, onların içinden seçerek kendinizi dış dünyaya ifade edersiniz. Yazarı sıkıntıya sokan başlama sürecinin bu sıkıntılı ruhsal hali, bu kaygılar kitap bitene kadar yazarla birlikte olur. Bu halinin okuyucu ile paylaşılması ne bir rahatlama isteği ne de ortaya çıkacak eserin eksikliklerinden peşinen bir özür taşımaktadır. Başta da söylediğim gibi, bir şeye başlamaktaki zorluğun izahıdır. İzah etmek veya açıklamak ve tanımlamak bugün modern toplumda pek yapmadığımız bir şey. Fakat klasik eğitimde konuşulan her şey tanımlanma ihtiyacı duyar. O yüzden tanımlama, Sevgili Aynur Tartan ile, onun güzel sorularıyla birlikte başladı. O sordukça ben de kendi bilgi dağarcığımın içinde anlatabildiğim ölçüde tanımlamaya, yorumlamaya; bazen duygularımı, bazen aklımı, bazen fikirlerimi katmaya çalıştım bu kitapta. Pratik olsun istedim. Elinizde, başucunuzda kalsın istedim. İnşallah zaten bildiğiniz, virgülünü, noktasını, bazen unuttuğumuz bilgilerin arasına sıkışıp tam bir paragraf olacak bir eser olur elinizdeki kitap belki de. Öncelikle sevgili dostum Aynur Tartan'a çok teşekkür ediyorum. Hem gazeteci, hem televizyoncu hem de benim kadim dostum. Bu dostluk seminerlerle başladı. Onun usta gazeteciliği, doğru ve yerinde sorularıyla... Bu seminerler daha sonra sizin talebinizle elinizde okuduğunuz kitaba dönüşmeye başladı. İlkiyle başladık, inşallah devamı da gelecek ve bundan sonra, bir dahakine kadar biz de kendimizi geliştirmeye devam edeceğiz. Yeni bilgiler, yeni aydınlanmalar, yeni süreçler bizim zihinlerimize eklendikçe ilerideki eserlere inşallah onları da aktaracağız.

Sevgiyle kalın...
Aşkım Kapışmak

Giriş

Biz, Aşkım'la iki dost, iki yakın arkadaş. Köklerimiz Anadolu... Köklerimiz sevgi... Anadolu insanının rengi, bereketi, sıcaklığı, sevgisi... Ama en çok da sohbeti! Bazen türkü söylerken, bazen şiveli konuşurken, bazen de çocukluğumuzdaki o nostaljik sıcaklığı ararken bulduk kendimizi. Her fırsatta bir araya geldik. Ne kadar dostumuz varsa hepsini birbirimize ortak ettik. Can olduk, canla baş olduk. Hayata, insanlığa dair saatlerce, günlerce konuştuk, paylaştık. Paylaştıkça çoğaldık. Birbirimizi, ruhumuzu, sohbetimizi, kavramları her geçen gün daha çok keşfettik, derinleştik. Önce hayata sonra insanlara baktık. Ve sessiz bir mutsuzluk gördük. Hayatı ve sohbeti derinleştiremeyen insanın suskunluğunu gördük. Ve dedik ki: "Bu sohbetler aramızda kalmasın, tüm dostlarla paylaşalım!" Karar verdik, Aşkım'la kavramlar üzerine uzun ve derin bir yolculuğa çıktık, yollara düştük. Binlerce kalple, binlerce güzel insanla buluştuk, kavramları konuştuk. Ve şimdi sıra sizde. Elinizdeki bu kitapta hayatın kalbinden 9 kavram var: "ahlak", "sevgi", "hoşgörü", "merhamet", "vicdan", "aile", "aidiyet", "kaygı" ve "birlik beraberlik". Hepsi bizden, hepsi içimizden, dilimizden, yüreğimizden. O halde hazır mısınız kavramlarla iyileşmeye?

Sevgi ve iyilikle...
Aynur Tartan

Ahlak

A.T.: Çoğu zaman ahlakla edebi birbirine karıştırıyoruz. Yalan söyleyen, hakaret eden; insana, hayvana, çevreye zarar veren birine "Ahlaksız!" da diyebiliyoruz, "Edepsiz!" de. Ahlaklı, terbiyeli-terbiyesiz, edepli-edepsiz dediğimizde aslında neyi kastederiz? Ahlak ile edebin birbirinden farkı nedir? Ahlak nedir? Edep nedir? Dilimize pelesenk olan "Edepli ol!" sözü nereden gelir?

A.K.: Edep, adabımuaşeretten gelir. Başkasına olan tavrınızdır. "Edepli ol!" sözü de oradan gelir. Ahlak güdüsü ise insanın yaradılışında var, ama aynı zamanda ahlaksızlık güdüsü de insanın fıtratında var. Kendi inancımıza ve ideolojimize göre düşündüğümüzde ahlak, kendimize yapılmasını istemediğimiz şeyi başkasına da yapmamaktır. İnsan kendisine yalan söylenilsin, hakkında dedikodu yapılsın istemez; dolandırılmak, tacize uğramak istemez. Etiğin ve ahlakın içine yalanı, dolandırıcılığı, dedikoduyu, tacizi, her şeyi koyabilirsiniz.

Dindar bir ülkeyiz, çoğunluğu Müslüman bir ülkeyiz. Müslümanların inancına baktığımızda ortaya ahlak çıkıyor ama bu sadece namus olarak algılanıyor. Batı sistemini araştıran, felsefe, psikoloji okuyan birçok arkadaşım var. Farkında mısınız, son zamanlarda Instagram'da, sosyal medyada, bazı televizyon programlarında kimi çok felsefi takılırken, kimi de "Dindarız!" deyip yobazlaşıyor. Toplum bir defa şunu gözden kaçırdı ve burada şöyle bir tehlike ortaya çıktı: İlmin içine maneviyat, maneviyatın içine ilim koymazsanız buradaki yobaz oluyor, diğeri de entelektüel güdük. Yani ikisi bir arada olmadan yürümüyor. Buradaki daha şekilci ve biçimsel, diğerinin ise duyusal zekâsı yerlerde. O nedenle ilimle yoğrulabilmek gerekiyor. Ama ne yazık ki Türkiye'de ilim maneviyatla, maneviyat da ilimle harmanlanamadı. Bu yüzden son beş yılda sosyal medya Mevlânâ *caps*'leriyle doldu.

"Ne olursan ol gel! Bugüne kalır yarına kalmaz!" Bu çok tehlikeli. Yemediği halt kalmamış, dolandırmağı insan yok ama Mevlânâ sözü paylaşıyor. Burada sadece sloganvari bir konuşma var, ama aynı zamanda çok önemli bir mesaj da var: "İnsanın en önemli ihtiyacı telkin!" Nietzsche'den, Aristo'dan paylaşımlar, Mevlânâ *caps*'leri, bizim kendi sözlerimiz... O an kendinizi iyi hissediyorsunuz.

A.T.: Peki, sosyal medyada paylaşım yapmak yerine ne yapabiliriz?

A.K.: Karşımızdakine telkinde bulunabiliriz.

A.T.: Ahlak deyince akla hemen din geliyor. "Ahlakın kaynağı dindir!" diyenler de var, "Ahlakın kaynağı din değildir. Din başka, ahlak başka!" diyenler de. Peki, sence ahlakın kaynağı nedir? Din midir?

A.K.: Ahlakı dini bir terim olarak algılıyoruz ama ahlak ilimin, bilimin içinde de var. Ahlaklı olmak ne dindarın elindedir ne de dindar olmayanın. Bu konuya çok üzülüyorum, çünkü insanlar ahlakı soyut algılıyor. O kadar büyük bir yanlış ki; bu yüzden bu kadar çok insan öldürülüyor, yok sayılıyor, kadınlar taciz ediliyor, dışlanıyor. Ahlak bacak arasında değil, olmamalı da! Ahlak aslında huy demektir. Doğuştan gelen bir şeydir. Eski dilde ahlak için "hay", "huy" derler.

Ahlakın kaynağı her insanın doğuşundadır. Bir doğuştan gelen ahlak vardır, bir de sonradan kazanılan. Dini, dili fark etmiyor; her insan yalan söylememek, insan öldürmemek, hain olmamak ve dürüst olmak üzerine doğar.

A.T.: Ama dünyaya bakıyorum; insanlara, insanlığa bakıyorum, tam tersi bir manzarayla karşılaşıyorum. İnsanlar birbirlerini öldürüyorlar, yalan söylüyorlar, hainlik yapıyorlar, aldatıyorlar, iftira atıyorlar, gıybet yapıyorlar... Ve tüm bunları da büyük bir rahatlıkla yapıyorlar. Ahlak doğuştan geliyorsa manen ve ruhen bu kadar kirlenmek neden?

A.K.: Her insanın temiz ve güzel ahlakı doğuştan geliyor. Bu, Yaradan'ın insana bahşettiği bir şey. Ama doğuştan gelse de, fıtratta olsa da insanoğlu yaşadığı yere göre şekillendiği için sonradan öğrendiği güzel ahlak da var, kötü ahlak da. Çevre, kültür, anne-baba yüzünden "kötü" dediğimiz ahlakı öğreniyor, kirleniyoruz. Ve sonradan öğrendiğimiz, içimize bahşedilenden daha baskın, çünkü yanlışla, doğruyla savaştığımız için bilinç seviyesinde öğreniyoruz.

Bu dünyada sınavımız için yaşıyorsak, sonradan öğrendiğimiz şey çok önemli. İnsan katil de olsa, sapık da olsa, hırsız da olsa, vatan haini de olsa, yalancı da olsa en basitinden en büyüğüne kadar günün sonunda yaptığı yanlıştan sonra vicdan azabı çekebiliyorsa, bu ahlakının sesidir. Ahlak, bir insanın doğru ve sağlıklı yaşaması için yaşam kaynağının ta kendisidir.

A.T.: Dost edineceğiz, eş seçeceğiz, bir iş ortaklığı kuracağız... "İlk görüşte aşk var!" diyorlar, ilk görüşte ahlak var mı? Bir kişinin ahlaklı olup olmadığını nasıl anlarız? Ya da anlayabilir miyiz?

A.K.: Hayır, çok fazla anlayamayız. Ama bir insanın edepli ya da edepsiz olduğunu anlayabiliriz. Bir insan yalan söylediği zaman ona "Ahlaksız!" diyemezsiniz, ama "Edepsiz!" diyebilirsiniz. Biri trafik kurallarını çiğniyorsa; bir eşyaya, hayvana zarar veriyorsa bu onun ahlaksızlığını değil edepsizliğini gösterir. Ahlak ise insanın daha derinindedir. Günün sonunda kendinizle kaldığınızda vicdanınızın sesi gibidir, özünüzden gelir.

A.T.: Ne olmazsa ahlak hayat bulmaz, nefes almaz, çiçek vermez?

A.K.: Ahlakın olmazsa olmazı, insanın kendi dışındaki canlı ve cansızlarla toplumun kabul ettiği normların sınırları içerisinde yaşamasıdır. Bu normların içine her kültür, her inanç kendi maddelerini ekler.

A.T.: Bazı kavramlar toplumdan topluma değişiyor. Mesela bizim "siyah" dediğimiz, başka bir kültürde "beyaz" oluyor. Ahlak da toplumdan topluma, kültürden kültüre değişir mi?

A.K.: E, tabii ki değişir! Temiz ve güzel ahlaklı olmak, insana zarar vermemek, insan hakkında kötü düşünmemek, başka şeylerle ilgili fitnelenmemek, başka canlıların akıbetiyle ilgili kötü düşünmemek, doğaya ve insana zarar vermemek gibi kıstaslar dünyanın hiçbir yerinde değişmez. Bunların hepsi güzel ahlaktır ve dünyanın her yerinde vardır. Ama "Ahlak kültürden kültüre değişir" dediğimizde; Afrika'da, Amerika'da, Türkiye'de, İspanya'da, her yerde farklı sosyal ahlaklar vardır. Bütünüyle, eğer ki bir başkasına zarar vermemek, iyi düşünmek, normların dışına çıkmamaksa, dünyanın her yerinde ahlak denilen şey aynıdır.

A.T.: Batı ile Doğu arasında kavramsal anlamda pek çok farklılık var. Ahlak penceresinden baktığımızda manzara nasıl değişiyor?

A.K.: Batı ahlakını ilimden, Doğu dinden alır. Bu nedenle Batı'nın ahlakına baktığınızda, Batı ahlak için kendi kültüründe ilmi kullanırken, "Ne kadar ilimli olursan o kadar ahlaklı olursun," der. Doğu ise ilimden ziyade dinden beslendiği için biraz daha farklı sınırlar çizer. O yüzden Batı'yla Doğu'nun kültüründeki ahlak çizgisi birbirinden farklıdır. Bu yüzyılda yaşanan en büyük problem ise Batı'nın ilimden beslenip duyguda eksik kalması ve duygusal bir güdüklük yaşaması; Doğu'nun ise ilimden eksik kalıp yola sadece maneviyatla devam ettiği için yobazlaşmasıdır.

A.T.: "Ahlakı güzel!" diyoruz ya da "Kötü ahlaklı!" diyoruz. Ahlakın iyisi, kötüsü, güzeli, çirkini var mı?

A.K.: İyi, kötü, güzel, çirkin... Bunlar bütün duygulara, kavramlara verilen sıfatlardır. Tabii ki de ahlakın iyisi de olur, kötüsü de, ama kişi bunun iyi ya da kötü olduğunun hesabını çok fazla yapamaz. Başka bir kültürde, inançta alkol almak ahlaksızlık olarak görülürken, diğer bir inançta ise alkol almak sosyal bir ilişki kurma aracıdır. İlme bakarsan, bunu dinin dışında düşünürsen zarar veren bir davranış biçimi değildir. İyi, kötü, güzel, çirkin kişinin kendisinde yansıma halidir, yani kişinin karşılığıdır. Kişi kendini iyi ve güzel hissediyorsa, o konuda zaten bir vicdan hesabı, ahlak problemi yaşamaz. Ancak tam tersini hissediyorsa, davranışından, düşüncesinden dolayı kötü hissediyorsa ahlakıyla ilgili kötü sıfatlar belirleyebilir.

A.T.: Ahlaklı olmak aynı zamanda adaletli olmak mı, hak yememek mi, bize yapılmasını istemediğimiz şeyi bir başkasına da yapmamak mı? Nasıl daha güzel ahlaklı oluruz? İşe nereden başlamalıyız?

A.K.: Bir kere ahlak kelimesini sadece din tabanlı düşünmeyerek işe başlayabiliriz. Biliyorsunuz, bizim ülkemizde ahlak deyince akla, din ve dinin emirlerinden biri olduğu geliyor. Evet, ahlak dinin emirlerinden bir tanesidir. Ama ahlaka ilim, felsefe, psikoloji penceresinden de bakabilmek lazım. Güzel ahlaklı olabilmek için kişinin kendi iç nefsiyle, düşünceleriyle barışık olması ve bunun farkında olması gerekir.

"Kimse bilmeden, kimse fark etmeden başkalarıyla ilgili neler düşünüyorum?", "Geleceğimle ilgili bir plan yaparken ulaşmak istediğim hedefe, maddiyata dair ne yorumlar, ne fikirler, ne maddeler belirliyorum?", "Bir şeyi kolay yoldan mı, rahat yoldan mı, hızlı yoldan mı yapıyorum?", "Kimsenin bilmediği alanlarda yanlışlar yapıyor muyum?", "Yalanlar söylüyor muyum?", "İnsanları kandırıyor muyum?", "Cinsel suç işliyor muyum?", "Aldatıyor muyum?"... Kişi kendine bunları sorabilmeli. Bunların hepsi zaten güzel olmayan ahlakın içinde.

Nasıl güzel ahlaklı oluruz? Bunun için de insan kendine şu soruyu sormak zorunda: "Ahlakın getirdiği ölçütleri gerçekten içimde taşıyor muyum? Dinen, ilmen, sosyolojik olarak bunları içimde yaşıyor muyum?" Galiba ahlak kişinin kendi soru cevaplarıyla oluşan bir şey. O yüzden insanın güzel ahlaklı olabilmesi için yapacağı her davranıştan önce, "Bu niyet doğru mu değil mi? Bu konuyla ilgili ne kadar iyi, ne kadar temiz düşünüyorum?" diye kendine sorması gerekir. Soru doğru sorulursa, cevap doğru verilir. Cevap doğru verilirse davranış doğru olmaya başlar. Bu da kişiye ahlaken güzel olduğunun hissiyatını verir.

A.T.: Şöyle bir bakıyorum da hayat, görsel ve yazılı medya, siyaset, aileler, dostluklar, arkadaşlıklar... Hepsinde bir tutam dejenerasyon söz konusu. Dejenere olmuş bir toplumda ahlaktan söz edebilir miyiz?

A.K.: Bu biraz da dejenerasyonun nerede olduğuyla alakalı. Sosyal hayatta dejenerasyon, sosyal medyada dejenerasyon, ahlakta dejenerasyon, siyasette dejenerasyon, ailede dejenerasyon... Bunları birbirinden ayırmak lazım. Ama genel bir yaşam dejenerasyonundan bahsediyorsak eğer, insanlığın dejenere olduğu yerlerde, toplumlarda ahlak bitiyor ve bazı şeyler sloganlaşmaya başlıyor.

A.T.: Son zamanlarda her şey dilimizde. Sevgimiz, saygımız, ilişkimiz, evliliğimiz... Ahlakımız da öyle. Peki, ahlak nasıl sloganlaşır?

A.K.: Herkes kafasına göre, istediği gibi yaşar. İstediği gibi yaşarken de neden-sonuç ilişkisi kurmaz. Kendisine, bir başkasına zararı var mı yok mu düşünmez. Haz odaklıdır ama günün sonunda daha slogan benzeri cümleler kurmaya, "Ben ahlaklıyım!" demeye başlar. Etrafa baktığımızda bir kadının giyimi, makyajı, takısı; bir erkeğin de dış görüntüsünde abartı arttıkça özündeki ahlakın azalmaya başladığını fark ederiz.

A.T.: Gerçekten de etrafımız bedeni zengin ruhu fakir insanlarla doldu. En son trendler, son moda kıyafetler, abartılı makyajlar, aşırı bakımlı erkekler, son model arabalar, şaşaalı evler... Nasıl bu hale geldik?

A.K.: Sebebi şu: Dinimiz olsun, tasavvuf olsun, Budizm öğretilerine bakın; bu öğretilerde insanın dıştan azalma ihtiyacı içten çoğalmasını sağlayan bir süreçtir. Bir insan ne kadar makyajında, takısında, arabasında, tavırlarında, özellikle de beden dilinde aşırıya kaçarsa bu kişi ahlakı sadece dilinde yaşamaya başlar. Toplum içerisinde dış görüntüsü abartılı olan kadınlar ve erkekler, dilinden ahlakı hiç düşürmeyenlerdir. Çünkü, ahlakı gerçekten temiz yaşayanlar dilinde ve bedeninde bunu sergileme ihtiyacı duymazlar. O nedenle bütün felsefeler, din de buna dahil, içe dönmekten, tefekkürden ve konsantrasyondan bahseder.

İnsanın dışında aşırı abartı olursa ne başlar? "Kemerim nasıl duruyor? Saçım nasıl duruyor? Rujum bulaştı mı? Rimelim aktı mı? Arabamı gördüler mi? Yürüyüşüm şöyle mi, duruşum böyle mi?" Aşırı takıntılar içe dönmenizi engeller. Bu da şuna yol açar: Ne kadar dışarı odaklanırsanız başkalarının ahlakıyla ilgili o kadar ahkâm kesmeye başlarsınız.

A.T.: Gündelik telaşlar, hırslar, hesaplar, çıkarlar derken savrulup gidiyoruz. Sürekli bir koşuşturma ve mücadele halindeyiz. Hal böyle olunca edebi, etiği, ahlakı rafa kaldırıyoruz. Bir hayat sıralaması yaparsak, ahlak hayatımızın neresinde olmalı?

A.K.: Ahlak sabah uyandığımız andan akşam yatana dek devam etmeli. Hatta uykuda da devam eden bir süreçtir. Sonra, başkaları hakkında, kendimiz hakkında bir şey düşünürken devreye girmeli. Haber izlerken devrede olmalı. Tamam insanın yaşadığı, nefes aldığı her yerde ahlak yüzde yüz olmayacaktır eminim, ama yine de bir nebze kendini gösterebilmeli ve her yerde olmalı diye düşünüyorum. Ama hayatın kendisi, para kazanmak, karın doyurmak, ilişki kurmak, üremek, büyümek ve gelişmek...

İnsan sürekli bir mücadele halinde olduğu için yanında etiği ve ahlakı kullanmadığınız takdirde ne kadar zengin olursanız olun, ne kadar başarılı olursanız olun, ne kadar ilişkiniz olursa olsun ahlakın olmadığı yerde huzursuzluk başlar. Mesela insanlar gün sonunda huzursuz, gergin, öfkeli ama çok zengin, çok hareketli, çok hiperaktif gözükebilirler. Bu da bize, bir insanın o konuda iyi ve doğru olduğunu göstermez.

A.T.: Edep ile ahlakı birbirinden ayırdık. Edebin adabımuaşeretten geldiğini ve başkalarına olan tavrımız olduğunu

öğrendik. Ahlak ise doğuştan geliyor. Özetle kendimize yapılmasını istemediğimiz şeyi bir başkasına da yapmamak. Peki, bir insan edepli ama ahlaksız olabilir mi?

A.K.: Evet, insan edepli ama ahlaksız olabilir. Dışarıya karşı çok edeplidir, dikkatlidir, saygılıdır, ilgilidir, düzgün yaşar. Ama özünde ahlaksız olabilir. Düşünceleri ahlaksız olur, yalan söyler, fitne sokar, dedikodu yapar, küçümser, aşağılar, aldatır. Bunu tekken, kendiyleyken yapar. Dışarı karşı bir bakarsınız, çok edeplidir. Dikkat edin Avrupa'ya özenmemizin sebebi ahlaklı olmaları değil, edepli olmalarıdır. Avrupa insanı bize göre ya da kimilerine göre ahlaksız olabilir. Cinsel yaşam konusunda çok rahattırlar, çok rahat alkol tükettikleri gibi, çok rahat küfür de ederler. Ama sosyal hayatlarına baktığınızda, bir yere içmeye, eğlenmeye gittiklerinde kimse kimseye edepsizlik yapmaz. Trafik kurallarına birçok Avrupalı uyar, bir arkadaşının yanında otururken "Ben gidiyorum" dediğinizde kimse size "Nereye gidiyorsun? Hayırdır! Ona mı gideceksin? Buna mı gideceksin?" diye arkanızdan veya yüzünüze karşı konuşmaz. Yani bir insan edepli olabilir ama aynı zamanda ahlaksız da olabilir. Bu ikisini birbirinden ayırmak lazım.

A.T.: Tam tersi mümkün mü? Ahlaklı ama edepsiz...

A.K.: Tabii ki mümkün. Özel hayatında dürüsttür, aldatmaz, fitne çıkarmaz, kötülük düşünmez, ama işi gereği siyasettedir, kavga eder; edepsizlik. İşi gereği sanat camiasındadır; tartışabilir, kavga edebilir –edepsizlik. İşi gereği emniyettedir; küfür edebilir, bağırabilir –edepsizlik. Bulunduğunuz iş ve sosyal çevrenin kuralları da burada devreye giriyor.

A.T.: Edepli ama ahlaklı; ahlaklı ama edepsiz olabiliyoruz. Her şey olabilen, her kalıba girebilen insan için asıl meziyet nedir?

A.K.: Asıl meziyet hem ahlaklı hem edepli olabilmektir. Bu da çok zordur. O nedenle insanların dış görünüşlerine, tavırlarına bakıp, "Edepli" derken, o insanın ahlaklı olup olmadığını anlayamayız. Benim emniyette ve cezaevlerinde çalışırken edindiğim en büyük deneyimim şudur: Sosyal çevresinde çok edepli, çok düzgün bilinen, kimseye saygısızlık yapmayan birçok insan katil veya sapık olabiliyor. Ama edep yönünden davranışlarına baktığınızda ailesindeki, işyerindeki insanlar, hepsi "İnanamıyorum nasıl böyle bir insan oldu?" diyebiliyor. O yüzden bu ikisini baz alıp düşünmemiz gerekir.

A.T.: Tüm anne babaların dilekleri, hayalleri aynı. Çocuklarımız ahlaklı olsun, merhametli, hoşgörülü, iyi karakterli olsun, iyi bir insan olsun, mutlu olsun istiyoruz. Ama tabii sadece istemekle, dilemekle, hayal etmekle olmuyor. Hoşuma giden bir söz var; çocuklarımız istediğimiz gibi değil, bizim büyüttüğümüz gibi olurlar. Nasıl daha güzel ahlaklı, iyi karakterli çocuklar yetiştiririz?

A.K.: Çocuklar lafla büyümez; halle, tavırla büyürler. Ahlaktan, sabırdan, hoşgörüden, dürüstlükten bahsediyorsunuz. Sizi gözlemlerler ve bahsettiğiniz tüm o değerleri sorgularlar. Tavırlarınıza, verdiğiniz reaksiyonlara, sorun çözme stilinize bakarlar. Kadın ya da erkek eşini hoş görmüyor ama çocuğuna diyor ki: "Hoşgörülü ol!" Tamamıyla egodan! Bir kere yerleştirilmiş bir zihniyet var.

A.T.: Ahlak reçetemizi yazar mısın?

A.K.: Ahlakın tek kalemlik bir reçetesi var, o da içsesiniz.

Sevgi

A.T.: *Selvi Boylum Al Yazmalım*'da şöyle der: "Sevgi neydi? Sevgi iyilikti... Sevgi dostluktu... Sevgi emekti..." Sahi neydi sevgi?

A.K.: Sevgi bütün olumlu duyguların toplamı. Akılla duyguyu bir araya getirir. Ayrıştırmadan buluşturur, ötekileştirmeyi yok eder. Sevgi, hepimizin içinde var olandır. İnsanlara, olaylara, dış dünyaya baktığınızda kendini gösterir. Onu yakalayabilmek de bir potansiyel aslında. İnsanı, canlıyı hatta bir kavramı bile yerinde sevebilmeyi öğrenmek lazım; huyuyla, suyuyla, karakteriyle, her şeyiyle.

A.T.: Diğer ülkelerde sevgiyi anlatan pek çok kavram var. Bizde durum nasıl?

A.K.: Kavramları 50 farklı yaklaşımla anlatan diller var. Bizde "Allah sevgisi... İnsan sevgisi... Eşya sevgisi..." Her şeyi severken tek bir kelime kullanıyoruz, o da sevgi! Sevgiyi genelliyoruz, sevginin içindeki bazı öğeleri görmezden geliyoruz. Siz de artık sevginin gerçekte hiç yaşanmadığını, yaşatılmadığını, sadece dile yerleştiğini hissediyor musunuz? Çok yüzeysel ve genelgeçer bir süreç var toplumda. Dil de çok tehlikeli olmaya başladı. Sevgiyi anlatan başka kelimelerimiz olmalı. Popüler kültürde sevgiyi anlatan ne var? "Canım, cicim, aşkım, aşkitom..." Ama bunlar sevgiyi anlatan kavramlar değil.

A.T.: Sevmek; özlemektir, merak etmek, korumak, kollamaktır... Hoş görmektir çoğu zaman, hatta görmezden gelmektir. Dokunmaktır, hissetmektir, acısını acı, sevincini sevinç bilmektir. Hayal etmektir! Bugün ise çoğu insan için sevmek, sadece "Seni seviyorum!" demek. Bu kadar kolay bir şey mi sevmek?

A.K.: "Seni seviyorum!" diyerek sevginin dile getirilmesi önemli. Karşı tarafın bu sevgi cümlesini duyması gerekiyor. Ama "sadece" ile sınırlarsanız, tabii ki sevmek sadece "Seni seviyorum" demek değil. Yani insan duygularını düşünceyle, tavırla, davranışla dışa yansıtmalı, çünkü karşıdaki kişinin haberdar olması, bunun farkında olması önemli. O yüzden köprü kurabiliyorsunuz sevgide. Yoksa dile gelmemiş duygular karşınızdakine duvar örüyor. Ama "Seni seviyorum" popüler kültürün, sevginin, cinselliğin, dinin, ideolojinin olduğu ülkelerde çok kullanılan bir cümledir. Bunu da her diyene inanmayacaksınız.

"Seni seviyorum"u ucuzlaştırmamak, basitleştirmemek, içini doldurmak lazım. İnsanlar karşı tarafın tavırlarından, alakasından, birlikteliğin sorumluluğunun alınmasından, gerekli sabrın gösterilmesinden, hoşgörülü olunmasından sevildiklerini daha iyi anlarlar. Cümleye çok döktüğünüz zaman etkisinin azaldığı da ortada. O yüzdendir ki sanatçılar sevmeyi şarkılara, şiirlere, türkülere, yazılara sürekli "Seni seviyorum" şeklinde dökmüşlerdir. Aslında sanatın içinde "Seni seviyorum"un olmasının sebebi, sanatı takip eden insanların sevgiden haberdar olmasını sağlamaktır. Yani baktığınızda, aslında bir nebze sanatçı izleyicisine, dinleyicisine, kitlesine sevgiyi hatırlatan bir aracı gibidir. O zaman insan kendini, sevgiyi birbirine aktaran bir sanatçı olarak görmeli. O yüzden "Seni seviyorum" diyebilmek ama önce onu hissedebilmek, hakkını verebilmek, bedelini ödeyebilmek en doğrusu.

Çok ilginçtir ki sevgi, aşk gibi kavramlar aynı zamanda popüler kültürün satış unsurlarıdır. Günün sonunda baktığınızdaysa tüm dünya ülkelerindeki insanlar sevgiye aç, sevgiyi isteyen insanlardır.

A.T.: Dilimizde bu kadar çok "Seni seviyorum!" cümlesi varken, neden insanlar sevgiye aç?

A.K.: Çünkü sevgiyi tam bulmuş insanın dilinde "Seni seviyorum" cümlesi olmaz. O zaten onu yaşıyordur, karşı taraf beklemeden hissettiği an dile getiriyordur. O yüzden sorunun içinde "sadece" olursa kabul edemeyeceğim ama "Seni seviyorum sevginin unsurlarından, maddelerinden, öğretilerinden bir tanesi mi?" dersen, ancak onu kabul edebilirim.

A.T.: Belki evet, çok fazla dilimizde ama aslında sevgi o kadar naif, o kadar kırılgan ki, insan gerçek sevgiyi bulduğunda, hissettiğinde onu pamuklara sarası geliyor. Sevginin olmazsa olmazları neler? Onu hangi duygularla, kavramlarla sarıp sarmalamalı?

A.K.: Sevgide 5S kuralı var: "sevgi", "saygı", "sorumluluk", "sadakat" ve "sabır". Sevmek yetmez, sabırla sevmeniz gerekir, çünkü sevmek zordur. Diyor ki, "Sevgi zor bir şey, keza sevilmek de öyle. İnsan hayatı boyunca hep sınanır. Sevdiğin kişiye karşı sabırlı olmak zorundasın!" Bu da yetmeyecek; insan hem sevip, hem sayıp hem de sadakat göstermeli. Sadakat de her insanın sulbünde yok. Varsa, helal olsun. Bu kadar uyarıcının olduğu dünyada bu kadar sadık kalabilenin elini ayağını öpmek lazım.

Sevgi, saygı, sadakat... Bunlar da yetmeyecek. Sorumluluk! Annenizin, babanızın, eşinizin, arkadaşınızın sorumluluğunu almak zorundasınız. Oturduğunuz yerden sevemezsiniz.

Bir şekilde hissettirmeniz, göstermeniz, düşünmeniz gerekir. Bir eşyayı bile seviyorsanız onun sorumluluğunu almak, onu temizlemek zorundasınız. Bir canlının sorumluluğu nedir? Duyguları, bedeni, zamanı, hisleri...

A.T.: Biz, "Sevenleri sevdiğine vermediler!" diye göbek atan bir toplumuz. Acıya dansla, müzikle, göbek havasıyla, eğlenceyle karşılık vermenin kökünde ne var?

A.K.: Şimdi bu tip türküler, şarkılar ve insanların bu türkü ve şarkılarla birlikte oynamaları bir ritüel aslında. Çünkü "Sevenleri sevdiğine vermediler!", işte "Sevgilimden ayrı kaldım. Şöyle oldu, böyle oldu..." Acının ve ulaşamamanın var olduğu şarkı ve türkülerde bu eğlence olsun, acı olsun ama konu eğer eğlenmek, göbek atmaksa toplumun ve insanın acıya karşı verdiği bir reaksiyon vardır. Bir şeye çözüm bulamıyorsa, bir şey gerçekten korku ve acı veriyorsa kişinin ona karşı verdiği reaksiyon genelde komedi olur veya eğlence. O yüzden son zamanlarda kulüplerde, ortalıkta, arabalarda, sosyal medyada insanların aşk, ayrılık şarkılarıyla eğlenmelerinin, dans etmelerinin sebebi; aslında eksiklik hissettikleri duygudan ümitsizlikleri artmış, bu sebepten dolayı da bu hali eğlenerek komediyle dışa vurma ihtiyacında olmalarıdır. Yoksa acının bu kadar olduğu bir toplumda acının eğlenceye dönüştürülmesi de bize has olsa gerek. Bu da geleneksel değil, tamamen bir ritüel, bir reaksiyondur.

A.T.: İnsanlar sevgiden çok sevgi ispatının peşindeler. "Acaba beni seviyor mu? Beni ne kadar çok seviyor? Hangimiz daha çok seviyoruz?" Hep bir ölçü, hep bir kıstas, hep bir yarış hali. Sevginin ölçüsü, sorgusu, suali olur mu?

A.K.: Sevgi ölçülecek, sorgulanacak bir şey değil, sevgi yaşanacak bir şey. Yaşarken de anlayıp anlayamadığını sorgulayamaz insan. Sadece yaşar, çünkü kişi ancak sevgi azaldığında ya da bittiğinde değerlendirme yapar. Sevginin içindeyseniz eğer, bunun sorgulamasını yapamazsınız, bunu bilinçdışında yaşarsınız. "Acaba beni seviyor mu?" diye sormaya başladığınız an, sevginin zaten azaldığı, "Ben ne yapıyorum?" dediğiniz boyuttur.

A.T.: Sevgi dile gelse, bize ilk söyleyeceği şey ne olur?

A.K.: Sevgi bize diyor ki: "Bir çocuk gibi düşün!" Çocuk ne yapar? İlk önce kendi elini, gözünü sever. Dünyaya geldiğinde ilk gördüğü şey kocaman iki göz ve eldir. Baktığınızda narsisttir aslında. Annenin memesini emdikten sonra travma başlar. "Meme benim değil! Süt benim değil! O başka bir varlık!" demeye başlar. Sonra anneyi uzaktan ağlayarak sevmeyi öğrenir. Diyor ki, "Sevdiğin kişiyi elde etmen için sorumlu olman lazım!" Zamanla büyür; oyuncakları, eşyayı, arkadaşı, akrabayı sevmeye başlar. "Artık benimle birlikte başka canlılar da önem taşımalı hayatta!" der. Tüm bunlar seni yaratıcına, en tepeye çıkaracak. Galiba bizde bu hal kalmış ve buna "regresyon" deniyor.

A.T.: Regresyon ne demek?

A.K.: Duygusal gerileme. İçsavaşların, siyasi çalkantıların, ekonomik krizlerin olduğu toplumlarda insanların çoğu entelektüel zekâlarını kullanamaz hale gelir. Kendilerini daha çok eve kapatır, sosyal aktivitelerini azaltırlar. Evin içinde kendileriyle, sosyal medyayla ilgilenirler. Erotizme, pornoya, alkole, uyuşturucuya, gece hayatına düşerler. 50 yaşında ama 10 yaşında bir kız çocuğu gibi konuşan, 70 yaşında ama 20 yaşında bir erkek gibi davranan bireyler ortaya çıkar. Yaş almayı reddederler. Çok mutlu gözükürler ama arka planda çok ciddi problemleri vardır.

Biliyorsunuz, okuyorsunuz, duyuyorsunuz; son bir yıldır ülkenin farklı yerlerinden kadınlara, çocuklara yönelik cinayet haberleri alıyoruz. Bu da kolektif bir regresyon aslında. Sevgi artık sadece dilde olan bir şey haline geldi. Sevgi için acı çekmemiz lazım.

A.T.: Evet, sevgi için acı çekmemiz lazım ama bu bedenen, fiziki bir acı değil. Bedel ödeyerek sevgiyi hak etmemiz lazım. Bedel ödediğimiz zaman sevginin kıymeti, değeri, anlamı var. Peki, dünyaya geldiğimizde sevgi orada, içimizde bir yerlerde miydi?

A.K.: Evet, her insan sevme duygusuyla yaratılır, doğduğunda her insanın içinde sevgi vardır. Ama hepimiz sevgiyle dünyaya geliyoruz derken; sevgi ve korkuyla bir arada geliyoruz aslında. Korku, bizi Yaradan'dan ayrılmış olma; sevgi ise dünyadayken onu arama çabasından geliyor.

Dünyaya geldiğimizde süreç değişiyor. Bir bebeğin ilk korkusu anne göbeğinden ayrılması, karnından çıkması ve korkudan dolayı bir yere tutunabilmesi için de yine annenin göğsüne, boynuna, kucağına tutunması. İki duygu bir arada gelir. Çok ilginçtir ki yaşamda yaşımız artıkça, büyüdükçe, sevgi artıkça korku azalır. Korku artıkça da sevgi azalmaya başlar. Bu ikisi arasında dengeyi sağlayabilmek lazım ama korkuyu korkutulmuş biri olarak düşünmemiz lazım.

Korkuda şöyle bir şey var; insan çok korkmaya başlarsa aidiyet geliştirdiği kişiden ya da kültürden intikam almaya çalışır ama yine de bağlanır. İnsan gerçekten severse yine bağlanır ama bu defa intikam almaz. O yüzden dengeyi sağlayabilmek için kendimize ve karşı tarafa olan sevgimizin daha çok peşinde olmalıyız. Bizi korkutan şeylerin peşinde olmayı bırakmalıyız.

A.T.: Bir araştırmaya göre sevgi ve ilgi gören bebeğin beyin faaliyeti, sevgi ve ilgi görmeyen bebeğin beyin faaliyetine göre çok daha yoğun çıkmış. "Sevilmeyen çocuğun beyni gelişmiyor" diyorlar. Beyin de ruh gibi, beden gibi sevgi mi istiyor?

A.K.: Doğru bir araştırma, çünkü bir bebeğin sevgi görüyor olması demek, seven kişinin sevdiğine sarılması demek. Sevdiğini mimikleriyle göstermesi, sözleriyle hissettirmesi demek. Ve beynimizde sevildikçe buna karşılık veren bazı hormonlar ve nöronlar var. Onlar aktifleştikçe sevgi duygusunun yarattığı endorfin gibi mutluluk hormonları, vücudu ve beyni iyileştiren hormonlardır. Çünkü motive olabilmek, adapte olabilmek, konsantre olabilmek, pozitif olabilmek için bu duygu önemli. Yani ilaçla beslenmiyor beynimiz! Yediğimiz, içtiğimiz şeyler beyni bir organ olarak besler ama sevgi gibi duygular aslında zihnimizi besler. Somut bir şey de, soyut bir şey de sevgiden beslenir, çünkü sevginin ve diğer duyguların görünmeyen bir enerjisi vardır. Beynimiz de aslında bizim hissedemediğimiz, algılamadığımız, göremediğimiz ama gerekli duyguları aldığımızda sinirler yolu ile geliştirebildiğimiz bir organ. O nedenle beyin de, vücut da sevgi ister. Bugün mesela elinizi herhangi bir organınıza ya da uzvunuza koyup orayla ilgili pozitif şeyler düşündüğünüzde oradaki iyileşmeyi artırabilirsiniz. Böyle bir süreci var. O yüzden insan en çok elini kullanır. Sevdiğinde uzanır, dokunur ama sevmediği alanlarda kapatır ve kendine çeker, kendini saklamaya başlar.

A.T.: Beynimiz sevgi istiyor. Peki, beynin sevgi ile ilgili bölümünün bir yaşı var mı? Temeli ne zaman atılıyor? Ondan sonraki süreçte neler oluyor?

A.K.: Beynin sevgi ile ilgili bölümünün bir yaşı yok. Temelinin atıldığı dönem 0-7 yaş arası. Ama ölene kadar o bölüm sürekli beslenme ihtiyacı duyuyor. Bunun 7'si, 70'i diye bir şey yok. 50 yaşına kadar korkuyla, acıyla büyümüş, buna daha yoğun maruz kalmış insanlar bile 50'sinden sonra gerçek sevgiyi bulduklarında beynin o bölgesi ruhen ve manen gerçekten iyileşebiliyor. O nedenle kimse "Bu yaştan sonra ne olurum? Ne olur?" diye bir şey düşünmemeli. Sevginin yaşı yok! Hatta öldükten sonra bile ruhi anlamda sevgi alışverişinin devam ettiği hissedilen ve fark edilen bir şey.

A.T.: Beyinde her duygunun bir komşusu var demiştik. Sevginin kapı komşusu hangi duygu?

A.K.: Beyinde sevgiye en yakın duygu hoşgörü. Hoş görmek demek; bir insanın her dediğini yapmak ve kabul etmek demek değil! Gerçekten hoş bakmak, hoş görmek demek.

A.T.: Stanford Üniversitesi Tıp Fakültesi Ağrı Merkezi araştırmacılarından Dr. Sean Mackey'ın yaptığı bir araştırmada sevginin en iyi ağrı kesici olduğu ve kokainden daha etkili olduğu ortaya çıkmış. Sevgi ağrılarımızı hafifletir mi?

A.K.: Evet! Genelde sevilmemiş, sevgi duygusu yaşamamış insanların nörofizyolojik olarak ağrıları çok fazla artıyor. Psikolojik dediğimiz aslında anatomik olarak hiçbir problemi olmayan, sadece karşılanmamış sevgi ihtiyacından dolayı hem kendini hem bedenini değersiz hisseden insanlarda beden ağrıları, psikolojik sorunlar daha çok artıyor. Psikoterapiler ve dünyada yapılan birçok araştırma da gösteriyor ki, gerekli sevginin olduğu aile, iş ve sosyal ortam, ülke ortamı oluşturulduğunda iyileşen birçok insan var. Bu anlamda sevgi gerçekten ağrıyı keser, çünkü insanın başı bile ağrısa ilaç alsa da almasa da kendini iyi hissettirecek birinin yanında olmak veya birini düşünmek bile o an insana iyi gelir.

A.T.: Hayattaki sevgi alanlarımız azaldığında yoksunluk duyuyoruz. Sanki bedenimizden bir parçayı, bir uzvumuzu kaybetmiş gibi eksiliyoruz. Sevmek ve sevilmek ihtiyacı duyuyoruz. Ama gün geliyor sevgimizden korkuyoruz. "Seviyor muyum yoksa bu bir bağımlılık mı?" diye kendimize soruyoruz. Zaman zaman ihtiyaçla bağımlılığı karıştırıyor muyuz?

A.K.: Sevgi tamamen bir ihtiyaçtır. Bağımlılık kısmı bir problemdir, orada gerçek bir sevgi yoktur. Orada sadece kişi kendine sevgi ister. Çok ilginçtir ki, sevgi aldıkça değil verildikçe artan bir şeydir. Bir insanın iyileşmesi için sevgi verebilen hale gelebilmesi gerekir, ama bağımlılık yaşayan insanlar sevgiyi veren değil, bekleyendir.

A.T.: Peki, sevgide aşırıya kaçanlar, aşırı sevgi verenler, sevgiye boğanlar... Sevdiğini hayatının merkezine koyanlar, gözünü onunla açıp, onunla kapatanlar. Burada bir bağımlılıktan söz edebilir miyiz?

A.K.: Evet, burada bir bağımlılık vardır. Ama onların sevgi vermelerinin altında yatan alma ihtiyaçlarıdır. Burada bir hesaba girildiği zaman sevgi alışverişi olmayacağı için, her zaman gerçekten karşılık beklemeden veren insanların hakkıdır sevgi.

A.T.: Uzmanlar "Sevginin fazlası zehirliyor" diyorlar. Sevgi bağımlılığı nedir, nasıl tedavi edilir?

A.K.: Sevgi bağımlılığı, genelde bağımlı olduğu için daha çok ihtiyaç duyma halidir. Yani alan kısım olmaya çalışan insanlardır. Bunlar bir şekilde karşı tarafın sevgisini sorgular, bunun için taktikler geliştirir, çok fazla verici olur, çok fazla iyilik yapar ve günün sonunda karşılığını bekler, bunu sözel olarak dile getirmeseler de tavırlarıyla hissettirirler. Burada bir bağımlılık vardır ve o bağımlılıkta şu oluşur: Bağımlı olan kişi karşı tarafı tavrıyla, davranışıyla, ödülle sevgiye boğar. Karşılığını alamadığı zaman da içsel huzursuzluğa girer. Amaç burada karşı tarafı kendine bağlamaktır. "Sürekli yanımda olsun!" demektir. Sürekli yanında oldukça sevildiğini hisseder. Zamanla karşı taraf bunaldığı için fiziken ya da ruhen tepki koyar. Bu tepkiden sonra bağımlı olan kişi anksiyete ve kaygı yaşamaya başlar. Klinik boyutta ise psikolojik tedavi görmesi, uzmandan destek alması gerekir, ama her şeyden önce kişinin bunun farkında olması lazım. Yani "Ben kime ne kadar ve neden bu kadar çok fazla taviz veriyorum, ilgi gösteriyorum? Bunun karşılığında ne hissediyorum? Bunu yaparken ne hissediyorum? Bunu alamadığımda ne hissediyorum?" diye sormalı. Çünkü insanın sevgi kaynağı bir kişi veya bir şey olmamalı. Eğer siz sadece bir insandan, bir kurumdan, bir yemekten ya da bir eylemden sevgi alıyorsanız, bu sizin bağımlı olduğunuzu gösterir. İnsanın iyileşmesi için sevgi aldığı ve sevgi verdiği yerleri, kişileri, olayları, nesneleri çeşitlendirmesi gerekiyor.

A.T.: Peki, sevgi ne zaman zehir olur?

A.K.: Kaliforniya Üniversitesi'nde ikili ilişkiler hakkında araştırma yapıyorlar. İnsanın insanla olan, insanın eşyayla olan ilişkisine matematiksel olarak bakıyorlar. İki insanın arasında ilişki boyutu 5-6. Karşımdaki benden 5 etkileniyor, ben ondan 6 etkileniyorum. Burada bir denge var. Ama öyle bir boyut var ki 9'a 2. Aşırılık boyutu, zehir boyutu. Karşımdakinden 9 etkileniyorum ama onu 2 etkiliyorum. İşte bu onun telefonunu karıştırdığım boyut. 2 etkilenen işe gider, spora gider, arkadaşlarıyla buluşur. 9 etkilenen spora giderken onu düşünür, işe giderken onu düşünür. Maltepe Cezaevi'nde çalışıyorum, uyuşturucu kullanan gençler 6 birimde, 5 birimde. "Bana bir şey olmaz, istediğim zaman bırakırım," diyorlar. 9 birime geldiklerinde ise ceplerinde taşımaya, evlerinde kullanmaya başlıyorlar. Bu boyuttaki kişiler, "O bana bunu yaptı. Bu bana şunu söyledi," diye hatayı karşı tarafta bulurlar.

A.T.: Kadın dili edebiyatı ile erkek dili edebiyatı birbirinden çok farklı. Kadının "Seni seviyorum!" demesi ile erkeğin "Seni seviyorum!" demesi arasında sence nasıl bir fark var?

A.K.: Erkek "Seni seviyorum!" cümlesini çok sık kullanmaz. Genelde bunun için bazı hareketlere, bazı dinamiklere, dürtülere ihtiyaç duyar. Yani durup dururken bunu söyleme ihtiyacı duymaz. Kadın erkek yanındayken de, yanında değilken de sürekli bunu hissedebilir, çünkü kadın iyi bir gözlemcidir, iyi bir analizcidir. Erkeğin tavırlarını, tutumlarını, düşüncelerini, yorumlarını iyi analiz eder. Ve bunları yaparken, sevdiği erkeği izlerken çıkarımlar yapar ve bunları dillendirir. Kadının iletişim gücü erkekten daha iyi olduğu için, şefkatte, merhamette, bir sarılmada bile "Seni seviyorum!" der. Ama "Erkek bunu yapmaz. Şefkat göstermez, sarılmaz" diyemeyiz. Erkek sadece bunları gösterirken dillendirmeyi çok fazla aklına getirmez. O yüzden erkeklerin sevgi dili bazen sarılmaktır, bazen eve erken gelmektir, bazen eşinin bir problemini çözmektir. Ve bunu yaparken de karşı taraf "Seni seviyorum"u hisseder. Ama kadın sevdiği kişinin aynı zamanda sevgisini sözel olarak da dillendirmesini bekler. Söz eksik kalınca tavırlara da çok fazla dikkat kesilmez.

A.T.: İlişkilerde samimiyet ile yüz göz olmayı karıştırıyoruz. Eskiden eşler birbirlerine "Hanım" derlerdi, "Bey" derlerdi. Küçükler büyüklerine "Siz" diye hitap ederlerdi. Oturup kalkma adabından hiç bahsetmiyorum bile. Sonra ne olduysa samimiyet ile yüz göz olmayı birbirine karıştırdık. Rahatlık adı

altında genişledik de genişledik. "Aşkım! Aşkitom! Kociş! Kocişkom!" Samimiyetle, sempatiyle çıktığımız bu yolda ne hale geldik?

A.K.: Eski insanlarda nezaket vardı. Şimdi eşler, sevgililer birbirlerine "Canım, ciciş, koçiş, bebiş..." diye hitap ediyorlar. Bunun beyindeki karşılığı aşağılama, küçümseme. O kocaman, dev gibi adamı "Kociş" diye sevemezsiniz. Lakap takmak insana özgü doğal bir şey ama o lakaplar sonra "öküze" dönüşüyor.

Kaliteli seven insan sevdiğine lakap takmaz, ismiyle hitap eder. Bu bütün ilişkilerimiz için geçerli. Bazı modern geçinen anneler var, "Çocuğum bana ismimle hitap etsin. Ayşe desin, ben o kafalarda değilim!" Moderniteyi iyice abarttık. Bir psikiyatr arkadaşım yaşlanmayı kabul etmeyen annelerin bu durumu daha çok yaşadıklarını söylemişti. Bilinçdışında evlada kızıyorlar, çünkü annelik eşittir yaşlanmak. Çok narsist bir durum değil mi?

A.T.: Kesinlikle katılıyorum, çok narsist bir durum. Oysa hayat da, annelik de yaş aldıkça, yol aldıkça güzel. Bir kere zenginleşiyorsunuz. Deneyimleriniz artıyor. Kendinizi, kadınlığınızı, anneliğinizi keşfediyorsunuz. Keşfettikçe çoğalıyorsunuz, artıyorsunuz. Duygularınız daha sağlam yere basıyor, kök salıyor. Ruhen, bedenen güzelleşiyorsunuz, iyileşiyorsunuz. O yüzden yaş almak güzel, yaş almayı kabul etmek daha güzel. Aşkım, "Kaliteli insan... Kaliteli zaman..." diyorlar. Peki, sevginin ve sevmenin de kalitelisi var mı? Nasıl daha kaliteli severiz?

A.K.: Zarafet ve nezaketle sevenler kaliteli severler. Zarafet bedeninizin ruhunuza yavaş yavaş girmesi, o doğum anı... Beden içine yapışmış ruhun dışarıda tavır bulmuş haline nezaket deniyor. Zarif bir ruhun somutlaşmış hali nezakettir. Zarif, güzel, etik, saygılı ve ölçülü düşünmek bunu hissetmek de zarafettir. O nedenle kadına çok yakışır zarafet. Kadınların doğasında zaten zarafet vardır. Bu yüzden erkek gibi kadınlar erkeklere itici geliyor. Eğer sen bir kadına "E, ü, ö..." yapa yapa, nezaket göstermeden yaklaşırsan, ondaki zarafeti de yok edersin. Sonra kadının içindeki o ruh zarifleşemez ve hastalanmaya başlar.

Sevginin kalitesi de zarif hissedip, nazik davranarak artar. Nazik deyince de çıtkırıldım gelmesin aklınıza, İngiliz lordu istemiyoruz. Erkekler için söylüyorum; bir kadın içeri girdiği zaman ahır değil burası, bir zahmet selam vereceksiniz. Gelen eşinizse kalkacaksınız, göz teması kuracaksınız, sohbet edeceksiniz, gözünün içine bakacaksınız.

A.T.: Sevgi bir alışveriş midir? Her zaman karşılıklı mı olmalıdır?

A.K.: Evet, bir alışveriştir ve tek taraflı değildir! Vereceksiniz ki karşılığını alacaksınız. "Sevilmiyorum!" derler. Aslında sevilmeyince mutlu veya mutsuz olmuyorsunuz. Sevmeyince mutsuz oluyorsunuz. Soyut duygular verildikçe artar, alındıkça değil. Duygunun ömrü de kullanıldıkça artar. İnsanın sevmeye gönüllü olması lazım.

A.T.: Soyutun değil somutun peşindeyiz. Vermekten çok almanın derdindeyiz. İşin içine menfaat ve çıkar girince de sevgide hepten tökezliyoruz. Bir de ego var. Hani şu hiç dilimizden düşürmediğimiz iki lafımızdan biri ego, her şeyin suçlusu, sorumlusu da o. Toplum olarak egonun ne olduğunu biliyor muyuz? Yoksa popüler bir söylem olduğu için mi bu kadar dilimizde?

A.K.: Egoyu toplum olarak çok farklı bir yere koyuyoruz. "Ego" deyince gözümüzün önüne kibirli, burnu havada bir insan geliyor. Ego aslında olmazsa olmazlarımızdan, yani sosyal ilişkilerimizi sağlayan, bize saygı getiren, gücümüzü gösteren, öz benliğimizi yüksek tutan bir duygu, bir ihtiyaç. Ama ego kontrolsüz olduğunda sevgi kendine dönmeye başlar. Yani ego ile egoist insanı ayırmamız gerekiyor. Ego olması gereken, egoist olmaması gereken bir durumdur.

A.T.: Egoist insan sevgiden ne anlar, nasıl sever?

A.K.: İnsanlar egoistleşmeye başladıkça bir başkasına "Seni seviyorum" derken bile o kişinin gözlerinde kendini severler. Bu insanlar genelde karşı tarafa en çok şunu yaparlar: "Bak gözlerime, beni seviyor musun?" Karşı tarafın gözlerinde gerçekten onu göremezlerse iyice sinirlenmeye ve taciz etmeye başlarlar. Bu insanlar genelde sevgiyi verirken de bilinçdışında hesap, kitap yaparlar. O yüzden sevgi egoist insanlarda kendine, egolu insanlarda ise çift taraflı, karşılıklı giden bir duygudur.

A.T.: Etrafımızda cebi zengin, gönlü fakir insan çok. Sevgi fakirleri, sevgi cimrileri... Nasıl zenginleşir bu insanlar?

A.K.: "Sevgi cimrisi... Sevgi fakiri..." dediğimiz insanlar genelde acı çekmemek için sevmezler. Bu insanların geçmiş deneyimleri vardır. Annesini ya da babasını çok sevmiştir ama annesi, babası gerekli anne babalığı yapmamıştır. Arkadaşlarına çok değer vermiştir, onlar sırtından vurmuştur. Bir süre sonra bunun farkında olup şöyle bir çıkarım yaparlar, derler ki: "Kimi sevdiysem tabiri caizse sırtımdan vurdu! Kimi sevdiysem tabiri caizse yuvamı yıktı, bana hak ettiğim değeri vermedi. O nedenle ben de kimseyi sevmeyeceğim!" Burada problem karşı tarafın yaptığı değil, sizin hak etmeyen birine çok fazla sevgi vermeniz ve aynısını beklemenizdir. O yüzden "Sevgi fakiri, sevgi cimrisi" dediğimiz insanlar genelde acı çekmemek, kırılmamak, üzülmemek için bunu yaparlar. Aslında şunu bir anlasalar; insanlar bunu onlara karşı değil, sadece birkaç insan bunu onlara karşı yapmıştır.

A.T.: "Sevgi insanın içindedir" deriz hep. Ruhumuzdaki, kalbimizdeki, içimizdeki sevgiyi nasıl besleriz?

A.K.: Amerika'da "rastgele iyilik yap" diye bir bölüm açıldı. Bir ailede, bir toplumda, bir ülkede iyilik artarsa sevgi de artar. Bir canlıya iyilik yaptığınızda ruhunuzdaki sevgi dürtüsü kabarmaya başlar. İlla ki size zarar veren kişiyi tekrar sevmenize gerek yok, sevgi alanında duracak başka iyilikler yapmak zorundasınız. Son zamanlarda iyilik oturumları, yardımlaşma oturumları yapılıyor. Eğer bu dünyada bu kadar çok zulüm varsa, öldürülmeyen insanların da iyilik yapmak için fırsatlarının olduğunu düşünüyorum. Kapıdaki insan da olur, komşu da olur. İyilik yapmak zorundasınız. Başka bir yolu kalmadı. İnsanlar güzel kadın, yakışıklı adam, zenginlik peşinde koşarak mahvettiler kendilerini. Bütün dergilere bakın, seküler psikolojiden başka şey yok. "5 adımda karşı cinsi nasıl etkilersiniz? 10 adımda nasıl âşık edersiniz, baştan çıkarırsınız?"

A.T.: Belki farkında değiliz ama bu duygu ve davranışlar bilinçaltında bize kendimizi değersiz hissettiriyor. Oysaki değerlilik algısı çok önemli ve hayatımızdaki birçok şeyin de anahtarı. Değerlilik algımızı nasıl yönetiriz? Nasıl daha değerli hissederiz?

A.K.: İnsanın kendisini değerli hissedebilmesi için üç şey şart! Bir, seçimlerini doğru yapabilmesi lazım! Eş, iş, arkadaşlık, mekân ve eşya seçimleri. İki, insanın entelektüel kararlarını doğru verebilmesi lazım! Eğitimi, izlediği filmler, okuduğu kitaplar, sosyal hayattaki diyalogları, ilişkileri... Üç, kendi benliğini dış dünyadaki insanlara bağlamaması lazım! İnsanlar, başkalarının gözünde kendilerini arıyor. Sevildiğini hissetme arzusu tavan. Başkasının gözünde kendini görme arzusu son derece egoistçe ve narsistçe. Tam anlamıyla özgüvensizlik!

A.T.: Yapılan araştırmalar gösteriyor ki uzmanlar sevgiyi türlere ayırıyor. Senin gözlemlerin bize ne söyler? Kaç tür sevgi var? Biz hangisine daha yakınız?

A.K.: Üç türlü sevgi var: "Çünkü"lü sevgi, "Eğer"li sevgi, "Rağmen"li sevgi. "Çünkü"lü sevgi; "Seni seviyorum, çünkü yakışıklısın, güzelsin, çalışkansın, başarılısın, zenginsin..." Çünkü'den sonrası bitti mi sevgi de biter. Türkiye'deki pek çok ilişkide, evlilikte olduğu gibi... Çünkü'lü sevgi şartlı sevgidir!

"Eğer"li sevgi; "Seni severim, eğer şöyle davranırsan, bana bunu yaparsan, bana şunu alırsan..." Eğer'den sonrası bitti mi, sevgi de biter.

"Rağmen"li sevgi; "Her şeye rağmen seni sevmeye devam edeceğim." Rağmen'li sevemediğimiz için çünkü'lerle, eğer'lerle yaşıyoruz. Kalbimizde olanla dilimizde olan bir değil!

A.T.: Sevgi türleri tamam. Peki, ya sevenler? Bir sevgi piramidi yapsak ortaya kaç tür seven çıkar?

A.K.: Amerika'da bir araştırma yapılmış ve ortaya üç tür seven çıkmış. Piramidin en altında "sıradan sevenler"; sadece kendini, ailesini ve işini sevenler. Etliye sütlüye karışmazlar. "Bomba mı düşmüş? Komşuya bir şey mi olmuş? Sokaktaki insan aç mı, tok mu?" umurlarında olmaz.

Piramidin ortasında "üstün sevenler"; sıradan sevenlere ek olarak insanları, doğayı, canlıları severler ve onlar için madden ve manen bir şeyler yaparlar. Bir şey yapamazlarsa da üzülürler, vicdanları sızlar. Çok şükür ki böyle insanlar var.

Piramidin en üstünde "bilgece sevenler"; her iki sevene de ek olarak bu dünyayı, öbür dünyayı, evreni, Yaradan'ı, canlıları ve kulları severler.

A.T.: Nasıl daha üstün severiz?

A.K.: Yaratılmışı severler, Yaradan'dan ötürü. Aklın kemale ermesidir bilgece sevmek. Sevginin gücünün farkında olan, hayatı yavaşlatan, sabrı aşılayan ve hayatın tüm dengesini yeniden dizayn eden bir sevgi biçimidir bilgece sevmek. Rüzgârın fısıltısını, yaprağın kımıldayışını, saatin tik taklarını daha derinden hisseder bilgece seven.

Aslında bilgece sevmek en doğrusudur. Üstün sevmek şu demek, hem kendilerini, hem çevrelerindekileri, hem diğer insanları, tanıyıp tanımadıklarını, canlıları, doğayı, hayvanları ve bununla birlikte evreni severler. Bu insanlar bir eylem yaparken, bir şey düşünürken, bir iş planı, hareket planı yaparken, sokağa çıkarken hem kendilerini hem de tüm sistemi düşünürler. Yani kendini sevdiği için marketten kendine iyi gelecek bir şey alıyor ama çöplerini doğayı çok sevdiği için doğaya atmıyor. Burada bir üstün sevgi var.

İşyerinde bir problem yaşıyor, bu yaşadığı problemi arkadaşıyla çözmeye çalışıyor. Kişi kendini ve iş arkadaşlarını seviyorsa burada "biz" dilini kullanarak birlikte kazanmak, birlikte sorun çözmek peşinde olur. Yani üstün seven insanlar, "Önce ben kazanayım," demezler, "Önce biz kazanalım," derler. Ve "Önce ben sevileyim" değil, "Önce biz sevilelim," derler. O yüzden ön beyinlerini daha fazla kullanırlar.

Örneğin dünyanın öbür tarafından bir orman yansa, bir canlı ölse üstün seven insanlar onun için de acı çekerler. Ateş onlar için düştüğü yeri yakmaz, kendilerini de yakar. Ve birilerini tanımaları gerekmeden onlar için çok fazla şey düşünürler.

Bunun için insan beynini geliştirmek zorunda. Çünkü, üstün sevmeyen insanlar günün sonunda hep kendi bedeni, açlığı, kendi cinsel ihtiyacı, kendi kariyeri, bunların peşinde koşarlar, ama dillerinde de en çok başkaları vardır.

A.T.: Ülkemizde hangi tür seven çoğunlukta?

A.K.: Ülkemizde kendi için yaşayanlar, sıradan sevenler çoğunlukta.

A.T.: Sıradan sevenleri nasıl tanırız?

A.K.: Ağızları çok iyi laf yapar, çok iyi insan kandırırlar. Etkili konuşma ve iknada iyilerdir. Konuşmalarını dinlerken, "Vay be! Bu adamla, bu kadınla evlenilir, iş yapılır..." dersiniz, çünkü beyin haz aldığında kötü ya da iyi niyetini müthiş maskeler.

A.T.: Sıradan sevenleri görünce, hayatı ve insanları düşününce sanki dünyada kötülük çoğalmış gibi geliyor.

A.K.: Hayır, dünyada kötülük çoğalmadı. İyiler evlerinden çıkmıyor! Onlar mutluluklarını hal ile yaşıyorlar. "Sevgi hal olur" derler ya; sevginin kokusu, tadı ortamdadır. Şikâyet etmezler, yaşıyorlar zaten. Dünya tarihi, Osmanlı tarihi, din, sanat tarihi okuyanlar bilirler; cinayet, katliam, tecavüz hep vardı, olmaya da devam edecek, ama galiba dünya sizden şunu istiyor: "İyileşmek için bir şeyler yapın! En azından kendi içinizde yapın!" Sizi mutlu edecek olumlu bir şey düşünün. Bu, gerçekdışı da olabilir.

A.T.: Şimdi hep birlikte yapalım mı?

A.K.: Arkanıza yaslanın. Bunu yaparken kimliğinizi bir kenara bırakın. Kitabı okuyan bin kişi var diyelim. Beş yüzü kitabı okurken, "Bu adamın dediğini yapacağım!" diyecek. Kitap bitince iki yüz elli kişi kalacak. Çoluktu, çocuktu, yemekti derken, oldu 10. En son 3 kişi kalacak. "Sağdaki bana güler mi? Büyüklerim, arkadaşlar, kardeşler, el ne der?" diye diye elin bağımlısı olduk. Yapmayın! Bir gün de gülünç olsanız ne olur! Mağarada yaşamak bizi yoruyor. Ne derler: "Koyver gitsin arkadaş!"

Tebessüm ettiğinizde yüz kaslarınız kırışır, kan yüzünüzün içinde durur, mutluluk hormonu salgılanır. Gülmeyi ve tebessüm etmeyi bırakmamak gerek! Burnunuzdan yavaşça nefes alın ve nefesinizi bekletin. Eninde sonunda ne alacaksınız ne vereceksiniz. O yüzden yavaş yavaş yapın! Arkanıza yaslanın, gözlerinizi yavaş yavaş kapatın. Sadece nefesinizi duymaya devam edin. Derin nefes almaya devam edin. Bırakın kendinizi. Bedeninizi, ayaklarınızı, kollarınızı, sırtınızı olduğu gibi bırakın, korkmadan. Başınıza bir şey gelmeyecek gibi, güven içinde. Sizi gerçekten çok mutlu edeceğini inandığınız bir hayale odaklanın. Ve onu görselleştirin. Odaklanın. İçinde korku olmasın. "Ben yapamam! İzin vermezler! Utanırım!" olmasın. Sadece hayal edin, derin nefes almaya devam edin. Hayalinizde kim var? Neredesiniz? Ne yaşıyorsunuz? Sadece derin bir nefes alın. Odaklanın. Renkleri görmeye, sesi duymaya çalışın. Sadece siz varsınız. Güvendesiniz. Sorgulanmıyorsunuz, kimse sizden hesap sormuyor. Sadece var olduğunuz ve yaratıldığınız için değerlisiniz. Ne kazandığınız için değeriniz yükseliyor ne de kaybettiğiniz için değeriniz alçalıyor. Değerli olan sizsiniz. Derin nefes almaya devam edin. O hayale odaklanın. Yavaş yavaş hayalden uzaklaşın ve gözlerinizi yavaş yavaş açın.

A.T.: İnsan, âlemde hayal ettiği müddetçe yaşarmış. Hayal gücü bizim görünmeyen kanatlarımız. Sanki her şeyin başlan-

gıcı gibi... Her kanat çırpışımız yeni bir soluk, yeni bir hayat gibi, umut etmek gibi... Hayal etmek, hayal gücü bizi alır nereye taşır?

A.K.: Ancak hayal gücüyle duyular dünyasından çıkıp akla ulaşabiliriz. Batı felsefecilerine bakın; Aristo'ya, Platon'a, Sokrat'a, Descartes'a, hepsi akıl boyutunda. Doğu'ya gelelim; ilim adamlarımız, Peygamberimiz, Mevlânâ hep düşteyken hissetmişler. Bu yüzden çocukların, gençlerin, toplumun hayal gücünü almamak lazım!

Beynimizde depresyon ile mutluluk alanı yan yana. Mutlu bir şeye odaklandığınızda küçük toplu iğneler gibi hepsi aktifleşiyor. Ve sizi mutlu edecek anılara, yerlere götürüyor. Mutluluk ve sevgi alanlarınızı çoğaltmaya başlıyor. Gerçeğe ulaşmadan önce de hayal ederiz. Denizde mi yüzeceksiniz? Önce yüzdüğünüzü görmek zorundasınız. Hayal etmeyi bırakmamalısınız, çünkü sevgi hayalle başlar.

A.T.: Hayal ettiğimiz her şeye kanatlanabilir miyiz, ulaşabilir miyiz?

A.K.: Belki ulaşabilirsiniz. Ama diyor ki: "Hiç ulaşamazsan da, o anın sıkıntısından kurtulursun!" Yani acı ve keder içindeyken bile hayal gücünüz sayesinde, acı bitmese de en azından o andan kurtulursunuz.

A.T.: Akıl boyutundan bahsediyorsun... Akıl nerede Aşkım?

A.K.: Töz nedir biliyor musunuz? Töz; bir yere konumlandırılamayan, bir yerle sınırlandırılamayandır. Hiçbir yerde tanımı olmayandır. Akıl tözdür. Akıl beyinde derseniz maddenin açılımını da bilmek zorunda kalırsınız. Maddenin sınırları vardır. Akılla duyu bedende değil başka bir yerdedir. Aşkı bel altında tutarız, sevgiyi de. Akıl ve duygu tözdür. Bir yerde durmaz, sınırlandırılamaz. Madde değildir. "Acıktım" duyu, "Uykum geldi" duyu, "Sevişmek istiyorum" duyu, "Öfkelendim, sevindim"... Hepsi duyular dünyası. İnsan duyulardan hayal gücüyle kurtulurmuş. Sevgiyi sadece cinselliğe, eşyaya yerleştirdiniz. Ülkede akılla sevmek, akılla siyaset yapmak, akılla çocuk yetiştirmek olmadığı için ortaya ötekileştirme ve yobazlık çıkıyor.

Maneviyatın içine akıl, aklın içine maneviyat koymazsanız güdük kalırsınız. Akıl lazım, hayal gücü lazım! Lütfen hayal gücünüzü kaybetmeyin!

A.T.: Sevgi ile bağlanma aynı ailenin fertleri mi? Sevdiğine, saydığına, beğendiğine ve hatta zaman zaman onu sevmeyene, onu kırana, dökene, acıtana... İnsan neden bağlanır? Hiçbir yere, hiç kimseye bağlanmadan kendi kökleri ve kanatlarıyla bir başına hayat bulamaz mı?

A.K.: Evet, aynı ailenin fertleri. Sevgi, bağlanmanın aracıdır. Bizler bir insana, bir olaya, bizi Yaradan'a bile bağlanmak için her zaman sevgi yolunu kullanırız. İnsan bağlanır, çünkü insan yalnız olamaz, tek yaşayamaz, tek düşünemez, yalnız hareket edemez. Toprağa, taşa bile baktığınızda taşın kendisini değil bütünü görürsünüz. Yani taşın içinden bir manzara çıkartırsınız. Denize bakarken dalga değildir, köpük değildir sizi hareketlendiren, denizin kendisidir, bütünüdür. Doğaya baktığınızda bir ağaç sizi etkilemez, bütün ağaçların bir araya gelmesiyle oluşan manzara sizi etkiler. İnsan da yanındakilerle anlam bulur; annesiyle, sevgilisiyle, iş arkadaşlarıyla, dostlarıyla; dans ettiği, eğlendiği arkadaşlarıyla, yardım ettiği bir kediyle, mekânla. İnsan aynı zamanda doğayla, dünyanın kendisiyle anlam bulur. İnsan kendisine, Yaradan'a dua ederken, ona ibadet ederken anlam bulur. Ama popüler insan gözlüğüyle, sakalıyla, bikinisiyle, makyajıyla, arabasıyla, saatiyle anlam bulmak istediği için onlara daha fazla bağlanır, onlara daha fazla yatırım yapar. O nedenle bu insanların diğer insanlardan tek farkı, yalnız olmalarıdır ama zenginlerdir, varlıklılardır, çok eşyaları vardır. O yüzden insanlar başkalarıyla dekor olabildiğinde yani başkalarına bağlanabildiğinde sağlıklı anlamda yol bulabilirler. Bunun da tek yolu çıkar, menfaat, cinsellik, statü ve beklenti değil, sevgidir. İnsanın gerçekten birine veya bir şeye bağlanabilmesi için sevebilmeli, sevebilmek için de üç şeye dikkat etmeli: "Neyi seviyorum? Ne kadar seviyorum? Nasıl seviyorum?"

A.T.: "Sevgi" dedik, "Seven" dedik... Sevgiyle çıktığımız yolda elbet bağlanmaya da geldik. Sevginin ve sevenlerin türlerini öğrendik. Zaman zaman kendimizi, zaman zaman hayatımızdakileri analiz ettik. Son geldiğimiz durak bağlanma. Herkesle aynı bağı kurmuyoruz, herkese aynı şekilde bağlanmıyoruz. Her bağlanma bir hikâye. Bu hikâyenin kaç türü var? Kaç tür bağlanma var?

A.K.: Üç tip. "Kaygılı bağlanma", "güvensiz bağlanma", "güvenli bağlanma". "Kaygılı bağlanma"; eğer anne baba bir var bir yoksa, bir yakın bir uzaksa çocuk ne olduğunu anlamaz ve böyle çocuklar anne, baba uzaklaşınca nöbet geçirirler. İleriki yaşlarda ilişki yaşadıklarında sürekli, "Acaba beni seviyor mu? Sevmiyor mu?" diye düşünürler, sevgi ispatı isterler. "O varsa varım, yoksa yokum!" psikolojisine girerler. Hayatlarındaki insanı fazlasıyla merkeze alırlar ve çok sorgularlar. Her şeyi analiz ederler. Küserler, barışırlar. Sevgiyi ve kaygıyı bir arada yaşarlar. İlişkide bir adım atarlarsa o adımın karşılığını mutlaka görmek isterler. Böyle insanlar çok yorar. Böyle ilişkiler ve evlilikler de iki sene sonra patlar, biter, çünkü bu tip insanlar hayatlarındaki kişinin egosunu şişirirler.

Hepimiz ister istemez bir bağlanma problemi yaşıyoruz. Hayata, anne ve babaya, aşka, insana, doğaya... Kaygılanıyoruz da. Korkuyoruz, acı çekmek istemiyoruz, çünkü diyoruz ki iyi olmam için iyi hissetmem lazım, şartlar düzelirse ben de iyi olurum.

Korkuyla bağlanma, çünkü bağlandığın şeyden korktukça hatalar yaparsın. İnsan sevgiyle bağlandığında, sevdiği üzülmesin diye onu kırmaz. O üzülmesin diye empati, özdeşim kurar; onu düşünerek hareket eder. Sevdiğinin alanlarına saygı duyar. Ama insan korkuyla da bağlanır. Ve o bağlandığı şeyden korktukça daha çok yanlış yapar. İstenmeyen ne varsa yapar. Sen buna intikam de, yasağın cazibesi de, ne dersen de. O sebeple bu hayatta bir sevgimiz, bir de korkumuz var.

Güvenilir olmak, seviliyor olmaktan üstündür. Eğer sevilen insan olmayı öne alırsanız güveniniz kaybolur, çünkü insan sevilmek için inanılmaz hatalar yapabilir. Güvensiz sevgide bağ yoktur, istikrar yoktur. Ama güvenilir olmayı öncelik yaparsanız, dürüstlüğünüzden dolayı herkes sevmese de sevebilenler ömürlük kalır. Huzurlu uyku, verdiğiniz güvenden; huzursuz uyku, beklediğiniz sevgiden gelir. İnsanlar genelde çıkarları için severler. Kimsenin sizden bir çıkarı olmasına izin vermeyin. Bu yüzden de herkesin sevgisini kazanmaya çalışmayın. Sevgi beklentisi yorucu, güvenli olmak doyurucudur. Zaten güvenilir olduğunuz sürece yanınıza seyrek zamanlarda kırılmış insanlar gelir. Aranılan olmak istiyorsan güvenilir ol, çünkü tüm sevilenler ve sevenler eninde sonunda güvenden dolayı kırılırlar.

Sevgi ve korku iki ana duygudur. Neden? Çünkü insan yaratıldığında bu dünyaya sevgiyle bağlanmayı, bu dünyadan da korkuyla ayrılmayı öğrensin diye.

A.T.: Kaygılı bağlanan insanların geçmişinde nasıl yara izleri vardır? Bu izlerin acısını, sızısını karşı tarafa nasıl hissettirirler? Ve kendilerine nasıl şifa olurlar?

A.K.: Bu insanlar genelde anne babaları tarafından bir sevilmiş bir sevilmemiş, bir yakın durulmuş bir durulmamış kişilerdir. Anne babaları uzaklaşınca ağlayan, kaygılanan çocuklardır bunlar. Ve bu kişiler genelde biri onları sevse de sevgisine inanmazlar. Sürekli sevgi ispatı beklerler. O nedenle gerçek sevgiyi bulduklarında mahvederler, karşı tarafı boğarlar, sıkarlar, taciz ederler. Bu tip insanların iyileşebilmesi karşı tarafla değil, kendi özeleştirilerini yaparak olur. Kişi kendiyle çalışmalı, içgörü kazanmalı ve analiz yapmalı. Eğer baş edemiyorsa bu konuyla ilgili destek almalı.

A.T.: Destek alacak imkânları yoksa ne yapmalılar? Kendilerine hangi soruları sormalılar?

A.K.: Şu sorgulamayı istikrarlı bir şekilde yapabilmeliler; "Benim sevgi dilim ne? Partnerimin sevgi dili ne? Ben sevgimi karşı tarafa nasıl gösteriyorum? Karşımdaki kişi beni sevdiğini nasıl gösteriyor? İkimiz de aynı mı göstermeliyiz? Karşımdaki sevgisini gösterirken bunda istikrar sağlıyor mu, yoksa durum ve şartlara göre değişiyor mu? Karşımdaki istediğimi yapmıyorsa gerçekten beni sevmiyor mudur? Karşımdakine ulaşamıyorsam, bana cevap vermiyorsa gerçekten beni aldattığı için mi yoksa gerçekten müsait olmadığı için midir? Sevginin ispatı olmalı mı? Sürekli bir şeyler beklemeli miyim? Karşı taraf beni gerçekten sevdiğini gösteriyorsa neden inanmıyorum? Daha fazla neye ihtiyaç duyuyorum?"

Sevgi ile endişe beyinde bir aradaysa karşı tarafa güven vermezsiniz, kendinize de güvenemezsiniz. O yüzden içsel telkinlerde olabilmek lazım; "Şunu yapıyor, çünkü beni seviyor!" Ama en önemlisi kişinin kendisine şunu söyleyebilmesi gerek: "Ben değerliyim, sevilmeyi hak ediyorum! Sevilmeyi hak ettiğim için de seviyorum ve seviliyorum!" Yoksa kaygılı kişiler sürekli ispat bekledikleri için hiçbir zaman sevildiklerine inanmayacak, karşı tarafı sürekli taciz ettikleri için de günün sonunda şunu söyleyecekler: "Bak yine aynı şeyi yaşadım. Bütün ilişkilerimde aynı şey oldu!" Aslında burada kişinin öğrenmesi gereken şey "Benim etkimden dolayı karşı tarafta oluşan bir tepki var. Yani ben taciz ediyorum, tahrik ediyorum o da bu tahrikin karşısında önceki ilişkilerimdekiler gibi davranıyor," cümlesini kurabilmek. Oysa kişi "Demek ki bütün insanlar aynı, kimse beni sevmiyor" gibi bir çıkarım yapar. O nedenle kişiye şunu söylemek lazım: "Etki şeklini değiştirirsen, tepki şekli de değişecektir!"

A.T.: Alttan alanlar, taviz verenler, çok fazla emek verenler, çaba gösterenler... Ve tüm bunları yaparken kendinden, kişiliğinden, hayatından ödün verenler... Dillerinde hep yakınma vardır, şikâyet vardır. "O kadar değer verdim, o kadar emek verdim, alttan aldım, taviz verdim ama yine de karşılığını göremedim. Ne yaparsam yapayım beni sevmedi, beni saymadı!" derler. Her şeye rağmen neden hayallerindeki sevgiyi, saygıyı, değeri göremezler?

A.K.: Onlar sürekli iyilik yapan, fedakârlık yapan yük insanlardır. Altta yatan sevilme ihtiyacıdır. Bir insana çok taviz verirseniz, onun hayatını kolaylaştırırsınız ama ilk darbeyi de ondan yersiniz. O yüzden kimsenin hayatını kolaylaştırmayın.

A.T.: "Sevgi tercih, saygı mecburiyet" diyorlar. Bunun bir tercihi, mecburiyeti ya da sırası, öncesi sonrası var mı?

A.K.: Evet var; insan önce saymalı sonra sevmeli. "Yaratılanı Yaradan'dan ötürü severiz!" diyorlar ya, çok popüler bir söylem. Bu söylemin içine giremedik. Galiba doğru olan Avrupa'daki sistem. Yani önce sayacaksın sonra seveceksin. Biz genelde tanımadan seviyoruz, sonra tanımaya başlıyoruz. Aslında sevmek, tanımak demektir. İnsanın her özelliğini, her durumunu, her tavrını tanıdıkça seversiniz. Ancak popüler kültürde tanımaya vakit yok! Bakıyorum, bir insanı tanımaya çalışırken ilk sordukları soru "Burcun ne?" oluyor. Ciddi bir cemiyete giriyorsunuz, "Burcunuz ne?" diye soruyorlar. O burca göre kalıba sokuyorlar. "Siz duygusalsınız," diyorlar. Duygusal olmak zorunda kalıyorsunuz. Etrafımız her şeye ağlayan, her şeye gülen insanlarla doldu. En çok da insanların kendilerini anlamadığından yakınıyorlar.

A.T.: Son yıllarda mükemmeli sevme eğilimi tavan yaptı. Sadece mükemmeli sevmiyoruz, kendimiz de mükemmel olmak istiyoruz. Sosyal medyada paylaşılan fotoğraflar, yazılan iletiler hep bu yolda. Bu eğilimimizin altında yatan nedir? Daha çok kimler mükemmeli sevmeye eğilimlidir?

A.K.: Mükemmeli sevme eğilimi acizlerde ve zayıflığı olan insanlarda olan bir şeydir, çünkü bu kişiler kendi acizliklerini kapatmak için yanlarında mükemmel şeyler isterler. Mükemmel adam, mükemmel kadın, mükemmel eşya, mükemmel iş, mükemmel paylaşım, mükemmel söz... Dünyada hiçbir şey mükemmel değildir! Allah bile, mükemmeldir ama mükemmeliyetçi değildir. O yüzden insanın da mükemmeli araması diye bir şey olamaz. İnsanın elinin değmediği yerler mükemmeldir. Doğa mükemmeldir, hayvan mükemmeldir, bir başkası mükemmeldir. İnsan elinin değdiği şeylerde ise mükemmellik azalmaya başlar.

İnsan önce şunu sormalı kendine: "Ben mükemmel miyim? Ben duygularımda mükemmel miyim? Kişiliğimde mükemmel miyim? Bedenimde mükemmel miyim?" Böyle bir şey olamayacağı için mükemmeli beklemek de çok doğru bir şey gibi gelmiyor bana. Ama insanlar ne yazık ki kendi zayıflıklarını kapatmak için mükemmelliği arayıp, mükemmelleri yanlarında tutmaya çalışıyorlar. O yüzden birbirine hep şunu söyler insanoğlu: "Öyle bir arkadaş ki bu yanımdaki, gerçekten inanılmaz iyi biri. Mükemmel bir adam. Mükemmel bir kadın. Senin gibi bir dost hayatımda bulamam! Sen benim hayatımda gördüğüm en mükemmel kadınsın, en mükemmel erkeksin..." Burada amaç şudur: "Öyle mükemmelsin ki sakın bana zarar verme! Öyle mükemmelsin ki beni deli gibi sev! Öyle mükemmelsin ki beni sırtımdan vurma!" Aslında, baktığınızda sübliminal verilen mesaj: "Ben mükemmel değilim, sen öylesin. Sen bana lütfen mükemmel davran!"

A.T.: Şöyle bir düğme ya da günümüz dili edebiyatıyla bir aplikasyon olsa da flört ettiğimiz, sevdiğimiz, evleneceğimiz kişinin doğru insan olup olmadığını, sevgimizi hak edip etmediğini anlayabilsek. Düğme ya da aplikasyon yok ama, belki küçük bir tüyo, bir püf noktası vardır.

A.K.: Bir kere flört döneminde asla anlamazsınız. Flörtte erkekler maksimum duygusaldır. Oradan çiçek çıkarırlar, buradan böcek çıkarırlar. Annenizi sorarlar, işten çıkış saatinizi sorarlar. Flörtte çok iyilerdir. Ama evlendikten sonra çiçek miçek çıkmıyor tabii. Her akşam aynı koltukta otururlar. Kadınların en büyük hatası fragmanı vizyon zannetmeleri.

Beş şeye dikkat edeceksiniz. Bir; iletişim dili. İnsanlar, "Bana iyi geliyor. Benim yanımda nazik, saygılı," diyorlar. Ama önemli olan sizin dışınızdaki insanlarla nasıl bir ilişki kurduğu. Çünkü sizinle iletişim halindeyken ister istemez maske takıyor. Neden? Bir çıkarı, menfaati var. İki; sorun çözme stili. Hayatındaki, işindeki, özelindeki, sokaktaki sorunları nasıl çözüyor? Sorunlara nasıl reaksiyon veriyor? Öfkeleniyor mu? Bağırıyor mu? Yok mu sayıyor? Sizi de içine dahil etmeye çalışıyor mu? Üç; stresi yönetme biçimi ve sabır eşiği. Dört; "merhamet ve şefkat". Hayvanlarla, canlılarla ilişkisi de çok önemli. Son olarak anne babasına da bakmanız gerektiğini düşünüyorum. Hem de yüzde elli oranında anne ve babaya bakmalısınız.

A.T.: Çocuklarda "sevgi, saygı, övgü" çok kıymetli. Diyelim ki hayatımızda sevgisiz büyümüş, saygıdan, övgüden mahrum kalmış, bırakılmış birini hayatımıza aldık. Böyle insanları ne yapalım? Pamuklara mı saralım yoksa hayatımızdan mı uzaklaştıralım?

A.K.: O karşılanmamış duygular ergenlikte boşluk hissi yaratıyor. Sevgi alamadığı için değersiz, saygı görmediği için dışlanmış, övgü alamadığı için de başarısız algısıyla yetişiyor. İki türlü büyüyor bu nesil. Ya aşırı özgüvensiz olup herkesten sevgi, saygı dileniyor. Yani pasif agresif. Ya başkalarının hayatlarını mahvediyorlar, kırıp döküyorlar. Bunu davranış bozukluğu gibi değil, sinsi sinsi yapıyorlar. İş kadınları, iş adamları herkes yapıyor bunu. Tüm bunların altında da anne ve babalar var. Eğer hayatınızda böyle biri varsa ya mesafe koyun ya da boşanın.

Bazıları çocukken çok sevilmiyor. Sevgi, saygı, övgü görmüyor. Böyle kişiler ilginin sürekli üstlerinde olmasını isterler, ne yapar eder bir şekilde dikkati üzerlerine çekerler. Ortalığı karıştırırlar. Ortamdan ve olaydan da tereyağından kıl çeker gibi sıyrılırlar. Böyleleri yuva yıkarlar. Ama eğer bir çocuk çok sevilirse, sevgi, saygı, övgü görürse çok sağlıklı yetiştiği için erken yaşta evlenir. Aldatmaya meyilli olmaz. Özgüven sahibi olduğu için kendi gibi bir eş tercih eder. Doğru karar verdiği için de genelde ön beynini kullanır. Ama şimdi sorsam bütün anneler "Bütün sevgimi verdim... Gerçekten severek büyüttüm..." derler. Bizim sevgi anlayışımız çok başka, vıcık vıcık bir sevgi.

A.T.: Bizim kültürümüzde ne yazık ki vıcık vıcık sevme anlayışı var. Çok sıkıştırırsam, çok öpersem, çok sarılırsam çok severim sanıyoruz. Oysaki bırakın sevmeyi, karşı tarafı itiyoruz, uzaklaştırıyoruz, rahatsız ediyoruz. Kişinin bizi seveceği varsa bile sırf bu tavırlarımızdan dolayı vazgeçiyor. Biz çocukları da böyle seviyoruz. Her şeyde olduğu gibi sevgide de aşırıya kaçıyoruz. Bu vıcık vıcık sevgi anlayışımızdan nasıl kurtuluruz?

A.K.: Mesafeli severek... Biz çocukları mesafeli sevmiyoruz, onları mahremlerine girerek seviyoruz. Çocukları kucaklıyoruz, yere yatırıyoruz, yok onları tepemize, üstümüze çıkartıyoruz... Böyle abartarak seviyoruz, bunu da sevginin samimiyeti sanıyoruz. Oysaki çocuk mahremine çok yaklaşanları algılayamıyor, sevgi ile tacizi karıştırıyor.

Sağlıklı, kaliteli sevmek için izin isteyerek sevmeliyiz. Yani haber vererek sevmeliyiz. Şimdi çoğu insan bana kızacak, "Ne yani evladımızı da izin isteyerek mi seveceğiz?" diyecek. Galiba, izin istemediğimiz için bazılarımızın evlatları, bazılarımızın evlatlarının hayatlarını mahvediyor bu ülkede. O mesafeyi koruyabilmek lazım.

A.T.: Bizim için sadece sıkıştırmak, öpmek, sarılmak değil, şımartmak da eşittir sevgi. Çocukları şımartmayı, tepemize çıkartmayı sevgi sanıyoruz, ilgi sanıyoruz. Gündelik hayatın, işin, hırsların özrü gibi şımartmak. Onlardan çaldığımız zamanı, onları şımartarak telafi etmeye çalışıyoruz. Sınırlarımızı nasıl çizmeliyiz?

A.K.: Türkler çocuklarını 6 yaşına kadar serbest bırakır, 6 yaşından sonra sıkmaya başlarlar. Sanki çocuk doğurmak muhteşem bir şeymiş gibi "Ben doğurdum" psikolojisine, kafasına giriyorlar. Bu ciddi bir bunalım. Çocuklarımızı çok şımartıyoruz, şımartmayı sevgi, ilgi sanıyoruz. Biz şımartılmadığımız için kendi geçmişimizi çocuklarda düzeltmeye çalışıyoruz. Herkesten koruyoruz, laf söyletmiyoruz evlatlarımıza. Anneanne bir şey söyleyemez, dede bir şey söyleyemez, komşu bir şey söyleyemez. Çocuk dillenmeye başlıyor bu sefer ebeveyn diyor ki: "Sadece ben söylerim." Avrupa'da bunun tam tersi, çocukları küçükken sıkıp, ergenlikte serbest bırakırlar. Çocuklar kurallarla mutlu olur, özgürlükle değil! Sınırsızlıkla büyüttüğünüz çocuklar ilk sizin sınırınızı aşacaklar. Çok ilginç bir analiz belki ama çocuklar gidecekleri yeri, oturacakları yeri, yiyecekleri yemeği bildikleri zaman daha mutlu oluyorlar, kendilerini daha güvende hissediyorlar. Kurallar olduğunda insanın stresi de azalıyor. Kurallardan kastım, özgürlüğünüzü kısıtlayacak şeyler değil, yaşamın kuralları.

A.T.: Bazen kural koymak yerine çocukları korkutarak onların üzerinde otorite kurmaya çalışıyoruz. Belki bu bizim için daha kolay oluyor, anı ve günü kurtarıyoruz ama bu durumda çocuklar ne hissediyor?

A.K.: Çocuk sevgide korku hissediyorsa saldırır. Anaokuluna başladığında oyuncakları kırar, arkadaşlarını iter. Burada şöyle bir problem var, çocuk anne ve babayı seviyor ancak ayrışma korkusu yaşıyor. Korkunca saldırıyor. Bu çocuğun ihtiyacı güven. Genelde bu çocukları daha çok şımartıyorlar, daha çok oyuncak alıyorlar. İhtiyacı görebilmek lazım. Bir de sevgi ve üzüntü var. Bazı insanlar yaşamlarında sevgi azaldığında saldırgan olurlar, bazıları da içe kapanırlar. Çocuk içe kapanıyorsa sevgiye, hareketleri saldırganlaştıysa güvene ihtiyacı vardır.

Türkiye'ye bir sosyolog gözüyle baktığınızda; Türkiye'de saldırganlık mı arttı, içine kapanıklık mı? Saldırganlık. Peki, bu saldırganlığı en çok nerede görüyorsunuz? Trafikte, ikili ilişkilerde, ailede, hastanelerde, her yerde. Bu kadar saldırganlığın olduğu yerde daha çok sevgiye ihtiyaç var. İnsanlara daha çok sevgi gerekir. Bundan birkaç sene önce daha içe kapanık, daha içinde yaşayan bir toplumduk. Orada güvene ihtiyaç vardı. Siyasetçi, sanatçı, işadamı hep güven telkin etti. İhtiyaca göre yaklaşım vardı. Şimdi şefkatli ve merhametli sevgiye ihtiyacımız var.

A.T.: Öğrendik ki sevginin de, sevmenin de bir adabı var. Çocukları severken nelere dikkat etmeliyiz?

A.K.: Çocuklara dokunsal temas şart, çünkü temasla doyum ve güven sağlanıyor. Çocuklarınızdan ümidiniz olmalı. Sevginin yanında ümit varsa, heyecan duymaya başlıyorsunuz. Oğlunuzu, kızınızı seviyorsanız, ondan ümidiniz varsa heyecan duymaya başlıyorsunuz. "Ben oğlumu seviyorum," diyor ama oğlunun, kızının gözüne baktığında ümit geçmiyor. Çocuk da kendisini seven ve kendisine ümit besleyen insanların yanına gidiyor.

Diyelim ki ailede sevgi var ama ümit yok. "Uyuşturucu kullanıyorum. Uyuşturucu satan arkadaşlarım var. Ailem beni seviyor ama yüzüme her baktıklarında bana geçen duygu 'Bunda ümit yok!' Böyle olunca uyuşturucu satan arkadaşlarımın yanına, dışarı yöneliyorum. Onlar da yanlarına gideyim diye bana ümit besliyorlar." Bu ümitsizlik hali evliliklerde de var.

A.T.: Büyüklerimiz "Körü körüne sevme!" derlerdi. Son yıllarda hepimizin sevgisinde bir körlük hali. "Gidersen yaşayamam! Sensiz olmaz!" tripleri. "Ya benimsin ya kara toprağın" kafası. Ne oldu da sevgide körleştik? Nedir bu körü körüne sevme hali?

A.K.: Toplumun elinden ümidi alırsanız, o toplumun insanları körü körüne sevmeye, ölmeye, öldürmeye başlar. Tehlikeli bir boyut. Filmlerde, şarkılarda körü körüne sevenlerin hiçbiri gerçek değil, hepsi mitolojik. Onlar da kavuşamadıkları için âşık zaten. Aşk kavuşunca biten bir şey çünkü!

A.T.: Nasıl yani, aşk kavuşunca bitiyor mu?

A.K.: Hayır! Kavuştuğunuzda aşk azalacak ki sevgiye dönüşsün.

A.T.: Sevgiyi aşk sanıyoruz, aşkı sevgi. Kafa ve kavram karışıklığımız hiç bitmiyor. Yıllardır en çok bu konu tartışılıyor. Sevgi nedir? Aşk nedir?

A.K.: Sevmek herkesin harcı değil! Sevgide karakter, adamlık, kadınlık, insanlık devreye giriyor. Aşkta ise göz körleşiyor. Âşık olan kişi karşısındakinin mahremine çok girer. Bir insanı çok yakından izlerken geneline bakamazsınız. Yanlışını görmezsiniz, ama aşk sevgiye dönüştüğünde yavaş yavaş uzaklaşmaya başlarsınız. Daha uzun saatler onsuz kalabilme beceriniz gelişir. Bu sefer huyunu, suyunu, ailesiyle olan ilişkisini, evdeki durumunu görmeye başlarsınız. Buna rağmen sevebiliyorsanız, güvenebiliyorsanız işte o zaman tamam.

Aşk narsisttir. Karşındaki gözde kendini görmek istersin. Sevgi diğerkâmlıdır, paylaşımlıdır. Sevgide "o ve ben" var, "biz" var. Aşkta ise sadece "ben" var.

A.T.: Bazı insanlar sevgisini gösterememekten yakınır. "Çok seviyorum ama sevgimi gösteremiyorum! Çok seviyorum ama belli edemiyorum!" derler. Sevgimize nasıl ayna tutmalıyız?

A.K.: Sevgi dili diye bir şey var. Kimi söylemle konuşarak yapar, kimi de dokunarak. Şimdi erkeklere soruyorum: "Karınızı seviyor musunuz?" "Seviyoruz," diyorlar. "Peki, sevginizi nasıl gösteriyorsunuz?" diyorum. "E, her akşam eve giderek," diyorlar.

Yıllar sonra annemle babam boşanma aşamasına geldi. Babama, "Baba niye boşandınız?" diye sordum. "Ne bileyim oğlum, kendi kendine boşandı! Ben ne yaptım ki?" dedi. Yani hâlâ ne yaptığının farkında değil.

A.T.: Diyelim ki kadın erkeği beğendi. Bu beğenisini beden diliyle nasıl anlatır?

A.K.: Kadın omuz üstünden bakıyorsa adamın hoşuna gider. Bir kez baktıysa ilgilendi, ikinci defa bakıyorsa bir şeye benziyor, üçüncü defa bakıyorsa artık sıra sendedir. Kadın görüntüyü beğendiyse ikinci adım diyalogdur. "Hoş ama sesi nasıl acaba?" diye düşünür kadın, ama erkekte böyle bir düşünce oluşmaz.

A.T.: Peki, erkek beğenisini nasıl ifade eder?

A.K.: Erkeklerde "V" oturuş, horozlanma vardır, üst bölge kabarır. Ne yapacağını bilemez, dik durmaya çalışır. Sanki şairi yutmuş Mecnun gibi dolanır ortalıkta. Burcunu bilir, hastalanırsın ilaç getirir. Kadın da zanneder ki aradığı adam bu. "Ben bununla 40 sene kocarım!" der, ama o fragman bitiyor başka bir şey geliyor. İlişki başladıktan, kadın erkeği elde ettikten sonra değişim başlıyor. Sonra kadın, "Eskiden konuşuyordu bu! Ne oldu da değişti?" diye yakınıyor. Ne olacak, özüne döndü! Anasının evinde de öyle oturuyordu. Flört için avlanmaya çıktı. Bütün bunlar bir genelleme tabii ki.

A.T.: Hayatımızdan sevgi eksildikçe daha abartılı bir toplum olduk. Söylemlerimiz, hal ve tavırlarımız abartılı, özde

değil ama sözde duygularımız abartılı; evlerimiz, arabalarımız, giyim kuşamımız bile abartılı. Önemli gün ve haftaların sayısı da arttı. Artık her şeyin bir günü, haftası var. Nedir bu abartı?

A.K.: Bir şeyi ne kadar çok korumaya ihtiyaç duyarsan, o kadar çok kutlama ve özel günleri olurmuş. Hayvanları Koruma Günü, Yaşlıları Koruma Günü, Kadınlar Günü... Beyine devamlı, "Onların ihtiyacı var! Değerleri bitiyor, korumak zorundasın!" diyor.

A.T.: 14 Şubat yaklaşırken "Sevginin günü olur mu?" diye hep konuşulur, tartışılır. Son noktayı biz koyalım mı? Sevginin günü olur mu?

A.K.: Olmaz, olmamalı da! Hem zaten kadınla erkek beyni Sevgililer Günü'nü farklı algılıyor. Erkek o gün anlıyor Sevgililer Günü olduğunu. En çok internet satışı da o gün yapılıyormuş. Son dakika telaşı yani. Kadınlarsa 2 ay öncesinden başlıyorlar düşünmeye. Mesela kadın diyor ki: "Şubata da iki ay kaldı!" Şubatın başında altın, pırlanta reklamları çıkmaya başlıyor. Kız diyor ki: "Adamın gözünün içine bakıyorum..." Adam görmüyor ki. Bazıları eve giderken yolda çiçek alıyor, kadınlar da çıldırıyor.

A.T.: Peki, böyle bir günde sen ne yaparsın?

A.K.: Duygularımı daha yoğun yaşarım, anlatırım. Ama hediyeye bağlamam. Sevgililer Günü çok doğru gelmiyor bana. Zaten bizim kültürümüze ait bir şey değil. Anneler Günü de öyle, Babalar Günü de.

A.T.: Toplumda genel anlamda bir sevgisizlik var. Sevgi anne babayla, evde başlıyorsa nerede yanlış yapıyoruz?

A.K.: Demek ki ülkemizde çok fazla yanlış anne baba modeli var. Çocukların her dediğini yapmayı sevgi sanıyorlar. Ve bu şekilde çocuklara sadece kendilerini sevmeyi öğretiyorlar. Sevgide "diğerkâmlık" diye bir duygu var. Eğer çocuklarınıza bunu öğretebilirseniz sevgi zaten yolunu bulur.

A.T.: Çocuklara diğerkâmlığı nasıl öğreteceğiz?

A.K.: Çocuklarınızı çocuk esirgemeye götürün. Yaşlılar evine, hayvan barınaklarına götürün. Ama siz ne yapıyorsunuz? Onları dershaneye götürüyorsunuz, hayvanat bahçelerine, sirklere, AVM'lere götürüyorsunuz. Çocuklarınızı vicdanın olduğu yerlere götürmeniz gerek. Geçmişi ve geleceği görebilmeliler.

A.T.: Çocuğuna aşırı ve abartılı sevgi veren anne babalar var. Buzdağının altından ne yatıyor?

A.K.: Eşinden sevgi alamayanlar, özellikle de anneler bu defa çocuğunu abartılı derecede sevmeye, ona duygusal yatırım yapmaya başlıyorlar. Buzdağının altında, bilinçdışında "İleride bana baksın, verdiklerimi geri alabileyim..." duygusu var. Bu sadece annelerde değil, babalarda da oluyor. Mutsuz evliliklerin çoğunda çocuklardan biri köprüdür. Anne ve baba onunla mutlu olur.

A.T.: İnsan sevmezse, sevilmezse, sevgiyi bulamazsa ne olur?

A.K.: Allah herkesin ruhuna sevgi bahşetmemiş. Birçok psikolojik rahatsızlığın temelinde de sevgiyi bulamama, kullanamama, aktaramama yatıyor. İnsanoğlu sevgiyi alamadığında, duygularını aktaracak yer ve insan bulamadığında kendini kapatıyor. Bu defa sevgiyi maddeye, eşyaya bağlamaya başlıyor. İnsana duyduğunuz sevgiyi ilginç bir şekilde eşyaya da duyabiliyorsunuz.

A.T.: Sevgiyi bulmanın bir yolu, yöntemi var mı? Yönümüz ne olmalı?

A.K.: Sevgiyi arayarak bulmamız gerek. Sevgi beklenen veya istenen değil, verilebilen bir şey. Sevebileceğimiz şeyleri bulmak zorundayız. Biz tabii bunu, yemeği, içmeyi, parayı, kadını sevmek sanıyoruz. Sevmenin gerçek anlamının çok da farkında olduğumuzu düşünmüyorum.

A.T.: Bazı kavramların bulaşıcı olduğunu konuşmuştuk. Sevgi de onlardan biri mi?

A.K.: Evet, koku gibidir. Bulaşıcıdır.

A.T.: Sevgi sözleri veriyoruz. Sadakat sözleri veriyor, sadakat yeminleri ediyoruz. Bu sözlerde ve yeminlerde ne kadar samimiyiz? Sonsuz ve koşulsuz sevgi mümkün mü?

A.K.: Hayır, mümkün değil! Bir insanı ömür boyu koşulsuz sevemezsiniz. Bugün seviyorsunuz ama bu hep böyle gidecek diye bir şey yok. Bir aileniz, çocuğunuz varsa; karşılıklı ihtiyaçlarınızı her gün sorgulamalısınız. "Benim onlara ihtiyacım var. Onların da bana ihtiyacı var," demelisiniz. Bakıyorum insanlar çok başka başka şeyleri sorguluyorlar. "Dikkat neredeyse, enerji oradadır," derler. En çok nereye, neye dikkat ediyorsanız enerjiniz de oraya akar. Hep dikkatli olmak ve sevgiyi terbiye etmek zorundasınız.

A.T.: Sevgi tekil midir, çoğul mu? Sevgide "sen", "ben" ayrımı var mıdır?

A.K.: Yoktur, sevgide "biz" vardır. Diyelim ki evde bir soba yanıyor. Sobaya sürekli odun atmak zorundasınız. Isınacak, soğuyacak; bazen kırılacaksınız birbirinize. Ama küle dönüştürmeyin o sevgiyi. "Sen yaptın!" demeye başladığımızda, "Bu defa odunu sen atacaksın!" demek istiyoruz aslında.

A.T.: Çocukları sevmenin bir kuralı, adabı var dedik. Peki, genel anlamda sevgide, severken ve sevilirken nelere dikkat etmeliyiz?

A.K.: Sevgide iki şeye dikkat etmek lazım. Bir; "Neyi seviyorum?" Sevdiğiniz şey canlı ya da cansız olabilir. İki; "sevginin süresi". Galiba bizim sevgi süremizde problem var.

A.T.: İlgi eşittir sevgi midir? Yani bir insan ne kadar ilgileniyorsa, ilgi duyuyorsa o kadar seviyor mudur?

A.K.: Sevgi, ilgiyle yol bulur. Sevgiyle ilgi bir araya gelince ilişki, ilgiyle sevgi ayrılınca çelişki olur. O yüzden birinin sizi sevip sevmediğini anlamak için sizinle ilgili konularda ne kadar ilgili olduğuna bakın. Mesela "Seni seviyorum!" bir sevgi dilidir ve ilginin göstergesidir, ama bu yeterli değildir. Örnek vereceğim; insanların eşyalarınızla olan ilişkilerine bakın, ailenizle, dostlarınızla olan ilişkisine.

Evin içi birliktelik alanıdır. Diyelim ki birlikte yaşadığınız eşiniz, anneniz, kardeşiniz, ev arkadaşınız... Eğer kişi evin içinde sizin haberiniz yokken sizin eşyalarınızla bir ilişki içindeyse, bu eşyalarınızı toplamak, eşyalarınızı düzenlemek, "Bu onu sever" deyip dolaba ya da masaya bir şey koymak, bir yemek esnasında, bir paylaşım esnasında sadece kendi tuzunu değil de sizin tabağınıza da tuz dökmek... Bunların hepsi sevginin ilgisidir. Bazı insanlar buna bakar, bazılarıysa bununla ilgilenmez. Bencil sevgide, ilginin olmadığı sevgide insanlar genelde "Seni seviyorum"u kullanıp ondan sonra rahat bırakırlar. Kesinlikle sevdiği insanın eşyalarıyla, onun sorumluluklarıyla ilgilenmezler. Örneğin "Onun herhangi bir sıkıntısı var mı?" Bunu hissediyorsa madden ya da manen bunu dile getirmeden tavra dökmek zorundadır. Mesela kişi şunu yapmalıdır: "Bu ay madden ve manen şöyle bir sıkıntı yaşadık. Bence şunu yapmayalım." Bu sevginin bir göstergesidir. Ya da "Bu ay şöyle bir duygusal sıkıntı yaşadık. Bu konuda daha hassas davranalım." Hatta birlikte sofra kurmak ve birlikte o sofrayı kaldırmak, birlikte bir sorun çözmek...

Artık popüler kültürde evlilerde şu oluşmaya başladı, evin içinde görev dağılımları. Öğrenci evleri gibi "Sen bulaşığı yıkayacaksın, ben yerleri temizleyeceğim". Bu da ayrı ilişkiler, ayrı sorumluluklar, ayrı kafalar, ayrı zihniyetler geliştirmeye başladı. Bu askeri sistem, öğrencilik sistemi evliliğin içinde çok olmayan bir şey. Çünkü, biliyorsunuz ki askeri sistem ve ev arkadaşlığı, öğrenci arkadaşlığı okul bitince biter. Bittiği için de insanlar çok fazla birbirlerinin peşine düşmezler. Oysa sevginin olduğu birlikteliklerde şunu sormalı insan: "Ben sevdiğimin bedeniyle, duygularıyla aynı zamanda onun sahip olduğu eşyalarla, oturduğu yerle, konuştuğu telefonla, her şeyle ilgili miyim?" Bunun cevabını verebiliyorsa insanlar, işte o zaman sadece "Seni seviyorum!"la olmayacak, sadece cinsel ilişkiye girmekle olmayacak. O yüzden çiftlere bakın; biri öncelikle cinselliği, "Seni seviyorum" cümlesini, sarılmayı önemser ve günün sonunda şunu söyler: "Ben seviyorum, pozitifim, elimden geleni yapıyorum!" Ama diğer taraf da karşısındakinin hayatıyla, eşyalarıyla, ailesiyle ilgilenir. İki tarafın da sevgi gösterme biçimi farklıdır. Biz buna diyemeyiz ki, "O daha az bu daha fazla seviyor!" Keşke ikisi de sevginin tüm nesnelerini birbirlerine karşı kullanabilse.

A.T.: Bir insanın sevgisinin samimiyetini, gerçekliğini nasıl anlarız?

A.K.: Beden dilinden, sizi dinleyiş şeklinden. Siz konuşurken ne yapıyor? Göz kontağı kuruyorsa, ilgiyle dinliyor ve sorular soruyorsa sizi gerçekten dinliyor ve seviyordur. Ama sizi umursamayan kişi ayaklarını kapıya doğru atar. İki ayağının ucu da size doğruysa bu "seni dinliyorum" demek. Ayakları dışarıya doğruysa "sus artık, gideceğim" demek. Gerginlik anında diz kapaklarına kan gelir, kaçma isteğiyle ayaklar geriye gider. Artık gözler bile yalan söylüyor ama ayaklar asla yalan söylemez! Sonra bir insanın sevgisi kapının dışında hayallerle başlar, evde değil.

Bedeniniz eve gidiyor, peki ruhunuz da eve gidiyor mu? Evde sizi karşılayacak olan ailenin hayaliyle evinize gidin. İşyerinde, sokakta bir şeye ya da bir kimseye kızmış olabilirsiniz. Ama eve girerken maskenizi çıkarın. Oysa eve girince şöyle yapıyorlar:

A.K.: "Merhaba hanım! Otur kalkma. Başladı mı dizi? Çocuklar nasıl?"

A.T.: "İyiler ne yapsınlar!"

A.K.: "Annene gittin mi?"

A.T.: "Uğradım. Ne yersin? Ne yapayım?"

A.K.: "Vallaha hanım sordun da aklıma geldi. Annemin bir yemeği vardı hatırlarsın..."

A.T.: "Hatırlayamadım. Ben kendi bildiğim çorbayı yaptım."

A.K.: "Sen ne bilirsin, ne hatırlarsın ya!"

A.T.: "Ne yaparsam yapayım sana yaranamıyorum!"

A.K.: "Allah aşkına başlama! Eve gelmek istemiyorum, vallaha istemiyorum! Her gün aynı şey... Bir zevkimiz televizyon, bırak da izleyelim. Çalış çalış nereye kadar?"

A.T.: "Çocukların okulu nasıl gidiyor? Dersleri nasıl? Hiç merak etmiyorsun."

A.K.: "Eşek kadar oldular. Ben mi okula götüreceğim? Kim çalışıp eve para getirecek? Yaymak kolay tabii. Ohh!"

A.T.: Burada adamın içsesi ne diyor?

A.K.: Dış ses "Ne haber hanım? İyi misin?" derken, içses "Yemeği yapmış, yaymışsın," diyor. Bu adam yatacak yatak, yiyecek yemek, sevişecek kadın istiyor. Bu kadın da adamla 15 yıldır evli diyelim, 13 yıldır "Belki bu akşam değişir" diye umut ediyor.

Ailede erkek kadını yalnız bırakırsa, kadın mutlaka kendini tamamlayacak bir şey bulur. Eğer siz aidiyet duygusunu geliştirmezseniz, bu kadın sırf sizi ve sizin yarattığınız stresi unutmak için hobi edinmişse hastalanır. Hobi her şey iyiyken, kendini iyi hissediyorken bir şeyler üretmektir. O yüzden kadın erkeği güçsüzleştirmeyecek, erkek de kadını yalnızlaştırmayacak. Aslında o kadar basit ki, ama yapamıyoruz.

A.T.: Evlilikte, ikili ilişkilerde, sevgide kadınlar ne istiyor?

A.K.: Bir kere hayatı paylaşmak istiyorlar. Sonra ilgi istiyorlar. Sevgi ile ilgi buluşursa ne olur? Sevgili olur! Kadınların beklediği tek şey samimi birkaç söz, bakış ve dokunuş. Kadın o duyguyu, o ilgiyi, samimiyeti alırsa acayip rahatlıyor.

A.T.: Peki, erkekler ne istiyor?

A.K.: Yorgunluğu atmak ve sakinleşmek, çünkü erkek sakinleşince konuşabiliyor. Kadın her şekilde konuşabildiği için sorun yok.

A.T.: Kadınların en büyük sıkıntılarından biri de erkeklerin sevgilerini ifade edememeleri, dile dökememeleri. Tamam; sevgi ifadelerimiz, dillerimiz farklı. Peki, ya ihtiyaçlarımız? Onlar da birbirinden farklı mı?

A.K.: Kadınla erkeğin ihtiyaçları, öncelikleri gerçekten farklı. Erkek kadınla paylaşmayı bilmeli, kadını yalnızlaştırmamalı, çünkü senin yalnızlaştırdığın kadın eninde sonunda ilgilenecek başka bir şey bulur. Bu illa ki aldatmak demek değil, gider kendine bir uğraş bulur. Kadın da erkeği sakinleştirmeyi bilecek, onu güçsüzleştirmeyecek. Erkek beyni strese girdi mi içine kapanıyor. Bu sefer kadın, "Ne oldu? Ne oldu?" diye sorgu suale başlıyor. Adam da ne yapsın, mağarayı dekore ediyor. Arada bir temel ihtiyaçları için çıkıyor mağaradan. Sizi özlediğinde, karnı acıktığında, tuvalet ihtiyacında... Sonra adam, zamanla susan bir varlığa dönüşüyor.

Ülkemizdeki çoğu evlilikte kadın öfkeli, mutsuz, gergin, içe kapanmış. Adamı sakinleştiremiyor. Ne yapıyor? Onu kelimeleriyle, cümleleriyle güçsüzleştiriyor. O adam da eninde sonunda güçlü olabileceği alanlar aramaya başlıyor. Ama çoğu erkek de kadını yalnızlaştırıyor. Kadın ne yapıyor? Eve, çocuğa dönüyor. Herkesin ihtiyacı belli ama erkeğin önceliği sakinleşmek. Kadının önceliği ise paylaşım ve birlik. Bu ikisinin olduğu yerde sevgi olur.

A.T.: Sevgi ve iletişim arasında nasıl bir bağ var? Sevgi olmadan iletişim, iletişim olmadan da sevgi olur mu?

A.K.: Sevginin dili iletişimdir. İletişim ve sevgi bakmakla, görmekle başlar. Göz teması kurmak, "Senin varlığını kabul ediyorum" demektir. Sevginin olmadığı yerde insan kendiyle iletişim kurarmış. Bir şeyler ters gittiğinde ya da aşırı öfkelendiğinizde ne yapıyorsunuz? Kendi kendinizle konuşmaya başlıyorsanız, bu çok tehlikeli. Vücudumuzda olan biteni çok fazla yönetemiyoruz. Dışarıdan bir şeye ihtiyaç duyuyorsunuz.

İnsanlar üzüldüğünde, korktuğunda, öfkelendiğinde, âşık olduğunda sempatik sistemde değişimler olur. Öfkelendiğinizde vücudunuzda ne oluyor? Elleriniz titrer, çarpıntı olur, kan yüzde kalır. Nerodrenalin hormonu var. Bu hormon damarlara kan olarak gider. İnsan korktuğunda kan aşağı çekilir. Eve geldiniz, evde sinir sistemi bozulmuş biri var. Öfkeli, korkmuş, üzülmüş. Sempatik sistem serotonini devreye sokuyor, böylelikle güvenli alana geçiyor.

Korktuğunuzda, üzüldüğünüzde hemen aklınıza "Kısmet! Hayırlısı! Bugünün yarını da var!" diye bir telkin gelir ya; sempatik sistemi bozulmuş kişiye sempatik etkide bulanamıyorsanız vay sizin insanlığınıza! Karşınızdaki sizden telkin bekliyor. "İnsan insanın zehrini alır" derler bizde, artık insan insana zehir bırakıyor.

A.T.: Erkeklerden hep duyarız; "İşlerim yoğun, vaktim yok... Karımla, çocuğumla ilgilenemiyorum ama onları çok seviyorum..." Böyle sevgi olur mu?

A.K.: Nasıl bir babasın ki cesaretle büyütmen gereken oğlunun, kızının iş bahanesiyle yanında olmuyorsun. Bu bir kaçınma davranışı. Tembelliğin başka bir yolu. Bugün kimi, neyi ihmal ederseniz yarın onun bedelini ödersiniz. Ne kadar para kazandınız? O parayı kazanırken evladınızı mı, karınızı mı ihmal ettiniz? Ömrünüz onu ödemekle geçer. Sevgi, aileye söz vermektir. Adamlık da sözünü tutmaktır.

A.T.: Sevginin bir son kullanma tarihi var mı?

A.K.: Sevgi azalır, çoğalır. Sırasıyla şöyle gider: tanışma, hoşlanma, sevme, aşk. Tam tersi de şöyledir: antipati, öfke ve nefret. Tanışmaya karşılık gelen antipatidir. Sevgiye karşılık gelen öfke. Aşka karşılık gelense nefrettir. Her aşk eninde sonunda eğer ki sevgi olmazsa nefretle biter.

A.T.: Bir insanın sevgisinin azaldığını nasıl anlarız?

A.K.: Eğer bir çocuğun, bir adamın, bir kadının saldırgan olduğunu görüyorsanız muhakkak sevgisi azalmıştır. Çünkü sevginin azaldığı yerde korku artar, korkunun arttığı yerde de sevgi azalmaya başlar. Siyasette, sanatta, iş dünyasında, ailede, sokakta sevgiyi azaltırsanız, korkan ve korkak bir topluma da hazırlıklı olmalısınız.

A.T.: Tuhaf ama gerçek, insan bir süre sonra korktuğuna da bağlanıyor.

A.K.: Evet, bağlanmanın iki yolu var: sevgi ve korku. Kimse kimseyi Yaradan'la, ülkeyle, parayla korkutmasın, çünkü korkunun arttığı yerde sevgi azalmaya başlar. Korktuğunuz insana, güce, statüye bağlanırsınız. Psikolojik savaşların temelinde korku vardır. Bir sürü insan anasından, babasından dayak yiyor ama sesini çıkartamıyor. İnsanların birbirine sevgiyle bağlanması gerekiyor.

A.T.: Üzüyorlar, kırıyorlar, aldatıyorlar, ihanet ediyorlar, öldürüyorlar... Ama sorunca "Çok seviyorum" diyorlar. Bu nasıl sevgi?

A.K.: Bu sevgi değil, hastalık! Çok sevmek diye bir şey yok! Bir şeyin başına "çok" koyarsanız, size dönmeye başlar. "Seni seviyorum!" sen olduğun için, ama "Seni çok seviyorum!" dediğinizde asıl kendinizi sevmeye başlıyorsunuz. "Sevdiğim için öldürdüm" diyenler; yani bu boyuttaki kişiler kendini sevdiğinin içine yerleştiriyor. Onda kendini görüyor ve ona diyor ki: "Benim istediğim yerde dur. Benim istediğim yere git. Benim istediğim gibi konuş!" Ondan bağımsız hareket etmeye başladığında ise, kişi aslında kendini öldürüyor. Tamamen hastalık. O yüzden böyle hastalıklı bir şekilde olacaksa çok sevmeyin insanları.

A.T.: Peki, intiharın satır arasında ne var?

A.K.: Kişi aşırı seviyor ve karşı tarafı kendi içine yerleştiriyor. Ama zamanla kendi içine yerleştirdiğiyle baş edememeye başlıyor. Baş edemeyince de içindekini öldürüyor, yani kendisini.

A.T.: Ne tür insanlar bu psikolojidedir?

A.K.: Çocukluğunda çok sevilmemiş, dışlanmış olan insanlar. İnsanın çocukluğundan itibaren sevgi, saygı ve övgüye ihtiyacı var. Mahremine saygı duyulması, davranışlarının ödüllendirilmesi gerek. Böyle büyüdüyseniz sorunlarınızı çözebilirsiniz. Ama böyle büyümediyseniz, sevilmemiş ve dışlanmışsanız itki bulmak zorundasınız. Beyniniz şemalar üretmeye başlar; dışlanma şeması, değersizlik şeması gibi. Sağlıklıysanız şemanız olmaz. Ancak her insanın içinde yaralı bir çocuk vardır.

A.T.: Nedir bu yaralı çocuk?

A.K.: Yaralı çocuk, çocukluğumuzdan itibaren doğar, çünkü insanoğlu eksik doğar, bilinmeyenden gelir. Ruhsal bir enerjidir, bir bedene sığdırılır. Yaradan'dan ayrıldığı için burada bir eksiklik duygusu yaşar. O yüzden ne kadar zengin, ne kadar yakışıklı, ne kadar güzel, kalabalık, başarılı olursa olsun hiçbir insan günün sonunda "Dört dörtlük oldum" diyemez. Bir eksiklik vardır. Sebebi de şudur; doğumu bilen insan öleceğini de bildiği için "Bu kadar çalışıyorum e, öleceksem! Bu kadar zenginim e, öleceksem! Bu kadar başarılıyım e, öleceksem! Bu kadar seviyorum e, öleceksem!" deyip şuna varıyor: "Sonra ne olacak?"

Sonrasındaki vaat, madde ve kariyer olmadığı için dünyanın en ünlüsü, en başarılısı, en zengini, en güzeli, en yakışıklısı da olsa ya da herhangi bir insan da olsa yaş ilerledikçe şunu söylemeye başlıyor kendine, "Çalışıyorum, kazanıyorum, büyüyorum, gelişiyorum, ürüyorum ama ölüm var!" İşte ölüm hissi öte bir diyardan bahsettiği için öte diyardaki vaat de para, pul, güzellik olmadığı için kişi şunu düşünmeye başlıyor: "Peki ötesinde ne yapacağım? Ötesinde vaat edilen şeyle yaşadığınız şeye bakıyorsunuz, ikisi birbirini tutmadığı için de daha ruhsal bir süreçten geçiyorsunuz. O yüzden insanların başarılı olmak, güzel olmak, yakışıklı olmak gerçekten hakkıdır, eğer bunu yapabiliyorsa. Ama bunu yaparken bunlara tapınmamak, bunların peşinde olmamak gerekir. Bu anlamda sevgi ruhsal bir enerji ise, o ruhsal enerjiyi maddenin ötesinde, daha mana âleminde kullanabilmek en doğrusudur. Öbür insanlar genelde görüntüden ibarettir, poz vermeyi severler.

A.T.: Eskiden sevgiler kalpte başlar dudakta biterdi. Uzaktakini dokunmadan, kırmadan, dökmeden, incitmeden severdik.

A.K.: Evet eskiden şarkılarda bile "Dalında bir çiçeksin, seni koparmaya kıyamadım... Kokladım kokladım bıraktım..." denirdi. Şimdiki şarkılarda "Seni aldım, götürdüm, kopardım..." deniyor, çünkü önceden "olmakla" seviyormuşuz, şimdi "sahip olmakla" seviyoruz. Olmakla sevmek; "Sen varsın, ben de varım. Seni, sana sahip olmadan uzaktan, duygularla, mimiklerle sevebiliyorum!" demek. Bedenini sevmekse daha sonrasında, o da eğer hak ediyorsa. Ama şimdilerde ruhu boş ver gitsin, herkes bedene bakıyor. Bir toplumun şarkısına, türküsüne de bu geldiyse vay o toplumun haline.

A.T.: "Taş kalpli..." derler ya; zamanla kalbimiz taşa döner mi?

A.K.: Hiçbir kalp taşa dönmez! Kalbin taşlaşması diye bir şey yok. Çok kötü insanlar için konuşmuyorum. Kötü insanlar tamam belki ama sevmeyi bilmeyen insanlarda kalp sadece erteler. Bir yerde biriktirir kullanmaz. Bu enerjiyi de kullanmadığı için kalp tekler, yani bedeni ve ruhu rahatsız eder. O anlamda "Taş kalpli, kötü insan" derseniz, insanlara zarar veren, kötülük düşünen insan derseniz, bunlar zaten çocukluğundan itibaren davranış bozukluğu olan, anti-sosyal kişilik bozukluğu olan, saldırgan, narsist insanlardır. Bu kişileri daha klinik anlamda düşünmemiz gerekir. Genelde kendileri öncelikli olduğu için saldırarak, kavga ederek, yok sayarak, aşağılayarak, dışlayarak, çalarak, çırparak, yalan söyleyerek bunu yaparlar. Bu insanların kalpleri taşlaşır, çünkü ruhta zarafet ve nezaket diye bir şey vardır.

Zarafet ruhun bedende, kalpte ve beyinde esnek ve acıtmadan gezmesi. Nezaket; gezen ruhun tavırla, davranışla dışa dönmesidir. Siz çocukluğunuzdan itibaren sert büyütülmüş, kaba sözlere maruz kalmış bir çocuksanız, ergenliğinizde intikam alacağım duygusuyla insanları ezersiniz. Sevgiye inanmadığınız için insanları kırarsınız. Yalan söyler, döver, kavga eder, anti-sosyal davranışlar sergiler, narsistleşirsiniz. Ve bu sebepten dolayı kalbinizde tek şu vardır: "Bu dünyada sadece ben varım. Bütün dünya bana karşı, onları yok ederek, onları ezerek var olurum," dersiniz. Böyle bir insanın zaten kalbi taştır, şeytan aramaya gerek yok. Çünkü, şeytan bir kere fitne verir, sadece "Şunu yap! Bu adamı öldür! Bu kadına tecavüz et! Bu parayı çal! Bu yalanı söyle!" diye bir kere söylermiş. Gerisi insanın kendi düşünceleri ve fitnesiymiş. O nedenle şeytan herkesi yoklar ama sizde varsa yapacak bir şey de yok!

A.T.: Sevgi sadece bir insanı sevmek mi? Doğa, hayvanlar, ülke, kültür, değerler, din, çalıştığın kurum... Biri eksik kalırsa ne olur?

A.K.: Tabii ki insanın sevme kabiliyeti ve becerisi o kadar yüksek ki, insanın bir insanı sevmesi daha öznel bir ihtiyaçken, doğayı sevmesi daha genel bir ihtiyaçtır. İnsanın karıncayı, çiçeği, doğayı sevmesi ise daha bütünsel bir ihtiyaçtır. İnsan insanı sevmeyi ancak yanındakileri sevmeyi, tanımadığı kişileri sevmeyi başardığı zaman öğrenecek, çünkü sevginin insanlık problemi diye bir şeyi var. Ali'yi sevmekle insanı sevmek başka şey; Ayşe'yi sevmekle insanı sevmek başka bir şeydir. Galatasaray'ı sevmek ile futbolu sevmek başka bir şey. Örneğin Michael Jackson'ı sevmekle şarkılarını sevmek başka bir şeydir. O sebeple insanlar sevdikleri şeylere daha evrensel bakarlarsa isimlerin ve markaların peşinde koşmayı da bırakacaklardır. Öbür türlü, kişiyi sevdikleri için kişiyi yüceltirler. Kişinin ürettiği şeyi severseniz, ürettiği şeyi yüceltirsiniz.

Ben şöyle bakıyorum mesela, kendi adıma söyleyeyim; ben sanatı severim sanatçıyı değil. Çünkü sanatçı sanatı aktaran kişidir, tanımadığım birini sevemem. Sanatını aktarırkenki duruşunu severim, çünkü sanat onda anlam bulur. Ama sanatı icra ettikten sonraki sanatçıyı tanımıyorum. O nedenle kavramların daha ötesine bakmak zorundayız.

İnsanlar insanlığı, evrenselliği sevebilmek durumunda. Bu yüzden okuduğunuz kitaplardan izlediğiniz filmlere, konuştuğunuz konulardan dokunduğunuz yerlere, bastığınız topraklara kadar kendinizi ne kadar geliştirirseniz, "Bu benim işime yaramaz, ne gerek var!" demek yerine evrensel sevmeyi sonuna kadar araştırır, öğrenirsiniz. Çünkü Tanrı evrenseldir ve bir kişiye, herhangi birine, bir cemaate, bir ideolojiye, bir kavme mesaj vermez. Tanrı evrenin bütününe mesaj veriyorsa, evrendeki her şeyi Tanrı'nın gözünden sevebilmek gerekir.

A.T.: İlahi sevginin diğer sevgilerden farkı nedir?

A.K.: İlahi sevginin dışındaki bütün sevgiler insanın kendine yatırımı gibidir. Mesela anne sevgisi eşittir aidiyet duygusu, hayvan sevgisi eşittir doğa zekâsı, bütünleşme ihtiyacı; eş sevgisinde ise cinsellik ön plandadır.

İlahi sevgi ise şöyle bir şey; reel dünyada gördüğünüz, dokunduğunuz her şeyin şükrü demektir. Allah'ın mesela bizim O'nu sevmemize ihtiyacı yok, ama bizim O'nu sevmeye ihtiyacımız var. Bir insan ilahi sevgiye bir kediyi severek de, bir resme bakarak da ulaşabilir. Eşinizi seviyorsanız ona teşekkür edebiliyorsunuz, "İyi ki hayatımda varsın!" diyebiliyorsunuz. Bir kediyi seviyorsanız, "Sen ne kadar güzel bir canlısın!" diyebiliyorsunuz. Bir yemeği seviyorsanız, size iyi geliyorsa, tadı güzel geldiği için seviyorsanız, teşekkür edebiliyorsunuz. Ama ilahi sevgi bütün sevgilerin şükre dönüşmüş halidir. O nedenle bu dünyada gözünüzle, kulağınızla, beş duyunuzla, ruhunuzla neyi seviyorsanız çoğalsın diye teşekkür edersiniz. Hepsine bakıp arka planda ilahi gücü görüyorsanız, ona şükrediyorsunuzdur.

Ben hayatımda şu felsefeyi benimsemeye çalışıyorum ve danışanlarıma, okurlarıma şunu öneriyorum; eğer Allah'a gerçekten şükretmek istiyorsanız sevdiğiniz şeyleri artırın, çünkü neyi seviyorsanız onun ilahi mertebedeki karşılığı şükürdür. Ve şunu da dua ederek yaparız: "Allahım sana şükürler olsun annem var, sevdiğim var, param var, sağlığım var!" Demek ki insanın kendisini ve çevresindekileri sevmesi Rabbinin katında şükre dönüşüyor, ama şükretmeyi bilmeyen kişinin bu dünyadaki sevgisi tamamen egoistçe ve narsistçe olur.

Bütün güzel duygular, değerler insanlar için var. İnanç insana özel ama çok şükür ki, iyi ki Yaradan var! Bu kadar kötünün olduğu bir dünyada vicdan ve merhamet sahibi bir güce inanmak insanı gerçekten rahatlatıyor. Yaradan, aldığım nefesi geri vermememi sağlıyorsa, annem babam hayattaysa, çiçek açıyorsa; güneşi üstüme, yağmuru göz kapaklarıma düşürüyorsa; az da olsa, çok da olsa çalışmamı devam ettirmemi sağlıyorsa; sağımdaki, solumdaki insanların benimle ilgili ne düşündüğü beni bir yere kadar ilgilendirir. Vicdanınız gerçekten rahat olsun, iyi insan olmanın yolunu herkes bir şekilde bulur.

A.T.: Sevginin reçetesi olur mu?

A.K.: Birçok kavramda söylediğim gibi bu kavrama da reçete getirmeyeceğim, çünkü gerçekten seven insanın bilinç boyutunda bunu reçetelendireceğine inanmıyorum. Bir doktora bile gitseniz, herhangi bir hastalıktan dolayı size ilaç yazar. Hastalık o esnada iyileşir ama sonradan tekrar nüks eder. Hiçbir grip virüsü bir ilaçla sonsuza dek yok olmamıştır. Hiçbir baş ağrısı bir ilaçla, bir reçeteyle ölene dek bitmemiştir.

Sevginin de reçetesi yoktur. Reçetesi olmadığı gibi hissiyatı, farkındalığı vardır. Bunun için de, şu an sadece bu kitabı okurken ve kitabı bitirdikten sonra derin bir içsel yolculuğa çıkacak ve sizi şimdiki yaşınıza, bu hale getiren geçmişteki bütün insanları, olayları, deneyimleri, evleri, eşyaları, paraları, batışları, aldatılmışlıkları, yanlışları, doğruları düşünmeye başladığınızda zaten reçetenin kendisi ortaya çıkmaya başlayacak. O anlamda her şey ilahi boyutta buluşuyorsa, göndericiden eminseniz gönderdiği her şeyden de emin olmaya başlıyorsunuz. Ve zamanla şuna inanmaya başlıyorsunuz: "Allah hayatıma insan, eşya, madde, olay olarak neyi göndermiş olursa olsun benim faydam için göndermiş. Ama ben bazılarını kullanmayı, değerlendirmeyi, anlamayı başaramamışım." Çünkü, yaratıcı yarattığına zulmetmek istemez ama yaratılan, ihtiyaçlarından ve çıkarlarından dolayı zulmü birbirine yapandır.

Bazen düşünüyorum, Allah sevgisini insanın tavırlarına ve davranışlarına göre verseydi, adaletini ona göre sergileseydi bu dünyada, yeryüzünde hayvanların ve bitkilerin dışında canlı kalmazdı. Çünkü hayvanlar ve bitkiler görevlerini bir başkasını yok etmeden yaparlar. İhtiyaçları kadar yerler, fazlasını düşünmezler, istemezler. Ama insanoğlu ihtiyacının da dışında bir şeyler istediği için ister istemez duygusal ve madden sürekli başkalarından çalmak zorunda kalır. O nedenle reçetesi de doktoru da insanın kendisidir. Ama doktoru ve insanı yaratan ilahi güç en yüksek mertebedir. Oraya seni ulaştıran her şey senin reçetendir.

Hoşgörü

A.T.: Biz kapımızı çalana evimizi, gönlümüzü, soframızı açardık. Sevgi ve saygı evimizin içinde başlar, hoşgörüyü de alır sokağa öyle çıkardık. Yalnız insanlara değil, hayvanlara, doğaya, farklı kültürlere, farklı fikirlere sevgimiz, saygımız, hoşgörümüz vardı. Sonra "Hayat..." dedik, "telaş..." dedik, "koşuşturmaca..." dedik. Bir mücadelenin peşine düştük, hırslarımıza yenik düştük. Her geçen gün daha da hoşgörüsüzleştik. Şimdi yeniden hatırlayalım mı? Neydi hoşgörü?

A.K.: Kelimenin kendisinden geliyor aslında. Kelimeyi böldüğünüzde başında "hoş" var. Diyor ki: "Hayatta her şeyi, senin için önemli olan, seni zorlayan her şeyi hoş görmeyi öğren!" İnsanlar genelde hoş görmeyi, "Ne yani o ne istiyorsa yapacak, ben de kabullenecek miyim?" diye algılıyorlar. Aslında bu bir kabulleniş değil, çünkü insanın sevdiği kişi hata yapabilir. Bu tabii biraz kimi hoşgördüğümüzle de alakalı.

Hoşgörü bir meziyettir. Doğuştan gelmez. Hoşgörülü olmayı insan sonradan öğrenir. O sebeple özel hayatınızda, iş hayatınızda, sokakta iyi şeyler yaşamak ve paylaşmak için insanları hoş görmelisiniz. Ama hoşgörünün de sınırlarını çizmek lazım tabii. Yani her insanın hoşgörü eşiği aynı değildir. Kimi bir şakayı hoş görebilir, kimi bir küslüğü hoş görebilir ama kimi de küçücük bir imayı hoş göremeyebilir. Bu anlamda insanlar birbirinden ayrılır. "Ben neleri ne kadar hoş görebilirim?" diye kişi kendine bakmalı, sormalı. Ve sırf biz hoş gördük diye karşı taraftan da aynı hoşgörüyü beklememeliyiz.

A.T.: Tanrı pek çok duyguyu ruhumuza, kalbimize üflüyor. Ve o duygularla dünyaya geliyoruz. Hoşgörü de onlardan biri mi yoksa hoşgörüyü sonradan mı öğreniyoruz?

A.K.: Hoşgörüyle doğmayız. Hoşgörüyü öğrenmek için doğarız. Hoşgörüyü anne, babadan öğreniriz. Anne ve babalar kusur ve hatalar karşısında birbirlerine nasıl yaklaşıyorlar? Bu önemli! Diyelim ki evde yemek yok ama ev düzenli, çocuklar uyuyor. Adam eve gelip düzeni değil de kadının yemek yapmamış olduğunu görüyorsa ve bunun üzerinden eşine saldırıyorsa burada büyük bir hoşgörüsüzlük vardır. Ya da adam eve geldi, çok yorgun. Eşi yorgunluğunu gözetmeyip, "Neden konuşmuyorsun?" diye saldırıyorsa burada da büyük bir hoşgörüsüzlük vardır. Bu anlamda çocuklar affedebilmeyi, kusurları görmezden gelebilmeyi, hoş görebilmeyi anne babayla, mahalleyle, eğitim sistemiyle sonradan öğrenirler.

A.T.: Hoşgörüyü sonradan öğreniyoruz ama çevremizde, etrafımızda, dünyada bunu öğrenememiş, öğrense de içselleştirememiş birçok insan var. Onlar nerede eksik kalıyor?

A.K.: Onlar hoşgörüyü hiç görmemiştir, hiç deneyimlememiştir. Seküler sistem, kapitalist sistem hoşgörüyü sevmez. "Vur geç! Dalga geç! Kimsenin gözünün yaşına bakma! En değerli sensin! İnsanlara güvenilmez!" gibi söylemler arttıkça zihniyetlerde hoşgörü eşiği düşer. Herkesin lider olmaya, tek olmaya, ön planda olmaya, zengin ve başarılı olmaya çalıştığı bir dünyada hoşgörü eşiği düşüktür. Mesela dikkat ederseniz biz artık ekranda bir sanatçı gördüğümüzde, dışarıda ünlü, zengin, yakışıklı bir adam, güzel bir kadın gördüğümüzde onların hatalarını ve kusurlarını kabul edemiyoruz, çünkü onlara hatayı, kusuru yakıştıramıyoruz. Ama insanoğluna baktığımızda her insanın hata yapabileceğini ve bazen yanlışa düşebileceğini öğrenmek zorundayız.

A.T.: Çoğu zaman hoşgörü ile affetmeyi aynı kefeye koyuyoruz. Belki de bu yüzden insanları hoş görmek ağır geliyor. Affetmek ile hoş görmek arasındaki fark nedir?

A.K.: Affetmek size yapılanı kabul etmek demek değil, size kötülük yapanın üzerinizde bıraktığı kötü duygudan bağı koparmak demek. Hoş görmek ise başka bir hikâye ve ikisini birbirine karıştırmamak gerek.

A.T.: Hoşgörü şifalı bir duygu, iyileştirici bir kavram. Artık pek çoğumuz hoşgörünün ruhumuza, bedenimize iyi geldiğini biliyoruz. Ama bir de senden duymak istiyoruz. Hoşgörü bize, bağlarımıza, ilişkilerimize ne katar?

A.K.: Bir ilişkinin, arkadaşlığın, akrabalığın, kardeşliğin, vatandaşlığın sonsuza dek kırılmadan yürümesini sağlar. Şimdi düşünün ki bir ormandasınız, çok güzel ağaçlar ve çiçekler var ama karşınıza hiç sevmeyeceğiniz, görüntü olarak, koku olarak sizi rahatsız edecek bir bitki çıktı. Şimdi siz bu bitkiyi yok sayamazsınız. Hoşgörüye sığınarak şunu diyebilmelisiniz: "Bu bitkiyi de Allah yaratmış." O dikenlerde bile çok güzel bir yan bulabilmeli insan. Evet, insan olarak hiçbirimiz dört dörtlük olamayacağız. Küçük hatalarımızı ve kusurlarımızı karşılıklı hoş görmeyi öğrenmek zorundayız. Yoksa dünya, katılığın ekseninde insanların yaşayabileceği bir yer olamaz.

A.T.: Bazı duygular, kavramlar yaş aldıkça ruhumuza, kalbimize daha çok kök salıyor. Bazıları da zamanla kuruyup, soluyorlar. Hoşgörü ve yaş almak arasında nasıl bir bağ var?

A.K.: Hoşgörü yaş aldıkça artar, ama yine kişinin kendisiyle alakalı bir durum tabii. Mesela bazı yaşlılar için, "Yaşlandı, hâlâ huysuz!" deriz. Bazıları da yaş aldıkça torununa, evladına daha hoşgörülü davranmaya başlar. Çocuklara ve gençlere gelince, çocuklardan hoşgörü çok beklemeyiz ama öğretmeye çalışırız. Gençlerin hoşgörü eşikleri daha düşüktür, çünkü hep daha bencilce düşünürler. Bazı psikolojik, patolojik bozuklukları olanlar, narsistler, depresyonda olanlar hoş göremeyebilirler, çünkü hep kendileri hoş görülsün isterler. Hoşgörü temelini aileden almayanlar yaşları ilerleyip, deneyimleri arttıkça bir bakıyorlar ki yalnız kalmışlar. Bu kadar katılıktan, mükemmeliyetçilikten, dik durma çabasından bir süre sonra rahatsız olmaya başlıyorlar ve "Artık bazı şeyleri hoş görmek zorundayım," diyorlar.

A.T.: Eşimiz, dostumuz, çocuğumuz bir hata yaptı, hoş gördük. Ama baktık ki bir, iki, üç derken aynı hatayı tekrar ediyorlar. Nereye kadar hoş görmeliyiz? Hoşgörünün bir dozu, sınırı olmalı mı? Nereye kadar hoşgörü, nereden sonrası taviz?

A.K.: Bir, iki defa tekrarlanan yanlış bir hareket karşısında "Yapabilir, insandır!" diyebilmelisiniz, bu hoşgörüdür. Tabii ki hoşgörünün de bir dozu, sınırı olmalı. İnsanların iki hata yapabilme hakkı var, üç değil. Üçüncüye izin vermememiz ve hoş görmememiz gerek. Biz devamlı hoş görüyorsak, bu artık hoşgörü değil tavizdir.

A.T.: Bazı kavramların karşılığı dünyanın öbür ucuna da gitsek değişmiyor. Bazı kavramların ise sınırları esneklik kabul

etmiyor. Mesela vicdanın her dinde, her kültürde, her toplumda karşılığı aynı. Ama bazı kavramların sınırları daha esnek. Hoşgörü neyle şekilleniyor? Sınırları var mı? Esneklik kabul ediyor mu? Kültürden kültüre, toplumdan topluma değişiyor mu?

A.K.: Hoşgörü kişinin kendisiyle, inanç sistemiyle, kültürüyle, geleneğiyle, ahlakıyla, etiğiyle, yetiştirilme tarzıyla şekillenen bir şey. Bazı kültürlerde şakalaşmak hoşgörü gerektirmez, insanlar kırılmayabilir. Mesela bugün Edirne'ye, Trakya'ya gidin, insanlar küfrederek şakalaşırlar. Anadolu'ya gittiğinizdeyse küfür orada saygısızlık olarak algılanır. Bir çocuğun büyüğüne küfretmesi hoş görülecek bir şey değildir. Ama Edirne'de iki kardeşin, büyüklerle küçüklerin birbiriyle küfrederek şakalaşma ihtimali vardır.

A.T.: Tamam sınırları insan, kültür ve çevre belirliyor ama buradaki gerçek sınır nedir?

A.K.: Gerçek sınır kimine göre ahlak, kimine göre sadakat, kimine göre değer yargısı, kimine göre de namustur. Ve bu sınırların aşılması hoşgörü değildir. Eğer siz buna izin veriyorsanız bu tavize girer. Sevdiğiniz birinin küçük hataları ve yanlışları hoşgörü gerektiren durumlardandır. İnsanı insan olduğu için seviyorsak eğer, sınırlarımızı da insan çerçevesinde çizmeliyiz.

A.T.: Başkalarına karşı hoşgörülüyüz, hatta fazlasıyla hoşgörülüyüz. Söz konusu biz olduk mu, hoşgörüden eser yok. Kendimizi yerden yere vuruyoruz, eleştiriyoruz, yargılıyoruz, hatta kendimizi hiç affetmiyoruz. Bir şey oldu mu hep kendimizi sorumlu tutuyoruz, suçlu hep biziz. Tüm bunların temelinde yatan nedir?

A.K.: Yine yetişme tarzıyla ilgili. Bazı kişiler, bazı çocuklar, kız ya da erkek fark etmez, anne baba tarafından dışlanarak büyürler. Evde bir hata veya yanlış bir şey yaptıklarında anne baba çocuğa "senin yüzünden" mesajını verir. Ve çocuk o mesajdan şunu öğrenir: "Hata yapmamalıyım, annemi üzüyorum... Yanlış yapmamalıyım, babamı üzüyorum." Evde bir problem olduğunda, "Hepsi benim yüzümden. Ben kötüyüm, ben yanlışım! Başıma bir şey geliyorsa nedeni benim hatalarım. Ben sevilmeyecek biriyim, ben değersizim!" demeye başlar. Ve bu söylemleri bilinçdışında o kadar büyütür ki kendi bir hata yaptığında asla kendine imtiyaz tanımadığı gibi, fırsat da vermez, hoşgörülü de olmaz. O nedenle başkalarına karşı da aşırı hoşgörülü olmaya başlar. Dengeyi sağlayamaz. Bunun da altında yatan sevilme ve kabul görme ihtiyacıdır. Yani bir insan kendine hoşgörülü olamıyorsa, bilin ki en temelde, yüksek dozda değersizlik duygusu vardır.

A.T.: "Üzüm üzüme baka baka kararır!" derler ya, hoşgörüyü hiç öğrenmemiş, deneyimlememiş, hiç hoşgörü ortamında bulunmamış bir kişi hoşgörülü biriyle uzun süre vakit geçirirse, onunla paylaşımlarda bulunursa bir şekilde hoşgörüyü öğrenir mi? Hoşgörü bulaşıcı mıdır? Eğer öyleyse eşimize, dostumuza hoşgörü bulaştırmak için ne yapmalıyız?

A.K.: Evet, hoşgörü bulaşıcıdır. İlginç bir şekilde iyi veya kötü duygular ortamda çok kullanıldıkça birbirine geçer. Hoşgörünün bulaşıcı olmasını istiyorsanız evlere, okullara, cezaevlerine; ülkelerde, şehirlerde yaşayan insanlara hoşgörü sağlayacak ortamlar, diyaloglar, resimler, videolar, sahneler koymalı ve bunda istikrar göstermelisiniz. Çünkü insanlar direkt değil indirekt öğrenmeyi severler. Yani birine "Hoşgörülü ol!" dediğinizde bunu reddedebilir ama ona hoşgörülü davrandığınızda işler değişir ve hoşgörüyü öğrenir. Bu anlamda hoşgörü yayılan bir duygudur. Ve etki tepki durumu vardır. Aslında hoşgörü sizden çıkıp karşı tarafta anlam bulan ve karşı taraftan çıkıp sizde karşılık bulan bir duygudur.

A.T.: Hoşgörüde güvenin nasıl bir rolü var? Hoşgörülü insan için "Kendine güvenli, özgüveni yüksek" diyebilir miyiz?

A.K.: Evet, dengesi ve dozu iyi ayarlanmışsa hoşgörülü insan kendine güveni olan insandır. Çünkü kendine güvenmek, "Hatalarımla, yanlışlarımla, doğrularımla, zayıf noktalarımla, güçlü taraflarımla kendimi biliyorum. Nerede nasıl reaksiyon vereceğimi, çözüm becerilerimi biliyorum," demektir. Zaten bir insan kendine güveniyorsa yaptığı hatanın da, doğrunun da sorumlusunun kendisi olduğunu bilir. Bu kişiler kendilerine ve başkalarına daha hoşgörülü davranırlar. Zaten hoşgörüyle özgüven bir araya geldiğinde ortaya sağlıklı bir yaşam şekli çıkar.

A.T.: Hoşgörülü insan kendine güveni olan, kendini, doğrularını, yanlışlarını, zayıf ve güçlü taraflarını bilen insandır. Peki, ya hoşgörüsüz insan? Onu nasıl tarif ederiz?

A.K.: Korkaktır. Bazı insanlar homofobiktir, bazıları başörtüsünden, alkolden nefret eder; sağ-sol ilişkisine tahammül edemez; çirkinden, zenginden, fakirden hazzetmez. Kimi de garsonlarla konuşmaz, karşısındaki kişinin statüsü yüksek olsun ister. Buradaki hoşgörüsüzlük korkaklıktır. Eğer kendinden farklı olana hoşgörü gösteremiyorsan, ondan korkuyorsun demektir. Tevazu sahibi olmayı çok da başaramıyoruz aslında.

A.T.: Bazı insanlar ne olursa olsun, ne yaparsa yapsın hoşgörü, tevazu sahibi olamıyorlar. Hoşgörü ortamlarında bulunsalar da, hoşgörülü kişilerle vakit geçirseler de neden bir noktadan sonra fabrika ayarlarına geri dönüyorlar?

A.K.: İki tür yobazlık yüzünden. Biri manevi, diğeri ilimsel yobazlık. Bazıları ilimi abartır; okur, okur, duyguda güdük kalır. Bazıları da ilimsiz maneviyat geliştirir. Maneviyata sadece dindarlık olarak bakmayın. Onlar da bilimsel maneviyat geliştiremedikleri için maneviyatta yobazlaşırlar. İkisini bir araya getiremediğiniz sürece hoşgörülü olamazsınız.

Okumak gerekiyor. Bugün gençler her şeyin magazinsel kısmıyla ilgileniyor. Tarih anlatıyoruz, "Fatih Sultan Mehmed'in kaç karısı varmış?" diye soruyorlar. Mevlânâ'yla ilgili konuşuyoruz, "Gerçekten eşcinsel miymiş? Şems'e âşık mıymış?" diye soru yöneltiyorlar. Peygamberlerden bahsediyoruz, "Niye o kadar kadın almış?" diyorlar. Bakın ülke çok büyük bir tehlikeye doğru gidiyor. Her şeyin magazin kısmını merak eden bir nesil var. Sadece gençler değil, yetişkinlerde de aynı meraklar görülmeye başladı.

Ne ilim, ne sanat ne de siyaset üzerine konuşabilen bir toplumuz... Siyaset denilen konu bence çok tehlikeli. Konuşurken sürekli kızından, çocuğundan, eşinden giriyorsunuz. Sanatta da öyle. Sanatçıyı sevdiğinizi mi düşünüyorsunuz? Merak ettiğiniz sanatçının kocası, çocuğu, elbisesi... Ne zaman bir insanın niteliğine ve niceliğine bakacağız? Ne zaman bir kavramın popülerliğini değil de derinselliğini anlamaya başlayacağız? Ne zaman tarihin kim yendi kısmından ziyade, neden oldu kısmıyla ilgileneceğiz? Ne zaman bir kitabın önsözünü değil de içini okumaya başlayacağız? Sonra gel hoşgörüyü, sevgiyi, şefkati, saygıyı konuş. İlim ve maneviyat, ikisi de olmak zorunda.

A.T.: Türk aile yapısında, ülkenin doğusunda ve batısında hoşgörünün nasıl bir yeri var? Doğu'daki insan için hoşgörü ne demek? Batı'daki insan için hoşgörü ne demek?

A.K.: Doğu'nun ve Anadolu'nun yapısında hoşgörü aşırı tavize girmiş durumda. "Önce başkaları sonra sen! Başkalarını hoş gör, kendine katı davran!" diyen bir kültür, bir sistem var ortada. Batı'da ise hoşgörü zayıflık olarak algılanıyor. "Derdini kimseye anlatma! Kimseye taviz verme! Kimseye şöyle davranma, böyle davranma!" diyerek katılaşan bir toplum var. Ama genlerimizde hoşgörü olduğu için de eninde sonunda ortaya çıkacağını düşünüyorum, ki artık semavi söylemlerin arttığı bir dünyada ve yüzyılda yaşıyoruz. Hoşgörü, merhamet, vicdan gibi kavramlar daha baskın olmaya başladı. Demek ki neslin ihtiyacı olan sloganlar değil, bu yaşam tarzı. O nedenle devlet büyüklerinin, öğretmenlerin, anne babaların, liderlik eden insanların yaşadıkları ve bulundukları ortamlarda hoşgörülü davranmaları gerekir.

A.T.: Her ilişkinin kaçınılmaz sonu; zamanla çiftler birbirini hoş değil, hor görmeye başlıyor. Maskeler kalkıyor... Güzel sözler, iltifatlar yerini kırıcı, yıkıcı, incitici sözlere hatta hakaretlere bırakıyor. Sevdiğimiz, değer verdiğimiz insanı ne oluyor, nasıl oluyor da bir süre sonra hor görmeye başlıyoruz? Hor görmenin altında nasıl bir söylem var? İlişkilerimizde hoşgörüyü nasıl canlı tutarız?

A.K.: Hor görmek daha çok narsisizmin, bencilliğin göstergesidir. Tek yaşama arzusu, özgürlük duygusu yüksek, diğerkâmlık duygusundan yoksun, herkesin kendisine hizmet etmesi gerektiğini düşünen insanlarda hor görme daha yüksektir. Karşı taraf bizim istediğimizi yapmadığında, çıkarımıza uygun davranmadığında hor görme sahneye çıkar, çünkü bir süre sonra ona karşı olan sevgimiz, beğenimiz azalmaya başlar. Bunun sebebi de çünkü'lü ve eğer'li sevmek, ilişki kurmaktır. Alternatiflerin çok olması da hor görmeyi artırır. "Sen olmasan da yaparım! Ben sana muhtaç değilim!" Aslında bu söylemlerin temelinde yatan kaçıştır, tembelliktir. İnsan zora düştüğü anda daha çok birlik olabilmeli. Birbirini çabuk hor gören tipler aslında birbirini sevmeyen tiplerdir. Zaten strateji burada devreye giriyor. "Zorlandığınız anda hoşgörülü olabiliyor musunuz?" Çiftlerin hoşgörülü olabilmeleri için önce özeleştiri yapabilmeleri lazım. Genelde dikkat edin, birbiriyle çok çatışan çiftlerde özeleştiri yoktur. Onlar genelde karşı tarafı suçlamaya daha eğilimli oldukları için birbirlerini konuşturmazlar.

İlişkide hoş görmek demek; karşı taraf küçük bir yanlış yaptığında sessiz kalabilmek, alttan alabilmek demektir. Ama bu kendini yok etmek anlamına gelmez. "Biliyorum ki şimdi beni kızdırmak için bunu yapıyor" ya da "Biliyorum ki aslında kötü bir niyeti yok!", "Biliyorum ki şimdi kızgın ama bir süre sonra geçecek!" diyebilmektir. Biz bunu öğrenmediğimiz sürece karşı tarafa sadece şu mesajı veririz: "Sen olmazsan başkası gelir! Ömrümü sana mı harcayacağım ben! Aman ben mi istedim seninle olmayı? Sen çok peşimden koştun! Ölümlü dünya, bugünü var yarını yok! Boş ver ikimiz de önümüze bakarız, bize insan mı yok, bize para mı yok, bize ortam mı yok!"

A.T.: Hoşgörüye giden yol biraz da özeleştiriden geçiyor. Peki, özeleştiri yaparken nelere dikkat etmeliyiz? Nasıl daha sağlıklı özeleştiri yaparız?

A.K.: Özeleştiri yaparken, karşılıklı eleştiri aşamasına gelmeden önce kişinin kendini değerlendirip sonra bunu istişareye dönüştürmesi gerekir. Kişi özeleştiri yapıyorsa karşı tarafa, "Ben bu hataları işliyorum," diyebilmesi lazım. Tabii karşı taraf da bunu söyleyebilmeli. Yani ihtiyacımız olan biraz daha fazla diyalog ortamı. Bakın dünyanın her yerinde bütün sorunlar diyalogla, iletişimle çözülüyor. Düşman duyguları bile yok eden şey, iletişim ve diyalog ortamları. Ama iletişim ve diyalog ortamı kurarken de geçmişle ilgili öfkeleri, kızgınlıkları bir kenara bırakıp birbirinize bu şekilde yaklaşmanız lazım. Bunun için de şimdiki zamanın gücünü kullanmalısınız. Dün dünde kaldı, bugünden sonra neler yapabileceğinizi düşünmelisiniz.

Çift olarak hoşgörüsüne inandığınız büyüklerinizin yanında olmalı, onlarla zaman geçirmelisiniz. Hoşgörü diyaloglarının olduğu filmlere gitmeli, ortamlarda bulunmalı; hoşgörü diyaloglarına girmelisiniz. Bu alanları çevrenizde de pekiştirebilmelisiniz. Bu tip kitaplar okuyabilir, bu tip söylemlerde ve paylaşımlarda bulunabilirsiniz. Yani dile çok döktüğünüzü kalbinizin içine yerleştirebilmek ve eyleme de geçirebilmek zorundasınız.

A.T.: Hoşgörünün bir dozunun, sınırının olması gerektiğini söyledik. Ama söz konusu çocuklar olunca gönlümüzün yayları gevşiyor, hoşgörüde ipin ucu kaçıyor. Kimisi de kural koyacağım, disiplinli olacağım diye hoşgörüden kısıyor. İdeali nedir? Dengesi nasıl olmalı?

A.K.: Hoşgörü aşırı ve az sıfatlarını sevmez, yani "aşırı" deyince tavize, "az" deyince de katılığa dönüşmeye başlar. Bu sebeple çocuklarınızdan beklentilerinizi onların motor ve bilişsel becerilerine, yaşlarına ve cinsiyetlerine uygun olarak değerlendirmeniz gerekir. Mesela çocuğunuz sizden bir değeri, bir duyguyu öğrendiyse öğrendiği şeylerle çerçevesinde ne kadar hata yapabilir? Yaptığı hatalar hoşgörüyle karşılanabilmeli. Bu hataları sık sık tekrarlıyor ve bir alışkanlığa dönüştürüyorsa, hoşgörü yerini disipline bırakmalı. Yaşamın içindeki küçük sorunlara karşı çocuklara etkin bir hoşgörü göstermek zorundayız ve en iyi hoşgörü örneği onlara sarılmaktır.

A.T.: Çocukların lafla, sözle büyümediğini artık öğrendik. Daha hoşgörülü çocuklar için nasıl bir tavır içinde olmalıyız?

A.K.: Çocukları akrabalarla, büyüklerle sık görüştürmeliyiz, oyun ortamlarında bulundurabilmeliyiz. Onlara rol model olmalıyız, ancak rol model olurken bir şey öğretiyor gibi değil, kendimiz de o an, onu yaşıyormuş gibi göstermeliyiz. Mesela evdeki herhangi bir tartışmada eşler birbirlerine "Olsun hayatım, insanlar bu hataları da yapabilir", "Tamam, ben seni çok iyi anlıyorum ne var bunda?" dedikçe, diyebildikçe çocuklar da hoşgörülü olmayı öğrenir. Ayrıca çocuklarınızın yanında başkalarını çekiştirmeyin; akrabalarınızın, komşularınızın dedikodusunu yapmayın. Çünkü akraba ya da komşu hakkında konuşurken, "Gördün mü bak şunu yapmış, böyleymiş, yalan söylemiş..." dediğinizde çocuğun zihnine hemen bir senaryo yerleşiyor. Ne oluyor? O çocuk büyüdüğünde sürekli başkalarının yanlışlarını araştırmaya başlıyor. Yanlışı çok araştıranın hoşgörü eşiği düşmeye başlar. Bu anlamda çocuklara şunu öğretmek zorundayız: "Bu akrabamız da olsa, ailemizden biri de olsa insanlar hata yapabilirler. İnsanların doğru tarafları kadar yanlış tarafları da vardır." Eğer ciddi bir konu, bir kimse hakkında tartışacaksanız ortamda çocuk olmamalı. Çocuğun yanında konuştuğunuz zamanlarda ise en kötü insanların bile hoş görülecek yanlarının olduğunu anlatabilmeniz lazım.

Hoşgörü temalı masallar, kitaplar, hikâyeler, geçmişten deneyimler, hoşgörüyü konu alan film ve çizgi filmler çocuklar üzerinde etkili olabiliyor. Eğitim ortamındaki çocuklara da öğretmenler liderlik yapmalı, çünkü her sınıfın bir yaramazı, mental anlamda geri kalanı ya da ileride olanı muhakkak vardır. Sınıfta dışlanan çocukların yerine içselleştirilen çocukların olması gerekir. Hayvan beslemek bu anlamda çok önemli. Hayvanlar güçsüz, zayıf ve bakıma muhtaçlardır. Çocuklara hayvanlara karşı da hoşgörülü olmayı öğretmek zorundayız. Böyle ortamlar sağlandığı sürece bu dünyada nesiller daha da hoşgörülü olacak diye düşünüyorum.

A.T.: Hoşgörü reçetemizi yazar mısın?

A.K.: Güzel bir hikâye var. Hoşgörü reçetemizi bu hikâye ile vermek istiyorum:

"Adamın biri kötü yoldan para kazanır ve kazandığı bu parayla bir inek alır. Gel zaman git zaman pişman olur. Ve iyi bir şey yapmak adına ineği Hacı Bektaş Veli'nin dergâhına kurban olarak bağışlamak ister. Ancak Hacı Bektaş Veli, 'Helal değildir!' der ve kurbanı geri çevirir. Bunun üzerine adam Mevlânâ dergâhına gider. Durumu Mevlânâ'ya anlatır. Mevlânâ kurbanı kabul eder. Adam Hacı Bektaş Veli'nin kurbanı kabul etmediğini Mevlânâ'ya söyler ve nedenini sorar. Mevlânâ şöyle der: 'Biz karga isek Hacı Bektaş Veli bir şahindir. Öyle her leşe konmaz. O yüzden senin bu hediyeni biz kabul ederiz ama o kabul etmeyebilir!'

Adam üşenmez tekrar Bektaş dergâhına gider. Hacı Bektaş Veli'ye Mevlânâ'nın kurbanı kabul ettiğini söyler ve nedenini sorar. Hacı Bektaş Veli şöyle der: 'Bizim gönlümüz bir su birikintisi ise Mevlânâ'nın gönlü okyanus gibidir. Bu yüzden, bir damlayla bizim gönlümüz kirlenebilir ama onun engin gönlü kirlenmez. Bu sebepten o senin hediyeni kabul etmiştir.'"

Merhamet

A.T.: "Nerede akarsu olursa orada yeşillik. Nerede kardeşlik olursa orada merhamet olur," demiş Mevlânâ. Merhamet nedir? Ruhun panzehri midir?

A.K.: Merhamet insanlığın şanından gelen bir şey. Yani evet, ruhla başlar. Bebeklik, çocukluk, ergenlik, yetişkinlik ve yaşlılık dönemlerinde farklılık gösterir. Bebeklik ve çocuklukta, özellikle de o geçişte zayıflıktan dolayı anne ve babanın merhameti ile büyütülüyoruz.

Çocuklarda merhamet nesneye, kendinden daha küçük varlıklara, canlılara, hayvanlara akarken; ergenlikte, yetişkinlik ve yaşlılıkta ise tüm insanlara akan bir duygu halini alır. Aslında merhamet, sayabileceğimiz bütün güzel duyguları içinde barındırır ama sanki birazcık "affetmek" kokan bir duygu gibidir. Çok kullandığımız bir davranış biçimi olduğu için birazcık da gücü elinde olan, kendisine yanlış yapıldığı halde her şeyi yapabilecek gücü varken affetme yolunu seçen insan gibi. Ve tabii ki insanı, dünyayı, bulunduğu her yeri iyileştiren bir duygudur. Kavgayı azaltan, terörü yok eden, yanlış anlamaları düzelten, affetmeyi kolaylaştıran; aileye, vatana, millete birlik getiren bir duygu.

Ne yazık ki yaşadığımız yüzyılda, hem sosyal hem de aile ilişkilerimizde, medyada, çizgi filmlerde, oyunlarda, siyasette merhamet azaldığı için, sözel anlamda dilin şiddeti de arttı. İnsanlar merhamet barındırmayan kelimelerle, tonlamalarla birbirini eziyor, yok etmeye çalışıyor. Bu biraz sekülerliğin ve faşizm kültürünün de getirdiği bir şey, çünkü faşizm iki kişi arasında şiddetle başlayan bir süreç. Birinin herhangi bir şeyden dolayı, kendince elde ettiği bir güçle bir başkasını ezme şekli. O yüzden ben de merhametin birçok zehrin panzehri olduğunu kabul ediyorum. Elimizde böyle güzel bir duygu varken kullanmadıkça katılaşan, gerginleştiren, insanı kötülüğe, narsisizme, bencilliğe ve yalnızlığa iten bir duygu.

Ne yazık ki hiç merhamet göstermeyen insanlar bir süre sonra bunu güç olarak görmeye başlıyorlar. Mesela artık popüler kültür son 20 yıldır dilimizi değiştirdi, kişisel gelişimde, iş dünyasında, mahallelerde, kültürlerde anne babalar, işletmeciler, kurum sahipleri, liderler sürekli şu mesajı verir oldular: "Güçlü ol! Kimseye kendini ezdirme! Zayıf olmayacaksın bu dünyada! Başkalarını ezdikçe yükselirsin! Kimseye taviz verme! Aman iyilik yapma sırtından vururlar. Vallaha bu zamanda paran ve gücün varsa herkes peşinden koşar..." İçinde merhamet barındırmayan bu cümleler o kadar popülerleşmeye başladı ki, insanlar artık sosyal paylaşımlarında ve diyaloglarında iyiliğin ve merhametin tabiri caizse enayilik olduğunu anlatır duruma geldiler. Ama dile bu kadar uzak kalmış merhamet duygusu, tavırdan da uzak kalmaya başlar.

Bundan elli, yüz sene öncesine gittiğinizde, insanların söylemlerinde daha bir affetmeyi, bağışlamayı, diğerkâmlığı, birlikteliği, biz dilini, ayıbı, edebi, yardımlaşmayı, iyiliği daha çok görürken son zamanlarda bunlar tamamen azalıp yok olmaya başladı. Yeni neslin playstation oyunlarına baktığımızda hepsinde bir şiddet içeriği, bir öldürme, yok etme, kan akıtma, rekabet, rekabetten sonra yenme isteği, güç odağı görüyoruz.

Ekrandaki şiddete baktığınızda ise insanların giyim tarzıyla, ses tonuyla, şarkı söyleme stiliyle ya da herhangi bir şeyiyle dalga geçen genç bir nesil var. Yani artık oyunlarda, eğitimde, okullarda, teneffüslerde, sokaklarda merhamet adına bir şey kalmadı. İnsanlar merhamet duygusunu bir şekilde yaşamak zorundalar, ancak günümüzde insana duyulan merhamet o kadar azaldı ki, artık insanlara gösteremediğimiz merhameti hayvanlara gösterir olduk; hayvanseverlik insanseverliğin üstüne çıkmaya başladı. Hayvansever olmak tabii ki çok önemli ancak önce insansever olabilmek ve ardından da insanoğluyla beraber yaratılmış diğer canlılara merhamet etmek en önemlisi. Zaten bu duyguyu gerçek anlamda ne zaman yakalarsak, birey ve toplum da işte o zaman iyileşecek diye düşünüyorum.

A.T.: Merhamet ve şefkat... Çoğu zaman bu iki kavramı karıştırıyoruz. Merhameti şefkat, şefkati merhamet sanıyoruz. Nedir birbirlerinden farkı?

A.K.: Şefkat ve merhamet arasında çok büyük bir uçurum var. Anne baba eğitimlerinde "Anneye şefkat ve vicdan, babaya da merhamet yakışır" diye anlatırız. Bizim toplumumuzda, Anadolu toplumlarında özellikle anne evladını ne yaparsa yapsın affeder. Kızı, oğlu hiç önemli değil, o kültürün içinde inancı gereği ne günah işlerse işlesin, ne yanlış yaparsa yapsın annenin affetme gücü babadan daha fazladır. Merhameti ise babaya biraz daha yakıştırırız, çünkü baba daha çabuk kızabilir, ceza verebilir, bazen eşleşmez, eşduyum sağlamadığı gibi uyum da sağlamaz, bazı kuralları çiğnendiğinde kızabilir ve babadan da bu durumda merhamet dilenir. Şefkat ile merhametin en büyük farkı budur aslında.

Şefkat gücü olanın da olmayanın da kullanabileceği bir duyguyken, merhamet biraz daha iki ya da birkaç kişi arasında yaşanan ve bir nebze gücü elinde olana daha fazla yakışan bir duygudur. Yani merhamet güç ister. Örneğin iki kişi sokakta kavga ediyorlar ve bir tartışmaya girdiler. Fiziksel anlamda daha güçlü olan, karşı tarafı yenebileceği halde ne kadar tahrik olursa olsun şiddet uygulamaması onun merhametini gösterir. Ya da statüsü ve network'u gereği karşı tarafa zarar vereceği halde bunu yapmaması onun merhametini gösterir. Ama şefkat bunlardan daha farklı. Şefkat duygusu her koşulda, her canlıya, her şeye gösterilebilecek bir duygudur.

A.T.: Peki, merhamet ve acımak... Acıyan ve acınanda hiyerarşik bir yapı var gibi. Merhamet eden ve merhamet edilen arasında da böyle bir yapı, hiyerarşi var mı?

A.K.: Ben kişisel olarak acıma duygusunu insanlara çok yakıştırmıyorum. Üzüntüyü daha çok yakıştırıyorum. Bir insan bir başkasına acıdığında, sanki acıyan kişi daha yüksekteymiş gibi bir durum ortaya çıkar. Ben daha çok acımanın Yaradan'a, ilahi güce yakıştığını düşünüyorum. Hani "Sana acıyorum, sana şunu yapıyorum..." demek bana biraz daha bencilce, egoistçe, narsistçe geliyor. O yüzden bu kelimenin yerine üzülmeyi tercih ediyorum. Çünkü birinin yanlışını gördüğünüzde, biri size yanlış da yapsa, herhangi bir konuda eksik, cahil de kalsa, kötü de olsa o insana acımak yerine üzülmek daha doğrudur. Kendini değiştiremediği için, doğru yolu bulamadığı için, çözüm bulamadığı için, iyi bir insan olamadığı için üzülmek daha doğru geliyor bana.

Acımak hem biraz daha aşağılayıcı hem de şiddet içeren bir duygu gibi. Merhamette ise merhamet eden ve merhamet edilen arasında bir hiyerarşiden ziyade durum reaksiyonu, durum psikolojisi var diye düşünebiliriz. Çünkü kimi para konusunda daha güçlüdür merhamet eder; kimi statü, kimi fiziksel güç anlamında, kimi network anlamında merhamet eder, bu olaya göre değişen bir şeydir. Hiyerarşik anlamda dersek anne, baba, akraba, yaş, cinsiyet anlamında bir farklılık var. Yani bunu üstünlük olarak değil de, farklılık olarak değerlendirmek bana daha doğru geliyor, çünkü üstünlüğün olduğu yerde ego yine sesini çıkartmaya başlıyor.

A.T.: Sevginin olmadığı yerde merhamet nefes alır mı?

A.K.: Tabii ki sevginin olmadığı yerde merhamet nefes alamaz, çünkü merhamet sevginin içindeki bir duygudur. Biz salt sevgiyi zaten konuşmamalıyız. Sevginin içinde merhamet mutlaka olmalı. Karınıza, kocanıza, çocuğunuza, kediye, köpeğe, toprağa merhamet edeceksiniz! Bize şu mesajı veriyor: "Hayatta kimi seversen sev, sevdiğin şeyle ilgili sınanacaksın. Bu eşin de olsa, kardeşin de olsa, arkadaşın da olsa, bir hayvan da olsa..." Çünkü sevmek demek karşı tarafın sorumluluğunu almak demek ve bu sorumluluğu alırken sabırlı olmak demek. Bu sabrı geliştirirken sadakat göstermek demek. Sadakat gösterirken saygılı olmak demek. Saygıyı gösterirken tabii ki ilişkide birçok problem olacak. Zaten durumsal anlamda kim güçlüyse affedebilmek seçeneğini kullandığınızda, yani merhamet edebildiğinizde sevgi daha çok köklenmeye başlayacak.

Son zamanlarda merhametsiz sevgiler o kadar çok çoğaldı ki, bu ilişkilerde ufacık bir şeyde kırmak, gücünü göstermek, ilişkiyi bitirmek, yok saymak çok daha fazla yaşanır oldu. O yüzden merhamet daha kucaklayıcı, affedici bir duygu ve sevginin yanına çok yakışıyor. İkisini ayrı düşünemeyiz.

A.T.: Sanki kadınlar merhamete, merhamet etmeye daha yakınlar. Erkeklerin ise duruşları, tavırları, beden dilleri daha

sert, daha katı, daha uzak. Söz konusu merhamet olunca bir cinsiyetten bahsedebilir miyiz? Merhametin cinsiyeti var mıdır?

A.K.: Merhametin cinsiyeti yoktur. Ama evet, kadınlar yaradılışları ve doğaları gereği şefkat ve merhamet göstermeye daha eğilimlidir. Erkekler biraz daha cezalandırmaya, küsmeye, yok saymaya eğilim gösterebilirler. Tabii bu kadının ve erkeğin merhamet duygusunu ne zaman ve nerede göstereceği ile de alakalıdır. İşyerinde mi? Evde mi? Sosyal ortamda mı? Yani erkekler bu anlamda evde ve işyerinde de biraz daha katı olabilirken, kadınlar özellikle evde daha şefkat ve merhamet sahibi olabilirler. Yıllardır çalışan kadınların işyerlerinde de profesyonel anlamda gerektiğinde merhamet gösterebildiğini görebiliyoruz.

A.T.: Bazı kavramlar doğumumuzla hayat buluyor, bazıları da sonradan aileyle, deneyimlerle öğreniliyor. Peki, merhamet nerede başlıyor? Evde mi, ailede mi, kalpte mi, yaradılışta mı?

A.K.: Merhamet aslında evde değil, daha yaradılışta başlayan bir şey. Dünyaya gelen bebek zaten buraya gönderilirken merhamet sahibi tarafından merhamet edilerek gönderilir. Ve bu dünyaya geldikten sonra, mesela bir anne ile baba düşünün ilk çocuklarını dünyaya getirdiklerinde en yoğun merhamet duygusunu yaşamaları için onlara bir fırsat veriliyor, çünkü dikkat ederseniz bir bebek savunmasız, çaresiz, güçsüz bir şekilde dünyaya geliyor ve hiçbir alışkanlığı, öğrenilmiş bir süreci yok, bu anlamda sürekli bakıma muhtaç, gecenin bir yarısı ağlayabilir, bağırabilir, altını pisleyebilir, anne babanın huzurunu kaçırabilir, dikkatini dağıtabilir, onları yorabilir... Her şeye rağmen aslında anne babanın merhameti ve şefkati ile büyüyor, çünkü ayaklanana kadar çocuğun en çok yaşadığı, anne babadan en çok aldığı duygu merhamettir. Bunu anne baba sağlıklı bir şekilde verirse, çocuk da aldığı merhamet duygusunu doğada ve sonraki yaşamında gösterecektir.

Anne baba şiddet eğilimli, öfkeli, empati kuramayan, iletişim becerisi olmayan bir anne babaysa, küçücük çocuğun hayatına farkında olmadan bazı laf ve tavırlarla şiddet uygulayabilirler. Bu sebepten dolayı merhamet ihtiyacı karşılanmayan çocukta da merhamet duygusu gelişmeyebilir. O anlamda merhamet doğuştan gelen, reel dünyada anne babayla şekillenen ama doğumdan ölüme kadar kalpte yer bulan bir duygudur.

A.T.: Merhametin böylesine kuruyup solduğu bir dünyada okullarda merhamet eğitimi olsa daha farklı, daha duyarlı, daha farkında bir nesil yetişmez mi? Dünyada bunun örnekleri var mı? Daha merhametli çocuklar, gençler, nesiller adına neler yapılabilir?

A.K.: Bunu ben de meslek hayatım boyunca gittiğim birçok okulda, bakanlık söyleşilerimde dile getirmeye çalıştım. Merhamet eğitimi kesinlikle okullara uygulamalı zorunlu ders olarak konulmalı. Almanya'da gittiğim bazı ilköğretim okullarında her sınıfta bir hayvan besleme zorunluluğu vardı, çünkü çok ilginç bir şekilde çocuklar hayvanla ilgilendikçe birbirleriyle kavga etmemeye başlıyor, hem de o hayvanın sorumluluğunu alıyorlar.

Yaşlı ziyaretleri, kimsesiz ziyaretleri ve özellikle yardımlaşma günlerinin olmasından yanayım. Mesela belirli gün ve haftalar adına bazı şeylerin yetersiz kaldığını düşünüyorum. Haftada bir gün iyilik günü ilan edilmeli okullarda. Çocuklar maddiyatın dışında manevi anlamda iyilik yapmayı öğrenmeliler. İhtiyaç sahiplerine okul gezileri düzenlenmeli. Merhamet epistemolojik olarak anlatılmalı ve uygulanmalı.

Türkiye'de genelde teorik bilgi veriliyor ama pratiğe dökülmediği için etki gücü çok fazla olmuyor. Merhamet lafla öğretilmez. Çocukları 4 yaşından sonra her yere götüreceksiniz. Yaşlılar evine, hayvan barınaklarına, çocuk esirgemeye... Düzenli götürseniz, 6 ay sonra "Huyu suyu değişmeye başladı" diyeceksiniz. AVM'de, evde, sokakta her şeyi yapsınlar; sonra evde deyin ki, "Oğlum yaşlıyım ben." Gözünüzün yaşının farkında değiller!

Kedi, köpek alıyorsunuz üç gün sonra bırakıyorlar, siz bakıyorsunuz onlara. Ölüm eve ne kadar yakınsa ev o kadar tatlı olmaya başlayacak. O çocuk "Babam da ölecek... Annem de..." diyecek. Ego o kadar tavan yapmış ki deniz kenarı mezarlık istiyor. Ya da mezarlıkları şehrin, hayatın dışına taşıyor. Eskiden öyle miydi? Mezarlıklar hayatımızın, köyümüzün kalbindeydi. Şimdi Twitter'dan Fatiha okur olduk.

A.T.: Merhamet ortamında büyümedik ve merhametle çok geç yaşta tanıştık. Sonradan öğrenilmiş merhamet nasıl içselleştirilir?

A.K.: Merhamet her yaşta, her zaman öğrenilebilir; yeter ki niyet olsun, yeter ki insan merhamet edeceği durumlar oluştuğunda gerçekten o duygunun içine girip fark edebilsin. İçselleştirme süreci ve süresi yine kişinin kendisiyle alakalı bir durum. Bazen bu duyguyu ölene dek içselleştirmeyen insanlar var. Özellikle Batı toplumlarında sosyal Darwinizm açısından bakarsak; Darwin'in "güçlü zayıfı yok eder" teorisi o yıllarda ortaya çıktıktan sonra bunu savaşta, psikolojide, sanatta, tıpta, eğitimde, siyasette kullanan bir sürü lider ve öncüler oldu. Ve Haçlı Seferleri'nden gelen bu güç, Batı'da çok da kırılmadı, hâlâ devam ediyor. Irkçılık söylemleri, mahalle kavgaları, ülkeler arası savaşlar, töre cinayetleri, futbol takımları arasındaki kavgalar... Hepsinin temelinde ciddi bir merhametsizlik yatıyor. Mesela sosyal Darwinizm seküler bir anlayış olduğu için her zaman güçlüyü sevdi. O yüzden toplumlar genelde ölene kadar olaya sırf sosyal Darwinizm açısından bakıp daha ırkçı, daha ağır milliyetçi oldular, kendileri için yaşadılar. Ve çoğu da merhamet etmeden öldü. Bugün hâlâ böyle insanlar var. Ülkemizde de bazı kültürlerde kendini aşırı yüceltip, merhametin güçsüzlük olduğunu düşünen bir sürü insan var. Hatta ve hatta hâlâ çevremde iyilik yapmanın, affetmenin zayıflık olduğuna inananlar var. Bu yüzden birçok kişi, birçok danışanım da bana geldiğinde, "Annemi babamı affedemiyorum. Geçmişimi affedemiyorum," dediklerinde aslında orada bir katılık gözlemleyebiliyoruz. Hayatta şunu öğrendim, merhamet duymayan insanlar eninde sonunda başkalarının merhametlerine ihtiyaç duyuyorlar. Belki de herhangi bir konuda zayıf düştüklerinde merhamet dilenmenin ve merhametin ne kadar önemli olduğunu anlıyorlar.

A.T.: Herkes her koşulda merhamet edebilir mi? Merhamet kimin hakkıdır?

A.K.: Merhamet güçlünün hakkıdır, zayıfın değil. Kavga edeceğim ama adam iki metre. Merhamet etsem ne olur? İş ve özel hayatınızda, gündelik hayatınızda, madden ve manen güçlü olduğunuzda affedebiliyorsanız, merhametlisinizdir demektir. Diyelim ki sen bana bir yanlış yaptın, seni affedip affetmemem benim gücüme kalmış. Sana her şeyi yapabilecek gücüm varsa; bu fiziksel şiddet olabilir, maddi, manevi şiddet olabilir, ama gücüm olduğu halde sana kötülük yapmıyorsam merhamet etmiş olurum.

A.T.: Tamam, merhamet güçlünün hakkı ama sanki merhamet daha çok biz güçsüzken geliyor.

A.K.: Evet, dikkat edin sabır ve maneviyat sahip olduklarımız azaldığında artar. Merhamet dediğimiz duygu biz güçsüzken gelir ve artar. Tamam, güçlüyken de gelir ama merhamet gösterecek vaktin olmaz. Güçsüzken de "Keşke param olsa da merhamet etsem... Keşke gücüm olsa da merhamet etsem..." dersin. Tüm olumlu duygular metanız ve çevreniz azaldığında, sağlıklı olduğunuzda gelir, çoğalır aslında. Ne demişler: "Nerede çokluk orada..."

A.T.: Merhamet ruhumuza, kalbimize, gönlümüze nasıl dokunur?

A.K.: Merhametli olunca gönlünüz de, kalbiniz de, ruhunuz da yumuşar. Çok özel bir soru soracağım, irade sahibi misiniz? Karar verebiliyorsunuz değil mi? Herkes çapına göre kudret sahibi. İradeyle kudret bir araya gelince müthiş bir ikili çıkmıyor mu ortaya? "Karar verdim, yapıyorum!" Bu kötü bir şey için de olabilir, iyi bir şey için de. İradenizle verdiğiniz ve kudretinizle uygulayacağınız bir kararı ancak merhamet yumuşatabilir. Bazen düşünüyorum da, bizi yaratan irade, kudret ve merhamet sahibi olmasaydı yanmıştık.

A.T.: İnsanlarda "O beni düşünmüyor, bana merhamet etmiyor. Ben ona neden merhamet edeyim ki!" düşüncesi var. Merhamet ederken karşılık beklemek, bir beklenti içine girmek ne kadar doğru?

A.K.: Diğer duygularda olduğu gibi merhamette de karşılık beklemek ve beklenti içine girmek doğru değildir. Burada merhamet eden lütuf etmiyor aslında. "Aman çok önemli bir şey yapıyorsun da bana merhamet ettin" gibi bir şey değil bahsettiğimiz.

Aslında lütuf eden, merhamet duygusunu ortaya çıkartandır. Yani zayıf olanın sayesinde güçlü olan merhamet duyabilir. Herhangi bir konuda güçlü olacağız ki zayıflar yanlış yaptığında, biz onlar sayesinde affedebilme gücümüzü ortaya çıkartabilelim. Aslında bize bir iyilik yapmış oluyorlar. Bu açıdan bakabildiğinizde insanlar ve toplumlar zaten birbirlerine zarar vermezler, bu açıdan bakamadıkları için zarar verirler. O yüzden merhamet etmek lütuf etmek demek değil. Lütuf eden zayıf olandır her zaman.

"O beni düşünmüyor, bana merhamet etmiyor," derken buraya da çok katılmıyorum. Genelde çok taviz verenseniz karşı taraf tabii ki bir süre sonra sizi güçsüz görüp bu tavizinizi kullanmaya başlar. Ama birine küsmek ya da tavır almak demek ona merhamet etmemek anlamına gelmez.

Genelde bizi kullanmaya çalışan insanlara bizi kullanmaları için fırsat vermemeliyiz. Bu da kesinlikle merhametsizliğe girmez, ama hayatta birileri böyle yaptı diye başkalarına merhamet etmeyeceğiz demek de değil.

A.T.: Merhamet bizim ruhumuzu, kalbimizi, gönlümüzü yumuşatıyor, iyileştiriyor, şifalandırıyor. Adım adım bu iyileşmeyi anlatalım mı?

A.K.:

1. Her şeyden önce merhamet egoyu kırar.

2. Narsisizmi yok eder.

3. Bir kere affedebilme gücü, becerisi merhamet sayesinde olayların bizde bıraktığı duygusal yükü azaltmaya başlar.

4. "Allah'a havale ediyorum" inancıyla teslimiyet duygusunu ortaya çıkarır.

5. Merhamet eden kişi kendisinin de bir insan, bir kul olduğunu anlar. Ve bu anlamda fıtratına uygun davranmış olur. Bu yolla iyileşir.

6. Merhamet ettikçe merhamet görmeye başlarsınız. Bu da başka bir iyileşme aşaması ve sürecidir. O yüzden merhamet bütünüyle önce ruhsal sonra fiziksel sürece, organlara, beyne ve ardından tüm vücuda yansıyan bir duygudur.

7. Affetme ve merhamet duygusu yüksek insanlar hafif hüzün taşıyabilirler. Küçük kırılmalar olmasına rağmen düşmanlık beslemezler. Güçlerini o yolda kullanırlar. En azından zalim olmazlar. Zalimliğin getirdiği psikolojik problemleri yaşamazlar.

A.T.: Geçmiş yaralarımız, sancılarımız var. Sandıklara sakladığımız, üstüne kilitler vurduğumuz yaşanmışlıklarımız var. Affedemiyoruz, barışamıyoruz. Dönüp hep arkaya, geçmişe bakıyoruz. Ele iyiyiz, kendimize kötü. Ele pamuk gibiyiz, kendimize demir kadar sert ve soğuk. Ele merhametliyiz, kendimize merhametsiz. İnsan kendine neden merhametsizlik eder?

A.K.: İnsanın çoğu kez yaptığı şeylerden birisidir kendini yaralamak. Yani geçmişinde yaptığı kendine göre yanlışlar varsa, bu yanlışları sürekli zihninde tutup kendine acı çektirir. O nedenle kendine bu kadar katı olan biri genelde başkalarına karşı aşırı merhamet gösterip başkası üzerinden kendini iyileştirmeye çalışabilir. Bu yolu da seçebilir. Bu doğru bir yol değildir tabii.

İnsanın kendisine merhamet etmesi demek zihnindeki, geçmişindeki kendi varlığını affedebilmesi demektir. Bu anlamda hiçbir şey Yaradan'dan öte ya da güçlü değildir. Kimse de kendini yaptığı herhangi bir şeyden dolayı ne cennete ne cehenneme, ne güzelliğe ne kötülüğe, ne iyi ne kötü geleceğe bırakamaz, akıtamaz, yollayamaz. Böyle bir hakkı da yoktur zaten. Burada önemli olan insanın işlediği günahların çokluğu değil, Allah'ın merhametinin bolluğudur. İnsan ne yaşamış olursa olsun günahlarını ve yanlışlarını çok düşündükçe ümitsizliğe düşer. Ama Yaradan'ın merhametini düşündükçe sonsuz umut duygusuna ulaşır. O yüzden, "Ne yaparsan yap seni affedeceğim" diyen bir Yaradan varken, "Ben bunları yaptım, ben kötüyüm," dersek biz o kötü şeyleri yapmaya devam ederiz. "Zaten affedilmeyeceğim, zaten ben yanlış bir insanım" inancı gelir, bu daha çok vesvesedir ve şeytanın en sevdiği şeydir. Bir, iki, üç, dört, beş, altı, yedi ve hatta sekiz kere size o hatayı yaptırır, sonra vicdanınızın ve merhametinizin sesini artık duymamaya başlarsınız. Kendinizden utandığınız, kendinize kızdığınız için bir süre sonra bu ses de kısılmaya başlar. Artık kendini dinlemeyen, merhametsiz, kendine karşı katı biri olmaya başlarsınız. O anlamda önce kendinize merhamet, kendinizi affetmek iyileşmenin başında gelen bir şeydir.

A.T.: Toplum olarak kalbimizdeki merhameti, merhamet duygumuzu nasıl pekiştiririz?

A.K.: Toplum olarak hareket etmek demek, toplum önderlerinin de bizimle hareket etmesi demek. Bu anlamda bir eğitimciden bir muhtara, bir babadan bir anneye, bir belediye başkanından bir başbakana, bir işadamından işkadınına kadar herkes kurumlarında, eğitim kurumlarında, mahallesinde iyilik ve yardımlaşma aktiviteleri başlatmalı. Bunları istikrarlı hale getirmeli. Ekranlarda, sosyal yaşamlarda tavır ve davranışlara dökülmeli.

"İyiliğin gizli olanı makbuldür" inanışının yer değiştirdiğini düşünüyorum. Burada niyetin gizli olanı önemli. Nasıl ki artık çağ değişti, kötüler kötülüğü uluorta yapıyor; bence iyiliğin de rol model olması, ortalığa dökülmesi lazım. Önemli olan "Ben iyilik yaptım, iyiyim!" demek değil, "Biz iyilik yapıyoruz ve iyileşeceğiz" mesajını verebilmektir.

A.T.: Hayatımızdan merhameti çıkarırsak geriye ne kalır?

A.K.: Hayatımızdan merhameti çıkarırsak bir kere yalnız, katı, zalim, güçlü gözükmeye çalışan ama içsel zayıflığı yüksek, empati kuramayan, egosu yüksek, kırılmamak için kıran, güçlü olmak için başkalarının üstüne basan, kötülükten beslenen, kendinden daha zayıfları alaya alan, dalga geçen biri olmaya başlarız. Merhametin olmadığı yerde zalimlik kök verir. Merhametin olmadığı topraklarda meyve vermeyen ağaçlar yetişir, çünkü merhamet aynı zamanda meyve vermek demektir. Merhametsiz insan güçlü olabilir ama o sadece kendisine faydası olan bir ağaçtır.

A.T.: Çok âşık olduk, iş ortağı bulduk, yeni dostluklar kurduk... Ama biliyoruz ki insanların maskeleri var. Bu maskelerin ardındaki merhameti ya da merhametsizliği nasıl görebiliriz?

A.K.: Kişinin kendisinden daha zayıf olanlarla ve diğer canlılarla ilişki kurma biçimine bakarak. Bir dilenciyle, soğuk bir çay getiren garsonla, yaşlı anneannesiyle, sokakta ayağı kırık bir kediyle olan ilişkisini gözlemleyerek ya da madden ve manen kendisinden daha zayıf olan, eksik kalmış, hata yapmış insanlarla olan ilişkisine bakarak tanıyabiliriz. Zaten âşık da olsanız, evlenecekseniz de, iş yapacaksanız da, dost da olacaksanız bir insanın önce merhamet duygusunu nasıl gösterdiğine bakın. Çünkü eninde sonunda sizinle olan ilişkisinde gücü eline aldıktan sonra, aynı merhametsizliği size de gösterecektir.

A.T.: Merhamet reçetemizi yazar mısın?

A.K.: Diğer duygular gibi bunun için de sağlıklı, etkin bir reçete yazabileceğimi düşünmüyorum. Sadece kendi hayatımdan rehber niteliğinde söyleyebileceğim şeyler var. Reçetenin kendisi burada duygusal farkındalıktan ziyade davranışsal farkındalıktır. Düzenli ve istikrarlı bir şekilde herkes kendi ölçüsünde yardım edebileceği kurumlar, insanlar, canlılar bulmalı. İstikrarlı bir şekilde onların yanında zaman geçirmeli. Madden ya da manen o rezonansın içinde, enerjinin içinde oldukça, duygu kendiliğinden gelecektir. Birine öfkelendiğinde ona zarar verebilecek durumda olup vermiyorsa, bu anlamda belki içsel bir yolculuk yapıp, Yaradan'la sohbete geçtiğinde merhamet duygusunun içinde yoğunlaşabilecektir diye düşünüyorum. O nedenle oturup merhamet kelimesinin üzerine dakikalarca düşünmek bile, bu kelimenin üzerine bir konsantrasyon, bir tefekkür yapmak bile bedene ve ruha iyi gelecektir. Bu bölümü okuduktan sonra "Kimlere yardım edebilirim?" diye düşünmek ve bunda samimi olmak, sokağa çıkıp birilerini bulmaya çalışmak bile bir ilk adımdır. İnsan sadece buna gönüllü olsun. Bu istikrarla zaten eninde sonunda merhamet edecek birini ya da birilerini bulacaktır.

Vicdan

A.T.: Vicdan en rahat yastık mıdır? En iyi rehber, en iyi adalet midir? Vicdan nedir?

A.K.: Vicdan insanın kendisiyle alakalı bir duygudur. İnsanın iyiyle kötüyü, doğruyla yanlışı ayırabilme halidir. Biz vicdan ve merhamet kavramlarını yanlış biliyoruz. Vicdan, kendinize ve olaylara bakış açınız. Merhamet, başkasıyla olan ilişkiniz. Vicdanda kendinizden sorumlusunuz, kendinize hesap veriyorsunuz. Merhamette karşınızdaki insanı da hikâyenin içine katıyorsunuz.

A.T.: Mısır mitolojisinde Horus'un gözü manevi anlamıyla vicdanı sembolize eder. Ve vicdanın gözünden hiçbir şeyin kaçmayacağını bize söyler. Vicdanın gözü, kulağı hep üzerimizde midir?

A.K.: Evet, hep üzerimizdedir. İnsan aslında vicdan duygusuyla doğar ama en iyi öğrenmeyi sosyal öğrenmeyle gerçekleştirir. Vicdanın gözü, kulağı yani bütün izleri, bütün işaretleri, dürtüleri üzerimizde olmak zorundadır. Çünkü vicdan, insanın kişisel olarak verdiği kararın doğruluğunu ahlak çerçevesinde sorgulatan bir sistemdir. İnsanın doğruyu, yanlışı, iyiyi, kötüyü ayırmasını sağlar.

Vicdanın gözünün, kulağının insanın üzerinde olması demek; insanın yaşadığı, büyüdüğü yerde vicdanla büyümesi demektir aslında. Mesela hukuk kanunları koruduğu şeylerin etrafında şekillenmiştir ama ahlak, vicdanın kanunlarından yola çıkıyor. Bu anlamda vicdanı üzerimizde ya da içimizde olması gereken bir duygu, bir beceri olarak düşünüyorum. Ama bazen insanlar yanlışa düştüğünde, bu niyet yanlışlığı da olabilir, yaşamsal deneyimlerden kaynaklı yanlışlar da olabilir ve bir süre sonra vicdan yok olmaya başlar. Çok ilginçtir ki, vicdanın yok olduğu yerde ego tavan yapar, çünkü ego kendini haklı çıkarmayı sever, özellikle de yanlış yaptığı zamanlarda. Ve bu haklılık payını artırabilmek için vicdanın sesini kısmak zorunda kalırsınız.

Vicdanın sesi kısıldıkça insan, "Yaptığım yanlış değil, o hak etti! Bu doğru bir şeydi!" demeye başlar ve ego yükselir. O yüzden vicdanın gözü, kulağı, ağzı, burnu, eli, ayağı, sırtı, omzu artık ne kadar uzvu varsa üstümüzde, içimizde her yerimizde olmak zorundadır.

A.T.: Vicdanın felsefi ve etik yanı tamam. Ama hukuksal yanının da olduğunu biliyorum. Sence vicdan hukukun içinde kendine nasıl yer buluyor?

A.K.: Avrupa'ya gidenler, daha felsefi açıdan bakanlar Avrupa'da, Amerika'da adaletin katı olduğunu ve zulüm getirdiğini bilir. Mesela Amerika'da yaşarsanız her hareketiniz için bir avukata ihtiyaç duyarsınız, çünkü komşunuzun sesi yükseldiğinde bile avukatınızı arayabilirsiniz. Ama Türkiye'deki adalet sisteminde merhamet var.

Adalet merhametli ve merhametsiz diye ikiye ayrılır. Son zamanlarda hukuk sisteminin içine arabuluculuk sistemi de girdi. Anneannemin döneminde bir olay oldu mu, devreye mahallenin büyüğü girerdi, insanları barıştırırdı. Akil insanlar vardı. Dinler de merhametli adalet ister.

Vicdanın hukuksal bir yanı var tabii, ama bu duyguyu anayasal bir hukukun içine çok koyamıyoruz. Yine de çok şükür ki Türkiye'de biraz daha vicdanlı ve merhametli hukuk sistemi var.

A.T.: Din özgürlüğü, düşünce özgürlüğü, ifade özgürlüğü var. Peki, ya vicdan özgürlüğü? Böyle bir özgürlükten söz edebilir miyiz?

A.K.: Vicdan özgürlüğüne gelince öyle bir şey olamaz, çünkü vicdanın tanımı herkeste aynı olmak zorunda. İnsanların gerçekleri başka olabilir ama doğrular birdir. Hangi dinden olursa olsun; Müslüman olsun, Hıristiyan olsun, Musevi olsun ya da isterse inanmasın, ateist olsun her insanda vicdan vardır. Ve vicdan tüm insanlarda aynı şeyi sorgulatmak için vardır. Yani burada göreceli bir konudan, kavramdan söz edemeyiz. Örnek verirsek; hayvanlara zarar vermemek, yalan söylememek, ahlaksızlık yapmamak, birinin arkasından konuşmamak, insanları kırmamak, dürüst olmak, bunlar hep vicdanın sesidir. Ve biz bunu dine göre, ırka göre ayıramayız. Bütün insanlarda aynı olması gerekir. Bunu özgürlük gibi düşünürsek, "Vicdanı kafama göre kullanayım," deriz. Ve bu da egonun sesidir. Yani vicdanı çıkarıma göre kullanmaktır.

Tekrarlarsak, vicdan özgürlüğü diye bir şey yoktur. Ama belki "vicdanla yaşama samimiyetinden" bahsedebiliriz ki bu da bir ilkedir, insanın devrimidir, yaşama şeklidir. Belki şunu diyebiliriz: "Özgürlüğümün kısıtlandığı yerde vicdanımı kullanamıyorum." Burada özgürlük terimi biraz daha farklı kullanılmak zorunda. Düşünsel anlamda özgürlükten bahsederseniz evet; kötü düşüncelerle sınırlandırılmamış zihinlerde vicdanın sesi zaten özgürce dolaşabilir.

A.T.: Her insan vicdanlı mıdır? Vicdanla mı dünyaya geliriz? Yoksa sonradan mı öğrenir, deneyimleriz?

A.K.: Her insan vicdanlı değildir. Eğer bu ülkede suç, tecavüz, taciz, yalan, hırsızlık, kavga, adam yaralama, adam kayırma bu kadar çok artıyorsa, vicdanın sesi zaten kısılmıştır. Allah, bütün insanları içlerine güzel duygular üfleyerek dünyaya getirir. İnsanların bu duyguları içlerinden çıkarabilmeleri için yaşadıkları yerde karşılık bulmaları gerekir. Yani çeşmeyi bulacaksınız ki o çeşmeyi açıp, suyu akıtacaksınız. Ama çeşme akmıyorsa, yani anne çeşmeniz, baba çeşmeniz, ahlak çeşmesi, mahalle çeşmesi akmıyorsa bu suyun tadını bilemezsiniz. Ancak deneyimlerle öğrenirsiniz.

Ne yazık ki tek yaşamın, popülist yaşamın, faşizmin, seküler sistemin baskın olduğu toplumlarda vicdan sesi kısılmak zorundadır, çünkü artık vicdan zayıflık gibi algılanıyor. Aslında biraz da hoşgörü gibi, baktığınızda. O nedenle insanlar vicdanla doğarlar ama bazıları yetiştikleri, büyüdükleri yerde vicdanı alamadıkları için bunun farkında olmazlar.

Vicdansız çok insan vardır. Bu insanların katil ya da sapık olmalarına gerek yok; bazı insanlar anayasanın, toplumun, hukukun kabul etmeyeceği suçları işlemeden de vicdansızlık yapabilirler. Hak vermeyerek, başkalarının hakkına girerek, kendi yakınlarını kayırarak, yalan söyleyerek zaten vicdansızca davranmış olurlar. "Aman onlar öyleyse ben de böyle olacağım!" hali var ya; bu stratejiyle yaklaştığımızda da vicdandan söz edemeyiz. Mesela Allah'a dua ederken, "Senin vicdanına bırakıyoruz", "Bize de o vicdanı nasip et!", "En gerçeği Allah bilir!", "O, vicdanın tek sesidir!" diyoruz. Vicdanı gelişmiş insanlar Yaradan'la ilişkilerinde problem yaşamazlar. Ama vicdanı gelişmemiş kişiler hem Yaradan'la hem de diğer kişilerle ilişkilerinde problem yaşarlar.

A.T.: Vicdan aileyle evde başlıyor, deneyimlerle devam ediyor. Vicdanın kökü aile ise daha vicdanlı nesiller için ne yapmalıyız? Çocukların kalbine, ruhuna vicdanı nasıl üflemeliyiz?

A.K.: Vicdan lafla değil, halle öğretilir. Evladın lafla büyütüleceğine inanmıyorum, ama hal denilen şey önemlidir. Anne baba o hale sahipse evlatlar da onu modelleyecektir.

A.T.: Vicdanı sağlıklı gelişmiş çocuk ile vicdanı sağlıklı gelişmemiş çocuğu yan yana getirirsek karşımıza nasıl bir fotoğraf çıkar?

A.K.: Vicdanı gelişmiş bir çocuk kolay kandırılmaz, hakkı olmayan bir şeyin peşinde koşmaz, arkadaşlarına zulüm etmez, onlara yalan söylemez. Aksini yapanlara üzülür ve bazen yalnızlaşır böyle olduğu için. Hakkı olmayanın peşinde koşmadığı için mücadele etmiyormuş gibi gözükür. Hakkını arar, hakkı olduğuna inanıyorsa sonuna kadar peşine düşer. Dürüstlüğün yanındadır. Merhametlidir, hayvanlarla ilişkisi iyidir.

Vicdanı sağlıklı gelişmemiş çocuklar ise hayvanlara zulmeder, anne babaya yalan söyler, arkadaşlarının arkasından iş çevirir. Oyunlarda hep lider olmaya, birinci olmaya çalışırlar; olamadıklarında da sinirlenir, öfkelenir, kavga çıkartırlar. Öfkeyle doğruyu ayıramadıkları için yalnızca kendi doğrularının peşindedirler. İstekleri çoktur, sinirli, agresif ve hiperaktiftirler.

A.T.: Anladık ki vicdan gelişiminde iş başa düşüyor. Gelişim anne ve babayla başlıyor. Ama kaş yapalım derken de göz çıkarmayalım. Bu gelişimi doğru ve sağlıklı bir şekilde nasıl destekleriz?

A.K.: Evet, vicdan gelişimi anne babayla başlar. Sohbetle, insanları ve olayları analiz ederken yapılan doğru çıkarımlarla, yalana başvurmadan doğruluk ve dürüstlük çerçevesinde anlatılan hikâyelerle, davranışlarla çocukların vicdan gelişimini destekleyebiliriz. En basitinden bir örnek verirsek; evde telefon çalıyor, çocuk telefonu açıyor. Arayan annenin konuşmak istemediği biri. Anne çocuğa kaşla, gözle, sözle "Evde yok de!" diyor. Ve çocuk daha küçük yaşta yalan söylemeyi, bir şeyleri gizlemeyi öğreniyor. Bu davranışın anlamı belki bizler için küçük ama çocukların dünyasındaki karşılığı büyük. İleriki zamanda yanlış bir şey yaptığında da "Ben yapmadım! Ben orada yoktum!" demeye başlar.

Dinle ilgili sohbetleri abartmadan, doğru ölçüde yapmalısınız. Çizgi film ya da film izlerken çocuğa, "Bu izlediğinde hangi duyguları gördün? Buradaki sence nasıl bir karakter? Sence niye bu karakterin başına böyle kötü şeyler geldi?" diye sormalısınız. Biz genelde soru sormayız, bir şeyler anlatmaya çalışırız. Oysaki evin içinde çocuğun cevap verebileceği, düşünerek üretebileceği sistemler oluşturabilmelisiniz. Haftalık ev sohbetleri yapabilirsiniz. Çarşamba Sohbetleri, Perşembe Sohbetleri gibi. Bu sohbetlerde bir hafta içinde anne neler yaşadı, baba neler yaşadı, biz neler yaşadık çerçevesinde konuşabilirsiniz. Bunların çıkarımlarını yapabilmek, görev dağılımlarını yapabilmek önemlidir.

Çocuk doğru bir davranış yaptığında ödüllendirilmeli ama çikolatayla ya da oyuncakla değil; duygu pekiştirmeleriyle, "Aferin! Böyle davrandığın için çok mutluyum! Böyle davrandığın için bunu atlatabildik!" diyerek bunu yapmalıyız. Çocuğun yalanlarını ve yanlışlarını dillendirmek yerine doğrularını dillendirerek pekiştirmek en doğru yöntemlerin başında gelir.

A.T.: Çoğu anne baba çocuk yanlış bir şey yaptığında hemen cezaya başvuruyor. Vicdan gelişiminde cezanın nasıl bir rolü var? Gelişimin önünü açar mı, tıkar mı?

A.K.: Vicdanı gelişmemiş bir çocuğa ceza verdikçe onun daha da vicdansız olmasını sağlarız. Tabii burada cezanın şekli de çok önemli. Çocuğu odaya hapsetmek, aşağılamak, dövmek, yok saymak... Bunlar zaten vicdansızlıktır. O nedenle önemli olan, "Seni vicdanınla bırakıyorum" diyebilmektir. "Otur lütfen, düşün bu yaptığın doğru mu yanlış mı? Bunun sonucunda ben ne hissedeceğim ya da arkadaşın ne hissedecek?" demek kişiyi vicdanıyla baş başa bırakmaktır. Ama cezalandırıp bir şeylerden mahrum etmek, intikam duygusunu artırır. Bu nedenle böyle durumlarda ceza yerine disipline, tutarlı davranışlara, geri bildirim ortamlarına daha çok ihtiyaç duymalıyız.

Cezalandırmak intikam duygusunu artırırken, geri bildirim vermek farkındalık duygusunu geliştirir. Hiçbir çocuk, kötülük yapmak için doğmaz. Muhakkak sevgide, ilgide, güven ihtiyacında bir problem yaşadığı için bu yola başvurur.

A.T.: Sevginin olmadığı toprakta vicdan çiçek verir mi? Ne olmazsa vicdan eksik kalır, yetim kalır?

A.K.: Çiçek vermez! Sevgi, saygı, merhamet, yardımseverlik, empati olmazsa vicdan da olmaz.

A.T.: Her olumlu duygunun bir de olumsuzu var. Vicdanın kapı komşusu da vicdansızlık. Olumsuz duygular; vicdansızlık, merhametsizlik, saygısızlık, sevgisizlik, öfke hep hazır olda. Artık o kadar çok etrafımızdalar ki olumlu duygulara, iyi insanlara hasret kaldık. Hayatımızdaki olumlu duyguları çoğaltmak için ne yapmalıyız?

A.K.: Her duygu zihnimizde, beynimizde, kalbimizde tersiyle yan yana duruyor. Mesela sevginin yanında çok ince bir zar var ve o zarı geçtiniz mi ortaya nefret çıkıyor. Huzurun yanında çok ince bir zar var ve o zarı geçtiniz mi ortaya öfke çıkıyor. Olumlu duyguların sesi kısıldıkça olumsuzların sesi artıyor, çünkü insanın ruhu, fıtratı boşluk sevmiyor. Şöyle düşünün; bir kileriniz var ve o kilerde bazı kaplarınız var. O kapların dolu olması gerekiyor, bir şeyler biriktiriyor olmanız gerekiyor. Diyelim ki kapların içinde pirinç biriktiriyorsunuz, ama pirinçleri kullanmıyorsunuz. Kullanmadığınız pirinçler çürümeye mahkûmdur! O pirinçlerden pilav yapmak, dolma yapmak, yemek yapmak zorundasınız. Kullanmadığınız her şey küflenir, bozulur, bir süre sonra oksijen bile zarar vermeye başlar. Aslına bakarsanız küf, en yararlı şeylerin kullanılmamış, bekletilmiş halinden hayat bulur. Tıpkı duygular gibi...

İçimizde, evimizde, ailemizde ne kadar kötü duygu beslersek, ne kadar olumlu şeyleri kullanmazsak bir süre sonra aldığımız oksijen bile zarar vermeye başlar, karbondioksit gibi öfke, hastalık getirmeye başlar. İyi duygular kullanılmadıkça azalır, kullanılmadıkça yerlerine öfke gelir. Yani aslında bize der ki: "Bu duygular hepimizde var. Bunları kullanacak ortamlarda ol, diyaloglar geliştir!"

Şu an Türkiye'de pek çok psikiyatrik, patolojik hastalığın ana sebebi darbe almış, kandırılmış insanlar değil; olumlu duygular üretmemiş, o duyguları kullanmamış kişilerdir. Yani insan sevme duygusunu kullanmadığı için sevilmediğini, güven duygusunu kullanmadığı için güvenilmediğini düşünür. Bizim olumlu duygularımızı yaşayabileceğimiz alanlar bulmamız gerekiyor.

A.T.: "Vicdanım el vermiyor... Vicdanım sızlıyor... Vicdan azabı çekiyorum... Vicdanımın sesine kulak verdim... Hiç mi vicdanın yok!" Olumlu ya da olumsuz vicdan bir şekilde hep dilimizde. Peki, dilimizde olan kalbimizde neden yok?

A.K.: Önce insandan ve sahip olduğu değerlerden başlamak lazım. İnsan kelimesinin anlamı beni çok etkiler. Arapça kökenli ve iki farklı anlamı vardır. Yakın olmak "ins" kökünden gelir. İnsanın diğer insanlara, kendisine ve Yaradan'a yakın olmasıyla kurulmuş bir isimdir. Diğer anlamıyla da "unutan" demektir. O nedenle insan yaptığı her şeyi unutur. İşlediği günahı, verdiği sözü unutur, başına gelen iyi ve güzel şeyleri, kötüyü unutur, vicdanını, aşkını, sevgisini unutur. Demek ki sürekli vicdanlı olma, merhametli olma, âşık ve sevgili olma hali çok zor. Yakın olma ihtiyacından dolayı çekilen bir acı var zaten.

A.T.: "Seni vicdanınla baş başa bırakıyorum..." derler ya; hatta sen de anne ve babaların bu söylemle çocuklarına yaklaşmalarını öneriyorsun. Vicdanımızla baş başa kaldığımızda kendimize, vicdanımıza nasıl sorular sormalıyız?

A.K.: Gün içinde aldığımız kararları düşünmeliyiz. "Bu kararı neden aldım?" diye sormalıyız. Bir karar aldık ve eyleme geçtik, o eylemin alt nedenlerini çıkarmalıyız. "Ben bunu neden yaptım? İhtiyacım gerçekten neydi? Bencil mi davrandım? Kimin arkasından konuştum? Bu olayda verdiğim kararda ne kadar doğru ve dürüsttüm?" Ama sormayız, sorgulamayız. "Hep ben haklıyım" psikolojisinden ancak başımız derde düştüğünde iç hesaplaşma yoluyla kurtuluruz.

A.T.: Elbet herkesin geçmişine sarıp sarmaladığı bir vicdan yarası vardır. Kolay kolay kapanmaz. Kapansa da bir gün bir yerde yeniden açılır. Kanar, acır, acıtır. Sence nedir vicdan yarası? Ne kadar acıtır insanı?

A.K.: Vicdan yarası kişinin kendi pişmanlığıdır. Yanlışını özeleştiri yaparak vicdan terazisinde değerlendirir, yanlış ağır gelirse büyük pişmanlık yaşar. Bu pişmanlık olayın şekline göre değişebilir. Vicdan yarası olanlar sessizliğe, huzursuzluğa bürünürler, pişmanlık duygusu onları mahveder. Geçici olan bu duygu aslında kişinin gelişimi için de bir nevi destektir. Eğer kişinin yaşadığı büyük bir vicdan yarası ve acısı ise, bu onun bundan sonraki yaşamında başka insanlara vicdansızlık yapmasını engeller. O sebeple her insanın bir vicdan yarası olmak zorunda.

Biz insanlar mükemmel olmak için yaşamıyoruz, yaptığımız yanlışlardan ders çıkarmak için yaşıyoruz. Bir olaydan, deneyimden ders çıkarmak demek o konuyla ilgili daha dikkatli olmak ve o hatayı bir daha yapmamak demektir. Ama bir noktada insanoğlu egosuna yenilip vicdan sesini kıstığında ego ona, "Sen bunu hak ediyorsun!" demeye başlar. O nedenle vicdan yarası olan insanları lütfen biraz yalnız bırakın. O yarayla biraz baş başa kalsınlar.

A.T.: Bir de vicdan azabı var ki kor gibi, ateş gibi, insanın içindeki cehennem gibi... Vicdan azabı çeken insan bu dünyada nasıl bir cehennem yaşar?

A.K.: Çok güzel söyledin, kesinlikle vicdan yarası insanın içindeki cehennemdir. Cehennemi tasvir ederken kullandığımız kelimeleri, ateşi, işkenceyi bir metafor olarak değerlendirirseniz dikkat edin, vicdanınız yara aldığında kendinizi işkence görüyor gibi hissedersiniz. Evinize, arabanıza sığamazsınız. Hiçbir şey tat vermez. Yediğiniz yemek, içtiğiniz su zehir gibi gelir. Yattığınız yatak, başınızı koyduğunuz o yumuşacık yastık diken olmaya başlar. Baktığınızda aslında tüm dünya güzel ama vicdansızlık ettiğinizde güzel olan her şey sizin cehenneminiz olur. Ruhunuz sıkılır. Vicdan yarası en büyük cehennemdir.

A.T.: "Vicdan yarası kişinin kendi pişmanlığıdır" ve "Vicdan azabı insanın içindeki cehennemdir" dedik. Bu dünyada cehennemi yaşamamak için vicdanımızı nasıl temiz tutarız?

A.K.: Vicdanı temiz tutmak için değer yargıları olan, ahlakı olan, ahlaktan kastım yobazlık değil, desturu olan, doğru, dürüst insanlarla vakit geçirmeniz gerekir. Hem sosyal hem iş çevrenizi, aile ortamınızı bu çerçevede dizayn edebilmelisiniz. Buna dair kitaplar, hikâyeler okumalı, çıkarımlar yapabilmelisiniz. Yine büyüklerden buna dair söylemler alabilirsiniz. Ama en önemlisi bulunduğunuz çevrede vicdanını kullanmayan, merhametsiz, ahlak değerleri gelişmemiş, dünyasını bencillik ve narsisizm üzerine kurmuş insanlar varsa onlardan uzaklaşabilmelisiniz, çünkü bulunduğumuz her ortama bir koku veririz ve her ortamın da kokusunu alırız. İstesek de istemesek de bu bizim hamurumuza, fıtratımıza, hatta saçımızın dibine kadar işler. DNA'mıza mı geçer? Evet, uyuşturucu gibidir, geçer. Şöyle tasvir etmek istiyorum, çok fazla kalırsa saç diplerimize inmeye başlar. Ve bir süre sonra kişi bunun doğru mu, yanlış mı olduğunu ayıramaz hale gelir.

A.T.: Vicdansız insanı nasıl tarif edersin?

A.K.: Öfkelidir, kaygılıdır, anksiyetesi yüksektir, uykusunda bile huzursuzdur.

A.T.: Vicdan ile merhamet duygusu bana hep çok yakın geliyor. Sanki biri olmadan diğeri eksik kalıyor. Vicdan olmadan merhamet olur mu?

A.K.: Olamaz! Vicdan, merhamet, şefkat... Bunlar birbirinden ayırabileceğiniz kavramlar değildir! Vicdan ve merhamet birlikte ilerledikçe güzelleşir.

A.T.: "İki güdüklük var. Biri duygusal güdüklük, diğeri ilimsel güdüklük" diyorsun. Duygusal güdüklerin hayatında vicdan nerede?

A.K.: Dünyanın en büyük problemi dinlerle başlamıştır, çünkü çoğunlukla her din kendisinin en doğru olduğunu, kendi peygamberinin en doğru ve en son peygamber olduğunu iddia eder ve bunun peşinde koşar. Ortadoğu'ya baktığımızda peygamberlerin hepsinin Ortadoğu'dan çıktığını, daha semavi öğretilerin, duyguların hâkim olduğunu görüyoruz. Batı'ya baktığımızda ise ilim dünyasını ve ilim adamlarını görüyoruz.

A.T.: Bu iki güdüklük Batısıyla, Doğusuyla her yönüyle dünyayı ve hayatı nasıl etkiledi?

A.K.: Batı'da ilimin peşinde koşan insanlar duyguya yer vermedikleri için ilim anlamında entelektüel güdüklük yaşamaya başladılar. Ama Doğu'ya baktığımızda duygular, semavi öğretiler önemli, düşler, hayaller önemli ama ilime önem verilmediği için orada da bağnaz düşünce artmaya başladı. Her ikisinin de birbirinden beslenmesi gerektiği bir çağa geliyoruz. Farkındaysanız artık Peygamberlerimizin söylemleri ile, Mevlânâ'nın söylemleri ile, bir Nietzsche'nin söylemini, bir Aristo'nun söylemiyle aynı cümle içinde kullanabiliyoruz. Yani hem dini hem de ilmi açıdan bakabiliyoruz. Düne kadar İncil'den bir ayetle Kuran'dan bir ayeti yan yana getiremeyen toplumlar şimdi Hz. İsa'nın ve Hz. Muhammed'in söylemlerinden beslenebiliyorlar, çünkü dünya artık insana dair konuşmak zorunda olduğunu anladı. Ve çağ artık öyle bir noktaya geldi ki, ara renklerin olduğu bir dönemdeyiz. Kulağında küpe olan imamlar, başörtülü dans öğretmenleri, eşcinsel hakemler, gece alkol alıp, sabah namaz kılan insanlar görebiliriz.

A.T.: İnsan bilerek ve isteyerek vicdansızlık yapar mı?

A.K.: Yapar. İnsanın fıtratında vicdansızlık yoktur! Yapıyorsa, isteyerek yapıyordur. Vicdanın sesi kısıldıktan sonra beyinde ve kalpte kör nokta var; o noktadan sonra yaptığı her şey kötüdür ve onun kötü olduğunu algılamaz. Vicdanı rahattır. Bazen "Ne kadar kötü bir adam! Geceleri nasıl rahat uyuyor? Ben ufacık bir yanlış yapsam, gönül kırsam uyuyamam!" dersiniz ya; sizler gibi doğru insanların sınavıdır bu. Ama o insanlar kör noktada, karanlık tarafta oldukları için, vicdanlarının sesini artık duymadıkları için acı çekmezler.

A.T.: Dünya vicdanının sesini duymayan, duymak istemeyen insanlarla doldu, taşıyor. Vicdanın sesi ne zaman kısılır?

A.K.: Vicdanın sesi çıkarlar devreye girdiğinde kısılır, hatta kapanır. Mesela işyerinde bir olayı çözmeniz gerekiyor. Olayda kendi çıkarınız devreye girerse yanınızdaki insana vicdanlı davranmayabilirsiniz. Onun hakkında dedikodu yapabilir ya da işten atılmasına neden olabilirsiniz.

A.T.: Daha az üzülmek, kırılmak için vicdansız insanlarla nasıl baş etmeliyiz?

A.K.: En fazla yardıma ihtiyacın olduğu anda yakın olarak zannettiğin çoğu kimseyi bulamazsın yanında. Şimdiye kadar hep beklemişsindir oysa hep birisi sana el uzatsın diye. Hep istediklerini insanlar üzerine kurmuşsundur, bir de sıkıntı çekeyim de insanlar etrafımda toplansınlar düşüncesi sarmış dört bir yanını, kendine çekidüzen verme ihtiyacı duyamamışsın, ne de olsa birisi gelip kaldıracaktır seni; zamanı sana göre geldiğinde. Elinden geleni yapmaktan alabildiğine kaçmışsın; kendine yaşatabileceğin ve sonucunda tüm yaralarını kanatacak olaylara tedbir almayıp meydan bırakmışsın. Senden beklenenin ne olduğu konusunda cevaplar bulabileceğin vicdanın sana seslenir ancak sen fısıltı zannedersin; çünkü artık vicdanın çok uzaklaşmıştır... Vicdan içsesimiz aynı zamanda. İçsesimize kulak verdiğimiz müddetçe vicdansızlığın da önüne geçmiş oluruz.

A.T.: Vicdan tekrar kazanılabilir mi?

A.K.: Gözlerini ve kulaklarını kapattığında gerçeği duyamamak için yüksek sesle şarkılar söylemeye çalışırsın. Vicdanının sesini bastırıp içeride hapsetmeye çalıştıkça, kendini sadece ağzından dökülen melodilerden ibaret zannedersin. Oysaki sen bağırdıkça içindeki vicdani haykırışlar daha da kuvvetlenmeye başlar. Artık her yerde aynı mısraları duyamazsın, yanlış giden bir şeyler olduğunu anlasan bile yüzleşmek istemezsin. Yüzleşemediklerin ise, yani süreç içerisinde gözünü yumdukların gözünü sana açtırmaz artık. Gözünü açtıramadıktan sonra sana istediklerini yaptırmaya başlar bu sefer, vicdanın serbest kalmış, yerine kendini kendi hapsine almışsındır. Sen kendi dünyanda bu dengeyi kurdukça karşındakinde de aynı dengeyi oluşturabilirsin. Bu denge de vicdanın sesinden başka bir şey değildir.

A.T.: Tamam vicdansızlığı bilerek, isteyerek yapıyoruz. Peki, kötülüğü de mi bilerek ve isteyerek yapıyoruz?

A.K.: Evet, kötülüğü de bilerek, isteyerek yapıyoruz. Farkında olarak yaptığımız şeylerin kötülük değil hata, problem olduğunu düşünüyorum. Bazen istemeyerek insanları kırabilirsiniz, yanlış düşüncelere kapılabilirsiniz. Niyetinizde yoksa eyleminizde olması büyük zarar getirmez, ama kötülük başka bir şey. İyilik de, kötülük de iradeyle yapılır ama hata iradeyle yapılmaz. Adı üzerinde insanoğlu, insanoğlundan beklenen ne? İyi insan, iyi huylu insan olmak. İyi huylu olmak için insanın iradesini kullanması gerekiyor. Kötü huylu olmakta da irade ve istek devreye giriyor.

A.T.: Buradan bir çıkarım yapmak gerekirse kötü insan vicdansız insan mıdır? Ama biz sanki "kötü" yerine "vicdansız" demeyi tercih ediyoruz.

A.K.: Herkes vicdansızlık yapar. Evet, başkasına "Kötü!" demek gün gelip bize de dokunacağından "kötü" yerine "vicdansız" demeyi tercih ederiz. Ama bana sorarsanız vicdansızlık kötülüktür! Kötülüğün açılımını yap derseniz; yalan, hırsızlık kötülüktür, adam öldürmek kötülüktür. Kötülük sonuç, vicdansızlık ise süreçtir. Kişi o sürecin sonucunda kötü olma kimliğini almıştır üstüne.

A.T.: O zaman biz vicdansız bir ülke, vicdansız bir toplum olduk. Vicdansız insanlar olduk. Çünkü etrafımızda çok fazla öfke ve şiddet var, kötülük var. Tüm bunlarla nasıl baş edeceğiz?

A.K.: "İnsan" kelimesi yakın olmak anlamında "ins" kökünden gelir. Yakın olmak için neye ihtiyaç duyarız? Empati, sevgi, iletişim. İletişim bizi yakınlaştırdıkça benim hatalarımı sen göreceksin, senin hatalarını ben göreceğim. Bu hatalarda uzaklaşmayı mı tercih edeceğiz, yakınlaşmayı mı? Küçük hatalar varsa anlamaya çalışacağız, affedeceğiz. Dostluğumuzu, arkadaşlığımızı daha çok pekiştireceğiz, yakınlaşacağız. Ancak insanlar yakınlaştıkça birbirlerini kırma potansiyelleri artar. O noktada kişi vicdanını ve merhameti devreye sokmalı.

Şu an Türkiye'de yalnızlık hastalığı var. İnsanlar artık birbirlerinden korkuyor. "Bana dokunmayan yılan bin yıl yaşasın. Uzakta olsun, ötemde dursun" kafası var. Vicdan yok, merhamet yok!

A.T.: Savaştan kaçıp ülkemize sığınan, yardıma muhtaç insanlar var; kadınlar, çocuklar, sokak hayvanları var. Ama

sanki hiçbirini görmüyoruz ya da görmemezlikten geliyoruz. Neden gözlerimizi kapatıyoruz?

A.K.: Suriyeliler Türkiye'ye neden geldi? Canlarını kurtarmak için. Eğer kişinin Suriyelileri getiren iktidara antipatisi, tepkisi varsa; Suriyelilere baktığında rahatsız olduğu iktidarı görüyor. Kızdığınız şeyle anlamaya çalıştığınız şey aynı olursa vicdan sahibi olamazsınız. Burada bir reaksiyon yanlışlığı var. Evinize almıyorsunuz, yardım etmiyorsunuz ama en azından anlayabilmelisiniz. Ortada bir insan var.

İnsanlar artık büyüklerinin mezarlarını kilometrelerce öteye yapıyor. Modern dünyada "hastanede ölsün, son günlerini hastanede geçirsin" diye bir psikoloji var. Üzülüyoruz tabii ki ama geçip gidiyor. Dışarıda ihtiyaç sahibi insan veya hayvan gördüğümüzde vicdan duygumuzun tetiklenmesi gerekir. Artık Türkiye'de bakıp reddeden insanlar çoğaldı. Bunu reddetmek demek, dışarıdakini reddederken içerdekini bastırmak demek. Merhamet ve şefkat duygunuzu bastırıyorsunuz. Belki de o yüzden Allah bazı toplumlara bela verdiğinde, dostluklara sıkıntı verdiğinde aslında "Bir araya gelin!" mesajı veriyor. Bu bir fırsattır aynı zamanda. Siz o insanı, hayvanı gördüğünüz halde yüreğinizde bir şey tetiklenmiyorsa ötekileşmeye başlıyorsunuz.

A.T.: Artık acılarda bile buluşamıyoruz. Tweet atıyoruz, Whatssapp'tan yazıyoruz, Instagram'a fotoğraf koyuyoruz. Yas tutmak neydi, unuttuk! Oysa eskiden öyle miydi? Hatırlıyorum da babam tıraş olmazdı, evde televizyon açılmazdı. Şimdi bırakın yas tutmayı hastamızın, yaşlımızın evde ölmesine bile tahammülümüz yok! Hasta olanı hastanelere, bakımevlerine bırakıyoruz. Acıyı yaşamadığımız, paylaşamadığımız için de olgunlaşamıyoruz, derinleşemiyoruz.

A.K.: Ölünüz evden çıkacak ki yaşama daha çok bağlanasınız. Ötenizde ne olduğunu bilmiyorsunuz. Oysa bütün problemlerin altında ölüm korkusu yatıyor. Televizyonda sabahtan akşama kadar sonsuz yaşamı güdüleyen bir reklam çılgınlığı var. Onu sürersen güzel olursun, bunu yaparsan herkes seni sever, şunu yersen muhteşem sağlıklı olursun. İnsanlar bir krem, bir yiyecek satın alırken aslında ölümsüzlük satın alıyor. Bu yüzden tüketim artmış, duygu azalmış durumda. İnsanoğlunun Türkiye'de en iyi yaptığı şey çöp üretmek.

A.T.: Duygularımız, ilişkilerimiz... Artık her şey çöp!

A.K.: Tüketip, çöpünü üretiyoruz. Pisliği arttı ülkenin. Evlerde her şey az yeniyor, az tüketiliyor sonra hepsi kalıyor. Her şeyin kalma hali var artık. Tehlike şurada; bizden sonraki nesli düşünerek yaşamıyoruz. Daha çok kendimizi düşünüyoruz. Tükettiğimiz her şeyin parçalarını etrafa saçıyoruz. Üretmeyince de mutlu olmuyoruz.

A.T.: Maddeleştirmenin günümüzdeki en büyük sorunlardan biri olduğunu düşünüyorum. İmanı, inancı unutuyoruz. Bir şeyler sürekli maddeleşiyor. Sevgi, vicdan, adalet, merhamet gibi birçok kavramın içi boşalıyor. Derken bizim de içimiz boşalıyor.

A.K.: Toplumun bu kadar tepkisiz olmasının en büyük nedeni televizyon karşısında ve internette çok uzun zaman geçirilmesi. Evde günde 4-5 saat televizyon izleniyorsa, 2-3 saat sosyal medyada sörf yapılıyorsa bir süre sonra herkes tepkisizliğe mahkûmdur. Materyalizm en büyük tehlikedir! "Hiçbir şey yaşamayalım, hiçbir şeye sahip olmayalım", fakir edebiyatı değil anlatmak istediğim; tabii ki mücadele edeceğiz, çalışacağız ama bağımlılık geliştirmemek anlamında söylediğinize katılıyorum. Hep derler ya "Medya mı bu hale getirdi, insanlar mı bunu istiyor?" diye. İş "Tavuk mu yumurtadan çıktı, yumurta mı tavuktan çıktı?" hikâyesine dönüştü. Ben her şeyin ailede başladığına inanıyorum. Anne, baba, kardeş ilişkisinde...

A.T.: Vicdan reçetemizi yazar mısın?

A.K.: 1. Vicdan lafla değil, halle öğrenilir, öğretilir. Çocuklarınızın vicdan gelişimi sizinle başlar. Mutlaka haftalık ev sohbetleri yapın. Bir şeyler anlatmaya, öğretmeye çalışmadan soru sorun. Çocuğunuzun doğru davranışlarını duygu pekiştirmeleriyle ödüllendirin.

2. Sevginin olmadığı toprakta vicdan çiçek açmaz. Vicdanı sevgiden, saygıdan, merhametten, yardımseverlikten, empatiden mahrum etmeyin.

3. İçinizdeki iyi ve olumlu duygularınızı kullanın, çünkü kullanılmayan her şey bir süre sonra bozulmaya, küflenmeye mahkûmdur.

4. Gün içinde aldığınız kararları düşünün. Kendinize "Bu kararı neden aldım?", "Bunu neden yaptım?", "İhtiyacım var mıydı yoksa bencilce mi davrandım?" diye sorun. Sadece başınız derde düştüğünde değil, kendinizle kaldığınız her an iç hesaplaşma yapın, sorun, sorgulayın.

5. Evet, vicdan yarası kötüdür ama gelişimimiz için büyük destektir. Unutmayın mükemmel olmak için yaşamıyoruz, yaptığımız yanlışlardan ders çıkarmak için yaşıyoruz.

6. Daha temiz bir vicdan için doğru, dürüst, değer yargıları olan insanlarla vakit geçirin. Vicdanını kullanmayan, merhametsiz, ahlak değerleri gelişmemiş, bencil ve narsist insanlardan uzak durun.

Aile

A.T.: Hepimiz bir ailenin içine doğuyor, bir ailenin içinde hayat buluyoruz. Çocukluk, gençlik, olgunluk derken bu defa kendi ailemizi kuruyoruz. Sanki her şey aileyle başlıyor ve yine aileye varıyor. Artıyor, çoğalıyor, paylaşıyoruz. Kendimizi güvende ve iyi hissediyoruz. "Aile", "Ev", "Yuva" sanki üç şifalı kelime... İyileştiriyor, birleştiriyor.

Eskiden dedesiyle, ninesiyle, anneannesiyle, babaannesiyle çok renkli, çok sesli, kalabalık aileler vardı. Nohut oda, bakla sofaydı evlerimiz. Belki küçücüktü yuvalarımız ama kalplerimiz, hayallerimiz, sevgimiz kocamandı. Biz büyüdük... Zaman değişti... Ailelerin rengi soldu; sesi, soluğu kısıldı. Tüm güzel insanlar gibi dedeler, nineler birer birer gitti. Sonra evlerimiz büyüdü. Büyüdüler ama bu defa biz koca koca apartmanlara, sitelere, rezidanslara sığamaz olduk. Eşyamız çoğaldıkça ruhumuz, yüreğimiz, hayallerimiz, sevgimiz azaldı. Değiştik! Değişti! Aileler değişti, biz değiştik. En kök, en toprak haliyle neydi aile?

A.K.: En basit haliyle toplumu oluşturan en küçük birliktelik kurumu diyebiliriz. Elbette biz buna aile kavramını kattığımızda, "aile kurmak" dediğimizde arka planda içinde güzel duyguların, birlik beraberliğin, neslin devamının olduğu bir isim geliyor. Bu anlamda mahalleleri, şehirleri, bölgeleri, ülkeleri oluşturan en küçük kavram, en küçük kurum diyebiliriz.

Tabii burada aile ile evliliği karıştırmamak lazım, çünkü ikisi ayrı ayrı epistemolojiler. Yani demek istediğim her evlilik aile değildir. Aile kavramına atfedilen; birlik beraberliğin doğru duygular çerçevesinde uzunca yıllar korunması ve nesiller boyunca aktarılmasıdır. Bu noktada evlilik ile aileyi ayrıştırmalıyız. Çünkü her evlenen aile sahibi olmuyor, tıpkı aile saadeti olmadığı gibi.

A.T.: Aile olmak için mutlaka evli ve çocuklu mu olmak lazım? İnsan evlenmeden, dünya evine girmeden anne ve babasıyla da aile değil midir zaten?

A.K.: Evet, insan evlenmeden de annesiyle, babasıyla, kardeşleriyle bir ailedir. Ama bir aile kurmak istiyorsak evlilik şart, çünkü birlikte yaşamakla aile olmak başka başka şeylerdir. Evlilik ailenin vazgeçilmez kurallarından biridir. Ve zaten toplum normlarında, hukuki, anayasal şartlarda, toplumsal değerler açısından olması gereken bir şeydir. Toplum o kalabalık ailelerden uzaklaşmaya başladı. Babaannenler, anneanneler uzaklaştıkça çekirdek aile dediğimiz "anne-baba-çocuk aileleri" oluşmaya başladı.

Çok ilginç bir şekilde Türkiye'de yaş ortalaması arttıkça, ömür uzadıkça aileler çekirdekleşiyor. Eskiden anneanneyle, babaanneyle daha çok bir aradayken şimdi daha bencil yaşamlardan dolayı büyüklerimizi evin dışında bir yerlere yerleştiriyoruz. Yani artık anneannelerin kendi evi var, babaanneler huzurevlerinde. Zannetmeyin ki erken öldükleri için anneannesiz, babaannesiz kaldık. Tam tersine ekonomik, sosyal, duygusal problemlerden dolayı insanlar aile büyüklerini evlerinin dışında tutmaya başladı.

Aslına baktığınızda aile büyükleri evin içindeyse geniş aile kavramı, aile büyükleri evin dışındaysa çekirdek aile kavramı oluşuyor. Bu nedenle bir ailenin oluşması için en öncelikli somut şeyler; sağlıklı iki insanın evlenmesi ve evlendikten sonra da çoluk çocuk sahibi olmasıdır. Manevi boyutuna gelirsek sevgi, saygı, sadakat, samimiyet, sabır, hoşgörü aile çatısı içinde işlenmesi gereken duyguların başında gelir.

A.T.: Türkiye'deki aile kurumunun sağlık durumu nasıl sence? Orta şekerliden hallice mi, fevkaladenin fevkinde mi?

A.K.: Çok sağlıklı olduğunu düşünmüyorum. Antropolojik olarak Batı'ya baktığımızda kadın ve erkek arasında yaşamın sonuna kadar cinsel birliktelik ve üreme görüyoruz. Bu birlikteliğin üzerine kültürü koyduğunuz zaman ortaya aile çıkıyor.

Bütün evliliklerin temelinde üreme psikolojisi var. Ancak bunu saygısızca yapan da var, insanca yapan da. Biz evlilik kurumunun kutsal olduğunu düşünmek yerine, evlilik kurumunu kuran kişileri kutsuyoruz.

A.T.: Türkiye'deki aile kavramı, aile bağlarımız ne oldu da bu kadar yaralandı, hırpalandı?

A.K.: Osmanlı'da üç mekân çok önemliymiş; cami, kahve ve ev. Osmanlı döneminde insanlar camilere gidermiş. Kahvehaneler ve evler çok temiz olurmuş. Evde hayvan beslenmezmiş. Artan yemekler hayvanlar için dışarı konulurmuş. Ev insana özelmiş. Şimdi bütün hayvanları eve aldık, insanları evden çıkardık. İnsanlar evlerine değer vermiyor. Ele daha iyi, eve daha kötüyüz. Ele daha sabırlı, eve daha sabırsızız. Eli daha çok seviyoruz, ele daha çok hayal kuruyoruz ama evde bu sevgiden ve hayallerden eser yok!

Mesnevi'de ne diyor: "İstişare varsa, istihare vardır." Bu gerçekten çok güzel bir söz. Sohbetin olduğu yerde hayal kurabilirsiniz. Şirketler için de bu böyledir. Toplantı yapacaksınız ki şirket hedeflerini belirleyebilesiniz. Ailelerde de bu böyledir. Karı, koca, evlat sohbet edebiliyorlarsa geleceğe dair hayal kurabilirler. Çoğu genç elindeki telefonun özelliğini bildiği kadar ailesinin özelliğini bilmiyor mesela. Babasının, annesinin haz noktasını, duygu durumlarını bilmiyor. Ama telefonun haz noktasını çok iyi bildikleri gibi telefon bozulursa ne yapacaklarını da çok iyi biliyorlar. Bunun çok büyük bir tehlike olduğunu düşünüyorum. Ellerindeki o telefona âşıklar. Ama burada sadece çocukları değil, anne babaları da suçluyorum.

A.T.: Tamam, anne babaları suçluyorsun. Anne babalar olarak özeleştirimizi yaptık ve artık doğru yolda, doğru olanla yürümek istiyoruz. İlk adımı nasıl atalım?

A.K.: Çok sert geçişlerden yanayım. Bu ülkede 20 yıldır birçok uzman konuşuyor ama hiçbir şey olduğu yok! Devletin de bu anlamda bir şey yaptığını görmedim. Bir an önce evdeki televizyonları kaldırmalıyız. İki senedir evimde televizyon yok! Televizyonu kaldırdıktan sonra daha çok okumaya, yazmaya, üretmeye, sohbet etmeye başladım.

A.T.: Dediğim gibi zaman değişti. Zamanla beraber isteklerimiz, hayallerimiz, evlerimiz, yuvalarımız, ailelerimiz de değişti. Artık bırakın aile büyükleri ile bir arada yaşamayı, dört duvar arasında kendimize bile tahammülümüz, hoşgörümüz kalmadı ve bir o kadar da mutsuzuz. İçimizde tarifsiz boşluklar, sevgisizlikler var. Tüm o kalabalıklardan sonra nasıl böyle yalnız kaldık? Geniş ailelerimiz nasıl çekirdek oldu?

A.K.: Ailelerin çekirdekleşmesinde popüler kültürün, yaşamın bu kadar seküler olmasının, kapitalizmin etkilerinin rolü büyük. Para, mal mülk, kariyer hırsı yüzünden artık birçok insan çocuğuna bile tahammül edemiyor. Çocuk doğurmak, evde yaşlıyla yaşamak bunların hepsi insanların kariyerleri için bir engel teşkil etmeye başladı. Çok ilginçtir ki, insanlar çok para kazandıkça çocuklarını ve aile büyüklerini evden uzaklaştırmaya başlıyorlar, çünkü artık şunu söyleyebiliyorlar: "Aman anneme bir ev tutarım. Babamı bir huzurevine yerleştiririm, yanına da bir bakıcı tutarım." Biliyorsunuz önceden insanlar çalışıp kazandıkları parayı eve getirirlerdi. Ev halkı ev, araba almak, yatırım yapmak için birlikte hedef belirlerdi. Şimdi teklik duygusu arttığı için artık herkes buna anne, baba, eş, evlat da dahil sahip olmak istediği şeyin, evin, arabanın parasını kendi özelinde biriktiriyor. Mesela anneanneler, babaanneler kefen parasını daha çok sahipleniyorlar. Demek ki evlada güven yok! "Ben ölürsem kefen param yok! Ben ölürsem hangi mezara konulacağım? Hangi toprağın altına konulacağım?" Bu bile baştan evlada verilmiş bilinçdışındaki güvensizlik duygusudur.

Yeni nesil anne babalar da eskilerin çocuk yetiştirme tarzına çok güvenmiyor. Uzmanlar eşliğinde, kitaplarla şimdiki zamana uygun davranmaya çalışıyorlar. Artık birçok anne baba için kendi anne babaları çok affedersiniz ama cahil, okumamış. Bu sebeple de onların yöntemlerini kabul etmiyorlar. Yaşlılar da torunlarının yetiştirilme şekline dayanamayıp, müdahale etmek istedikleri için eninde sonunda evdeki çatışmalar, problemler artıyor.

Dört, beş kardeşli ailelere bakın. Annelerini ev ev gezdiriyorlar; "İki ay bende kalsın! Üç ay sende kalsın! Beş ay onda kalsın!" Çünkü herkesin bir manisi var. "Kocam izin vermiyor! Karım izin vermiyor!" Bu da aslında daha önce konuştuğumuz kavramların, hoşgörünün, vicdanın azalmasından kaynaklanan bir durum. "Küçücük yüreklerine kocaman insanları alan yaşlılar var" diye güzel bir söz vardır ya ama biz o kocaman evlerin içine o küçücük insanları koyamıyoruz artık!

A.T.: Ailenin birliği, beraberliği, bütünlüğü diyoruz. Ama sadece ölümlerde bir araya geliyoruz. Bir video izlemiş, çok etkilenmiştim. Çocuklu, torunlu yaşlı ve yalnız bir adam. Ziyaret edeni yok, kapısını çalan yok. Tam da Noel arifesi. İstiyor ki çocukları, torunları onu ziyaret etsin. Onu arıyor yok, bunu arıyor işi var, öbürü tatile gidiyor derken Noel'e birkaç gün kala çocuklar babalarının ölüm haberini alıyor. Bir telaş hepsi baba evinde toplanıyor. Bir de ne görsünler, babaları ölmemiş. Giyinmiş, kuşanmış, bir de güzel sofra hazırlamış çocuklarını, torunlarını bekliyor.

Biz de bu hale geldik. Kimsenin kimseyi gördüğü yok, ihtiyacını sorduğu yok. Bahanelerimiz nur topu gibi... İşimiz var, gücümüz var, kendi ailelerimiz, çocuklarımız var. Gerçekten de artık bizi ölümler mi bir araya getirecek?

A.K.: Dikkat ederseniz, köylerde kavga, gürültü, ayrımcılık çok olmaz. Şehirleşmenin getirdiği bir paradoks var. Köyde yaşayanlar evlerine giderken mutlaka bir mezarlığın önünden geçerler. Her akşam işten, tarladan dönerken ölümü ve yaşamı görürler. Bizse anamız, babamız evde ölsün istemiyoruz. Son zamanlarını evde geçirmesinler diye hastaneye yatırıyoruz. Ölümü uzaklaştırma psikolojisi bu.

Eskiden son zamanlarını insanlar evlerinde geçirirlerdi. Ölünün evden çıkması, evde kalanların ölümle yüzleşmesi demektir. İnsanlar ölümü ne zaman kabullenirse, ailenin ve yaşamın kıymetini de o zaman anlarlar. Bu kadar modern olmamızın sebebi ölüme karşı çıkmamız.

Bütün reklamlar, diziler bize ölümsüzlük veriyor. Aldığınız çikolata da bile maksimum mutlu olacağınızı zannediyorsunuz. Filmlere bakın, dünyanın sonu geliyor ama birileri dünyayı hep kurtarıyor. Sebebi ne? Irk ölüme karşı durmaya çalışıyor. Seksle, arabayla, çikolatayla, reklamla, diziyle, her şeyle... İnsanoğlu ölümü evin dışına koymaya başladı.

A.T.: Aile demek; sevgi, güven, paylaşım demek, mutluluk demek. Peki, bu kadar güzel duyguların arasında hiç mi sıkıntı, dert yok?

A.K.: Sevginin olduğu yerde sıkıntı olmak zorunda. "Bir ömür mutlu olacağım..." diye düşünmemeli. Böyle bir hayat yoktur! Sevgi neredeyse bedeli de, sıkıntısı da oradadır. Saygının, huzurun olduğu yerde sıkıntı da vardır. Allah bizi sonsuz bir mutlulukla yaratmadı. Keza evlilikler için de bu böyledir. Bir ailenin saadeti, huzuru o aileyi oluşturan bireylere bağlıdır.

A.T.: Biz kadınların içinde sanki bir avuç Tanrı tozu. Her gün sil baştan hayatlar kuruyor, hikâyeler anlatıyoruz. Hayatı kulak memesi yumuşaklığında, bir tutam tuz hızında yaşıyoruz. Her gün bin parçaya bölünüyoruz. Eş oluyoruz, anne oluyoruz, dost oluyoruz, evlat oluyoruz, çalışan kadın oluyoruz. Eve dönüyoruz ev işleri, yemek, çocuklar, çocukların ödevleri, istekleri, eşin mutluluğu, memnuniyeti... Buradan bakınca sanki hayattaki pek çok şey gibi ailenin birliği, bütünlüğü, beraberliği de kadının omuzlarına yüklenmiş. Kadın eşittir aile mi?

A.K.: Ne yazık ki Türkiye'de kadının olduğu yer aile olmaya başladı. Tamam; kadın dişi, doğurgan, bağ ve ilişki kuran... Evi düzenleyen, kocaya eşlik yapan, çocuğa bakan, komşuluk eden, dostluk kuran... Ama kadına çok fazla yük biniyor. Evlatlar ve eşler de aile kurumundan gittikçe uzaklaşıyor. Her evde bir ışık yanıyor, dışarıdan bakan da zannediyor ki o evin içinde bir hayat var, aile var. Bizlerin en büyük problemi dışarıya karşı aile olabilmek. "El ne der?" psikolojisi var ya, herkes bu psikolojiyi içinde yaşıyor.

A.T.: Erkek için evlilik ne demek?

A.K.: Erkeklerin yüzde 60'ı yuva kurarken, "Çocuğum olacak, soyadım devam edecek... Her akşam yemek yiyeceğiz... Düzenli sevişeceğim, çamaşırlarımı yıkayacak, ütümü yapacak bir kadın olacak evde..." diye düşünür.

A.T.: Kadın için evlilik ne demek?

A.K.: Artık hayatını birlikte yaşayacağı bir varlık var. Ertelediği, rafa kaldırdığı her şeyi onunla birlikte yapabileceğini düşünür. Evlilik erkek için esaret, kadın için cesarettir!

Erkeğe annesi sürekli ne der? "Gez oğlum! Çık oğlum!" Sadece annesi mi? Babası da böyle der. Erkek tam evlenecekken bu sefer anne baba ağız değiştirir, "Otur artık oğlum... Taş yerinde ağırdır," derler. Sonra erkek düşünmeye başlar, "Neden ağırdır? Gezip tozuyordum ya önceden... Şimdi ne oldu?"

Kız çocuğu olanlarda da diyalog şöyle gelişir:

Kız: "Anne gezeceğim..."
Anne: "Kocanla gezersin..."
Kız: "Anne şunu yapacağım..."
Anne: "Kocanla yaparsın..."

Aile kadını bastırır. Ondan sonra derler ki, "Artık ne istersen yap, evleniyorsun..." Kadın düşünür, "Bu adamla her şeyi yapabilirim. Arkadaş olurum, sosyalleşirim, tatillere giderim..."

A.T.: Genele baktığımızda şöyle bir manzara ile karşılaşıyoruz. Sanki kadınlar evlenince kanatlanacaklarını, daha bir özgür olacaklarını düşünüyorlar. Tabii her kadın ve her evlilik için konuşmuyorum. Kadın için evlilik kanatlanmak mı demek?

A.K.: Kızlar ergenlikten sonra bir şey yapmak istediklerinde, "Aman evlenirsin öyle yaparsın! Aman kocanla birlikte yaparsın!" Ama erkeklere baktığınızda onlar ergenlikten itibaren çok rahat kapıyı çekip çıkabiliyorlar. Anne baba da, "Aman oğlum dışarıda kafasını dağıtıyor. Aman morali bozuk bir takılsın gelsin arkadaşlarıyla!" diyebiliyor. Ancak kız çocuklarına bunu yapmıyorlar. Bu yüzden kızların çoğunluğu evlendikleri andan itibaren hayatta yapamadıkları ne varsa "Bunu kocamla yaparım... Bunu eşimle yaparım... Buraya eşimle giderim... Bu tatili eşimle gerçekleştiririm..." demeye başlıyor. Kendi özgürlüklerini evlendikten sonra gerçekleştirmeye çalışıyorlar.

Erkeklerin ise çoğunda evlenmeden önce tabiri caizse her haltı yemek, istedikleri her yere gitmek, eğlenmek, kavga etmek, tartışmak var. Ama evlenecekleri zaman işler değişiyor. Bu defa anne baba, "Artık bu yüzük senin sorumluluğun! Bundan sonra oradan oraya dolanmak yok! Evinde, karının, çoluğunun çocuğunun yanında duracaksın!" demeye başlıyor. Aslında evlilik erkeğe bir nevi esaret getirirken, kadına da cesaret getiriyor.

A.T.: "Evlilik aşkı öldürüyor mu?" diye yıllardır tartışılıyor. Ama ben başka bir şeyi merak ediyorum. Biliyorsunuz çocuk olduktan sonra evde, evlilikte, ilişkide dengeler, sıfatlar değişiyor. Hele ki kadın yeni doğum yapmışsa iş daha zor. Loğusalığıydı, sendromuydu, psikolojisiydi, alışma süreciydi derken uzayıp gidiyor. Kadın bebeğe, çocuğa dönüyor. Vaktinin büyük bir kısmını onunla geçiriyor. Hal böyle olunca erkekler yalnız kalıyor, başka başka şeylere sardırıyor, evden, kadından hatta bebekten uzaklaşıyor. Bu benim izlenimim. Sen nasıl düşünüyorsun? Çocuk evliliği öldürüyor mu? Çocuk evliliğe ne yapıyor?

A.K.: Çocuk olduktan sonra çoğu kadın kadınlığını, çoğu erkek de erkekliğini anne ve babalığın içinde kaybediyor. Sadece anne baba gibi yaşamaya başlıyorlar. Bu yüzden kadın ve erkeklik ikinci plana atılıyor.

A.T.: Aile olmak sanıldığı gibi kolay değil. Teklife "Evet" demekle, yüzüğü parmağa takmakla, bekârlığa vedayla, eğlenceyle, deftere imza atmakla iş bitmiyor. Evlenmek tamam ama, aile olmak başka bir hikâye. Listenin başında büyük sorumluluklar, fedakârlıklar var. Kadının ve erkeğin öncelikli sorumluluğu ne olmalı?

A.K.: Kadınla erkeğin öncelikleri farklıdır. Ben demiyorum ki kadınlar erkek, erkekler kadın gibi olsun. Ama ortak bir paydada buluşsunlar. Hep adamlıktan bahsediyoruz ya; kadının da adamı var, erkeğin de adamı var. Adamlık biraz da şahsiyet meselesi. Herkeste olmaz. Evliliğe gelince biraz sorumluluk almak gerekiyor galiba. Erkek erkekliğini, kadın da kadınlığı bilecek.

A.T.: Kadınlar eşleriyle iletişim kuramamaktan dertli. "Anlatıyorum anlatıyorum dinlemiyor. Ben konuşurken televizyon seyrediyor, başka şeylerle ilgileniyor. Sorduğum sorulara cevap vermiyor, verse de kısa cümlelerle geçiştiriyor. Sıkılıyor, gidiyor," diyorlar. Erkekler de eşlerinin çok konuşmasından dertli. "İşten yorgun geliyorum, kapıdan içeri girer girmez konuşmaya başlıyor. Arkadaşının eşi, kızı, saçı, kıyafeti... Tanımadığım insanlar hakkında beni detaya boğuyor. İlgilenmeyince de kızıyor, küsüyor," diyorlar. Yok mu bunun ortası, bir orta yolu?

A.K.: Evet, bazı erkekler, "Benim hanım çok konuşuyor," der. Ben de diyorum ki, "Kurban olduğum Allah iletişim yeteneğini kadına vermiş. Anne karnında erkek ve kız bebeklerin dudak hareketleri inceleniyor. Kız bebeklerin dudak hareketlerinin erkeklerin dudak hareketlerinden daha çok olduğu ortaya çıkıyor. Bunun üzerine bir araştırma daha yapıyorlar. Tabii ki annelik yapabilmek için... "Oğlum... Kızım kalk ödevini yap!" diyebilmek için. Konuşma merkezi her yerinize dağılmış. Biz erkeklerde ise tek taraflı. Mesela siz kadınlar gün içinde yaşadığınız her şeyi kocanıza anlatmak istiyorsunuz.

A.T.: Evet, gerçekten de gün içinde yaşadığımız her şeyi, en ince detayına kadar eşimize, sevgilimize anlatmak istiyoruz. İçimizdeki o anlatma, paylaşma, konuşma arzusunu dizginleyemiyoruz. Anlatıyoruz anlatmasına ama karşı taraftan istediğimiz tepkiyi, ilgiyi alamıyoruz. Hal böyle olunca inceden üzülüyoruz, kırılıyoruz. İşin sonu kavgaya kadar gidiyor. Tatlı tatlı sohbet etmek için, tek taraflı değil çift taraflı iletişim için kadın konuşurken erkek ne yapmalı? Eşini, sevgilisini nasıl dinlemeli?

A.K.: Eşiniz bir sorundan bahsediyorsa, sorunu çözün diye bahsetmiyordur. Paylaşmak, onaylanmak istiyordur, çünkü kadın zaten her şekilde o sorunu çözer, sizin de ruhunuz duymaz. Eşiniz size bir şey anlatırken bir numaralı kural, göz kontağı kuracaksınız. Her insanın öncelikli ihtiyacı fark edilmektir ve fark edilmek göz kontağıyla başlar. Kadınlar tezgâhtarla konuşurken bile göz kontağı kurar. İki; kadın ne söylerse söylesin baş sallama hareketi yapacaksınız. Erkekler başlarını sadece bir ürün alacakları zaman sallarlarmış, yani bir şeyi kabul edince. Üç; "Öyle mi oldu? Gerçekten mi?" diyeceksiniz. Kadına, "Seni önemsiyorum!" duygusunu vereceksiniz. Kadın enerjiyi bırakıp gidecek. Sonra artık maç mı izlersiniz, oyun mu oynarsınız bilmem.

A.T.: Hiçbir sıkıntısı olmadığı halde sırf konuşmak, paylaşmak, anlatmak için, biri onu dinlesin diye psikoloğa giden

ve bunun için para ödeyen kadınlar var. Eminim sen de şahit olmuşsundur.

A.K.: Evet, birisi onları dinlesin istiyorlar. Toplumda paylaşan iyileşir diye bir algı var. Birbirimizi bulmak için Suriye'ye, Bağdat'a, Amerika'ya gitmeye gerek yok! Yardımlaşarak birbirimizi bulmak zorundayız. Ama önce evin içinde, çünkü evde mutlu olmayan elde mutlu olamaz.

A.T.: 3 aydır görmediğin bir arkadaşını gördün. Karşılaşınca ne yaparsın?

A.K.: Sarılır, öpüşürüz. Şöyle bir tepeden tırnağa bakarız birbirimize. İki kadın sarıldığında bağlılık ve güven hormonu oksitosin hormonu salgılanır. Ama iki erkek sarıldığında böyle bir şey olmaz.

A.T.: Neden? Erkeklerde oksitosin hormonu yok mu?

A.K.: Erkeklerde de bu hormon var, ancak kadınlarda daha çok salgılanıyor. Daha çok salgılandığı için de akrabayla, eşle, dostla, doğayla, hayvanla, insanla çok daha yoğun ilişki kuruyorlar. Hem hormonel hem de psikolojik anlamda daha iyi besleniyorlar. Kadınlar birbirlerine sarıldıklarında; eşlerine, evlatlarına sarıldıklarında, bir bebeği severken ve özellikle doğum anında oksitosin salgılıyorlar. Çok ilginçtir ki, doğum anında salgılanan oksitosin acıyı azaltır.

Erkeklere gelince, iki erkek birbirine sarılınca böyle bir hormon salgılanmaz. Cinsel ilişki sonrasında erkekler hemen uyuma ihtiyacı duyar ya, işte bunun nedeni aşırı dozda oksitosindir. Erkek döl bırakınca devreye oksitosin girer.

A.T.: İki erkek karşılaşınca sarılmıyor, öpüşmüyor, oksitosin salgılamıyor. E, ne yapıyor bu erkekler?

A.K.: Erkekler şunu yapmazlar mesela: "Dönsene abim! Ne olmuş abime?" Erkeklerin beyninde çekmeceler vardır. Yemek, cinsellik, iş hayatı, başarı, futbol... Bir çekmeceyi açtıklarında sadece o çekmece açık, diğerleri kapalıdır. Ama siz birini açınca, diğerleri de açılır. Adam işten eve gelmiş aç. Yemek çekmecesi açık. Tek çekmecelik bir organizmadan bahsediyorum.

Sen şimdi mutfaktan geliyorsun en az 25 çekmecen açık, adamın haberi yok! Tam o yemek yerken tek çekmeceli adama şunu yapma, "Hayatım, ilişkimiz hakkında konuşmamız gerek!" Şimdi bu sana ne cevap versin? Tek vereceği cevap şu olur: "Ne ilişkisi?" Senin 25 çekmecen açık bekliyorsun. "Ha ilişki milişki unuttun!" diyorsun.

Adam karnı doymadan yanlış bir şey yaptığını anlamaz. Karnı doyacak, çekmeceyi kapatacak. Diyecek ki, "Lan biz nasıl bir halt yedik! Gönlünü alayım" falan. Kadınlar çekmecelerini günaşırı açarlar. Bizimki açılıp açılıp kapandığı için çabuk unuturuz. Mesela bu olaydan sonra senin yanına gelirsem sen şöyle dersin: "O kadar şey yaşadık bunu nasıl unuttun?"

Şöyle kadınlar var, adama soruyor: "İlk tanıştığımızda üstümde ne vardı?" Adam da içinden şunu diyor: "Ben bu bilgiyi neden tutmuş olabilirim?" Kadın da, "Hatırlamıyor, beni sevmiyor," diyor ve hemen ilk tanıştıklarında adamın üstünde ne vardı, ne yoktu sıralamaya başlıyor. "Siyah pantolon, siyah çorap, beyaz gömlek..." Adam "Bunları nasıl düşündün ya!" diye hayrete düşüyor.

A.T.: Kadınlarda arşiv çok kuvvetlidir.

A.K.: İşte bu sizin bizden farklı olduğunuzu gösteriyor. Genelde Türkiye'de üstünlük gibi algılanıyor ama bu size verilmiş, bize de başka şeyler verilmiş. Bir erkeğin bunların hepsini hatırladığını düşünsene.

A.T.: Söylediğim gibi biz kadınlar günde bin parçaya bölünüyoruz, bir sürü şeyi aynı anda düşünüyoruz, organize ediyoruz. Evi, işi, eşi, çocukları, hayatı... Hepsini aynı havanda dövüyoruz. Siz ise sadece yemeğe konsantre oluyorsunuz, tek bir şeye odaklanıyorsunuz.

A.K.: Eğer evdeki adamın beyni senin gibi çalışsaydı 3 gün durur, 4'üncü gün giderdin. Tahammül edemezsin, çünkü kadın, alttan alta erkek her şeyi bilmesin, her şeyi fark etmesin ister. O da emekli olduktan sonra senin gibi olacak, rahat ol ve bekle. Andropoz döneminde testosteron diplerde, babamdan biliyorum ben.

A.T.: Ne yapardı baban?

A.K.: Babam anneme çok çektirdi. Çok narsist bir adamdı, eve bazen gelir bazen gelmezdi. Duygusal empatisi, duygusal zekâsı yoktu. Çok yaşlandı, 70'in üzerinde artık. Evde bir köşesi var. Annem babama, "Geç köşene," derdi. "Anne yazık günah neden yapıyorsun?" diye sorardım. "Karışma sen!" derdi bana. 50-52 sene intikam almak için beklemiş kadın. Önceden üzülüyordum, artık espri yapıyorum. "Baba, annem niye böyle yapıyor?" diye sorduğumda, "Ne bileyim ben oğlum! Bu hep böyleydi! Evden işe, işten eve gelip gidiyordum," diye cevap veriyordu. Annem artık horoz oldu. İkinci bahar anneminmiş. Nerede açılış var, annem orada. Babam bekliyor artık. Babamın da sınırlarını belirlemiş; cami, kahve, ev. Annemin çok acı çektiği dönemlerde babam namazdan geliyordu, "Kıl kıl nereye kadar!" diyordu annem. Testosteron gidince östrojen gelir. Andropozdan sonra çeneye vuracak, rahat ol! Ama bak Allah bütün kötü şeyleri erkeklere vermiş. Bir erkekle yaşarken yıllarca şunu yapar kadın: "Allah canımı alsa da kurtulsam! Kalpten gideceğim!"

Hikâyenin sonunda kadına bir halt olduğu yok, adam ölüyor. Hem de oturduğu yerde. İçine ata, ata, ata! Annem diyordu ki: "Bir gün içine ata ata ölecek!" Siz o anlamda çok iyisiniz çiçeğe, böceğe konuşuyorsunuz, kimseyi bulamazsanız kendinize konuşuyorsunuz. Biz kimseyle konuşamıyoruz. İki kadın nasıl dertleşiyorsunuz? Telefon açıyorsunuz. Aynı anda ojenizi sürüyorsunuz, yemek yapıyorsunuz, konuşuyorsunuz. 20 dakika konuştuktan sonra "Ayrıntıları sonra konuşalım!" diyorsunuz.

İki erkek konuşurken, "Hadi ya! Hadi ya! Ne yapacağım şimdi? Allah büyük!" Bitti bu kadar. 80 yaşında kocaları ölmüş kadınlar var. 20-25 tanesi toplanmış, hepsinin koca gömülmüş, ölmüş.

"Nereye gidiyorsunuz?"
"Karadeniz turuna!"

Kocası ölmüş kadınlara bak, 100 yaşına kadar yaşıyorlar. Karısı ölmüş adamlara bak, beş sene sonra onlar da ölüyor.

A.T.: Hazır konu hormonlara oksitosine, testosterona gelmişken erkeğin rekabet, mücadele, şiddet ve saldırganlık eğilimlerini testosteronun belirlediğini biliyoruz. Kadına şiddet ne yazık ki, ne acı ki bu toplumun, bu ülkenin, bu dünyanın gerçeği. Suçlusu hormanlar mı? Bu bir hastalık mı, davranış bozukluğu mu? İlacı, tedavisi var mı?

A.K.: O erkek değil, hayvan. Kadına şiddet uygulayan, tecavüz eden birinden bahsediyorsanız, bilimi de hiç takmam, benim nazarımda onlar insan değil, olmayacaklar da! Yalan söylemek bir yere kadar, davranış bozukluğu bir yere kadar. Bütün hastalıklarla ilgili konuşabiliriz ama tecavüz ve şiddet konusunda hiçbir doktor, "Hasta" diyemez. Bunun psikolojiyle, kadınla, erkekle alakası yok! "Erkekler böyle..." diyemezsiniz. Burada erkeği bir kenara bırakın, burada insanlık dışı bir durum var. Ama inanın geçer diyorsunuz ya; geçmez, geçmeyecek! Elini durdurur, dilini durduramaz. Evlat büyür, baba şiddeti bırakır ama bu sefer de diline vurur.

A.T.: Şiddet uygulayan erkeğin aile kodlarında ne yazar? İlla ki bir suçlu aramak gerekirse oklar anneye mi çevrilmeli, babaya mı?

A.K.: Her ikisine de! Çünkü babanın sert mimiği, annenin duyarsızlığı sonucu erkek çocukları şiddete meyil gösterebilir. Bazı kadınlar kendi boşluklarını, aşağılık komplekslerini kızlarına yansıtıp, erkek çocuklarını yüceltirler. O çocuklar da ya çok çapkın ya da çok saldırgan olur. Kendi geçmişinizi evlatlarınızda düzeltemezsiniz.

A.T.: Kişinin şiddet eğilimi olup olmadığını beden dilinden okuyabilir miyiz?

A.K.: Bunu çok iyi saklayanlar var. Zaman içinde anlayabilirsiniz. Eğer kişi mahrem alanınıza, hayatınıza bir anda çok hızlı giriyor ve abartılı konuşmalar yapıyorsa, sizi sürekli ve gereksiz övüyorsa tedirgin olmalısınız. Kişi kendini bilmeli, "Ben bu övgüyü hak ediyor muyum, hak etmiyor muyum?" diye sormalıdır. Sizinle geçirdiği zamana göre kişiyi değerlendirmemek lazım. "Benimleyken çok sabırlı, çok sorumluluk sahibi!" diyorlar. Bir insanın sizinle olan ilişkisinden ziyade sizin dışınızdaki ilişkilerine bakmalısınız. Trafikteki öfkesine, garsona yaklaşım şekline, apartman görevlisiyle iletişim biçimine bakın. Bir kere çok hiperaktif olurlar. Bel altı konuşurlar.

Erkek beyninde şiddet ve cinsellik bölgeleri birbirine çok yakındır. Çok yakın olduğu için de birlikte ilerlerler. Uç noktası, aşırısı zaten hastalık diye geçer. Psikopatlık, seksomanyaklık, antisosyal kişilik bozukluğunun bir yanı. Çok eğlenceli olurlar, ağızları iyi laf yapar. Sonra çok sıkarlar kendilerini. Sıklıkla dudak ısırırlar. Öfkelenirlerse yere bakarlar, göz bebekleri çok küçülür. Tipik öfke göstergesidir bu. Kaçma ve saldırma isteklerinden ya koltuk ucuna otururlar ya da otururken ayaklarını çok geriye alırlar. Öfke ve şiddet eğiliminde beyindeki, yüzdeki kan diz kapaklarına iner. İndiği içinde ya kaçma ya da savaşma refleksi ortaya çıkar. Savaşmayı tercih ediyorsa, saldıracaktır. Kişinin ailesine de dikkat etmek zorundasınız.

A.T.: Tüm kadınların ortak dili: "Ben onu değiştiririm!" Her kadının beş yıllık kalkınma planında eşi, sevgiliyi, hayatında olan erkeği değiştirmek vardır. Bir türlü de pes etmeyiz. İlla ki değiştireceğiz, en azından ucundan kıyısından kendimize benzeteceğiz. Sence bir insanı değiştirmek mümkün mü?

A.K.: Zannetmiyorum. Pansuman etmek başka bir şey, iyileştirmek başka bir şey. İnsanlar ilişkilerde pansuman olabilir, ama belli yaştaki erkek ve kadınların yüzde yüz değişeceğine inanmıyorum. Şunu unutmamak lazım; evlilik mutluluk getirmez, ancak mutlu insanlar evlenirlerse mutlu olurlar. Ama bizde, "Evlenince bu kadın düzelir! Evlenince bu adam düzelir! Evlenince işler yoluna girer!" kafası var. Yok öyle bir şey, çünkü bunun altında tek bir düşünce var: "Benden uzakta ne yaşarsa yaşasın, yeter ki ben sorumluluğunu almayayım!"

Kişiler kendi kendilerine mutlu olmayı biliyorlarsa evlensinler, dost olsunlar, iş yapsınlar. Ama kimse kimsenin ömründen, "Ben onu değiştireceğim. O beni iyileştirecek!" diye yıllar çalmasın.

A.T.: Eskiden insanlar bir yastıkta kocardı, bir yastığa bir ömür baş koyardı... Kocalar "kociş" değil, goncaydı. Gül gibi geçinip gitmek vardı. Sonra ne oldu da boşanmalar tavan yaptı?

A.K.: Yanlış anlamanızı istemem, ama kadının iş hayatına girmesiyle boşanmalar artmış. Demek ki erkek ile kadın süreci doğru yürütememiş. Feminizm kadının çalışmasını dünyaya kadının erkeğe karşı rekabet psikolojisi ile algılattı.

Kadın çalışmayı üstünlük olarak kullanıyorsa, evlilikte boşanma olur. Ama olmadığı halde erkek kadına şefkat, merhamet göstermiyorsa zaten ona da "erkek" denmez. Anlatmak istediğim erkeklik ya da kadınlık değil, insanlık. Beklentiyi dış dünyadan artırırsanız, içdünyanızda azalırmış.

A.T.: Bunun bir yolu, yöntemi var mı?

A.K.: Diyelim ki işten çıktım eve gidiyorum. Eşim de çalışıyor. Çok basit bir teknik aslında. Arabayı kullanıyorum, kendi kendime, "İnşallah eve gidince yemek hazırdır," diyorum. Bu dış dünyadan bir beklenti. "Çocuklar da uyumuştur, rahat rahat televizyon izlerim." Eve gidiyorum yemek yok, çoluk çocuk ortalıkta koşturuyor. Dış dünyadaki beklentiye cevap alabildim mi? Hayır. Bu sefer ne yaptım, öfkelendim. Bu konuyla ilgili kitap okumaya gerek yok. Çok basit. Diyorum ki: "İnşallah yemek hazırdır." Dış dünyadan beklenti hemen şunu yapıyor: "Yemek hazır değilse ben de girer mutfağa bir yumurta kırarım." Kendimden beklentiyi artırdım. "İnşallah çocuk uyumuştur, rahat rahat televizyon izlerim." Tekrar düşündüm dedim ki: "Uyumamışsa alır bir tanesiyle oynarım, diğerini de hanım uyutur."

Beyin dış dünyadan beklentiyi artırdığında kendinden de beklentiyi artırmanı sever. Tamam, eve gittiğimde yemek hazırsa süper bir şey. Değilse de kendimden beklentiyi artırdığım için eşe uyum gösterebilirim. Bunun için de erkek ya olmaya gerek yok. Beyne gerek var. Varsa kullanın. Bu kadınlar da vardır.

Herkes evlensin ama çocuk yaparken dikkatli olsun. Çoluğu çocuğu var, akşama kadar Instagram'dan Nur Yerlitaş'a yazıyor. Utanıyorum böyle kadınlardan. Utandığım erkekler de var.

"Onun elbisesi şöyle... Şunun ayakkabısı böyle..." Anasın, kadınsın. Akşama kadar televizyon karşısında oturuyorsan sana yazıklar olsun. Bu kadının çocuğu ve kocası hakkında yorum yapmaya hakkı yok!

Aynı şekilde futbol programı adı altında saldırganlık programı izleyip ana avrat küfür ediyorsan, iddia bayilerinin kapılarında gösterdiğin sabrı çoluğuna, çocuğuna göstermiyorsan, çalışanına, patronuna empatik, sempatik olup evdekinin duygudaşlığını yapmıyorsan sen de bir zahmet erkekliğini soruştur. Önce insan olacağız. Erkek kadın önemli değil! Ortada iki insan varsa, cinsiyet gider. Sevgi cinsiyet sevmez, aidiyet sever!

A.T.: Yıllar içinde sadece biz değişmedik, ilişki önceliklerimiz, ilişkiden beklentilerimiz de değişti. Eskiden önceliklerimiz neydi, şimdi ne oldu?

A.K.: Eskiden öncelik boşanmak değil, sorunu birlikte çözebilmekti. Bugün modern yaşamda görev dağılımı var. "Kadın bunu yapacak! Erkek şunu yapacak!"

Bir araştırma yapmışlar; birlikte çok eğlenenler değil, birlikte sorun çözenler daha uzun süre evli kalıyorlarmış. Önemli olan, çocuğun okulda problemi varsa birlikte okula gidebilmek, kira yatırılacaksa birlikte yatırabilmek, az da olsa birlikte hareket edebilmek. Ama Türkiye'deki evliliklerde şöyle oluyor; ilk 6 ay karı koca aynı kanepede gayet yakınlar birbirlerine.

Öpücükler, öpücükler… 6 ay böyle geçiyor. 1,5 sene sonra yine aynı kanepedeler ama bu defa adamın elinde kumanda. Öpücükler yok, tek bir öpücük var. 5 yıllık evlilikte kankaya bağlıyorlar artık: "Selamın aleyküm!" Bizimkilerden biliyorum; annemle babamdan.

A.T.: Kaç yıl dayandılar birbirlerine?

A.K.: Geçen yıl boşandılar. Temelde mutluluk, birliktelik yoksa yaşlanınca hayat öyle bir sınıyor ki insanı. Ben başka bir karakter oldum, ağabeyim başka bir karakter oldu. Sevgi yoktu, aidiyet yoktu.

A.T.: Sanki eskiden o büyük ve kalabalık ailelerde, sofralarda, sohbetlerde daha mutluyduk. Sonra komşularımız vardı. O gün ocakta ne pişerse, sofraya ne gelirse paylaşırdık. Sadece yemeğimizi değil gönlümüzü, sohbetimizi, iyi ve kötü günümüzü de paylaşırdık. Gönül rahatlığıyla basardık zile. Bilirdik ki artık onlar da bizim bir ailemiz. Şimdi öyle mi? Kapı komşumuzu bile tanımıyoruz. Biri zile basar da, bir şey ister diye korkuyoruz. İki kelime konuşmuyoruz. Asansörlere doluşuyoruz bir "Merhaba!" yok, bir "Günaydın", "İyi akşamlar!" yok.

A.K.: Eskiye atıfta bulunuyoruz ya ben de çocukluğumu hatırlıyorum; eskiden insanlar mahalledeki, apartmandaki kişilerle akraba, dost olurdu. Şimdi hızlı araçlar, uçaklar, arabalar, motosikletler size arkadaşınızı 100 kilometre öteden seçebilme imkânı veriyor. Akrabanız eskisi gibi dibinizde oturmuyor. En sevdiğiniz arkadaşınız üst katınızda değil artık. Hem madden hem manen özgürlük alanları genişlediği için şöyle bir fayda ve tehlike çıkıyor ortaya.

Kardeşiniz, dostunuz, anneniz bu hızlı yaşayabilme gücü sayesinde yüzlerce kilometre öteye gidebiliyor. Bu keşfetme arzusu anlamında güzel bir şey, ama insanların evlatları, çocukları, eşleri o kadar uzağa giderken, gittikleri o kültürden de beslenmeye başlıyor. Çocuk bin kilometre ötedeki okula gidiyor, oradan size kültür ve bilgi getiriyor. Bu bir yere kadar güzel bir şey. Bir yerden sonra denetleyemediğiniz değerler durumu çıkıyor ortaya. Evde istediğiniz kadar bir şeyler verin; anneniz, babanız, eşiniz, çocuğunuz keşfetmek için diğer tarafa gittiğinde değerler çatışması yaşamaya başlıyorsunuz.

A.T.: Ama sen kendi değerlerini burada bırakır, gider oraya adapte olursan o zaman ne buralı olursun ne de oralı.

A.K.: 20'li yaşlarımda büyüklerimi izlerdim, dinlerdim. Hepsi Avrupa'dan, Avrupalıdan korkma duygusu içindeydi. Sınırlarının içinde ve aşırı milliyetçi gözükürlerdi. Oysaki tutuculardı ve korkuyorlardı. Avrupa'da sadece seksin, uyuşturucunun olduğunu düşünmek; gençleri sübliminal anlamda korkutmaktır. Bazı şeyler sadece İstiklal Marşı'nı, sadece Fatiha'yı bilmekle olmuyor. Derinleşemeyince de ortaya okumayan bir nesil çıkıyor. Okumadıkları için de her şeyin magazin tarafını merak ediyorlar.

Üniversitelere gidiyorum, yanımızda çok değerli hocalar oluyor. Hocalar tarih anlatıyor, öğrencinin sorduğu soru: "Hareminde kaç kadın varmış?" Tarihin, dinin, sanatın, cinselliğin sadece magazin kısmını merak eden bir toplum Avrupa'nın da sadece o yaşamına özenir. Gittiği, gezdiği yerlerden evine, ailesine getirdiği değerlere bakın çok daha materyalist değerler. Avrupa'ya gidip magnet alıyor. Bu "ben oraya gittim" psikolojisi. Oradan bir kitap almak, o kültürü buraya getirip konuşmak yok. İnanılmaz kadınlar var, "Oradaki erkekler şöyle... Adamlar böyle... Yok şöyle giyiniyorlar... Arabalar şöyle..."

İspanya'da yaşadım bir dönem. Oradaki insanlar da Türkiye'ye geldiklerinde sadece Nişantaşı'nda geziyorlar, Türkiye'yi sadece Nişantaşı'ndan ibaret sanıyorlardı. Hiçbir yerde üstünlük yok yani, ama her yerde farklılıklar var. O duvarları yıkabilmek lazım ki insanlar, gençler değerlerini, duygularını yaşayabilsinler. "Gençlik kötüye gidiyor," diyorlar. Pardon ama o gençliği de siz büyüttünüz.

A.T.: Benim çocukluğumda hepimiz aynı saatte sofraya otururduk. Konuşurduk, sohbet ederdik, kararlar alırdık. Acımızı da, tatlımızı da o sofrada paylaşırdık. Şimdi o sofralar kalmadı. Aynı saatte evde olmak, masada, sofrada buluşmak da yok. Eve erken gelen açıyor dolabı, dolduruyor tepsiye. Dolapta bir şey yok mu? Ki muhtemelen olmuyor, bu defa dışarıdan hazır yemek söyleniyor. Sonra tepsiyi alıp doğru televizyon karşısına. Hadi diyelim aile bir araya geldi. Geldi ama bu defa da ortak zevk yok, ortak sohbet yok, paylaşım yok. Herkes ayrı telden çalıyor. Peki, biz nasıl aynı telden çalacağız?

A.K.: Sofralarda buluşmak çok güzel ama sofrada konuşmak çok mantıklı, çok doğru bir şey değil. Eskiden beri masada oturduğumuz için sohbet edeceğimiz yeri masa zannediyoruz. Oysaki sadece sofrada, masada değil, evin her köşesinde diyalog ortamı yaratabilmeliyiz. Ayrıca ilişkiler bir anda bu hale gelmez. Adım adım, yavaş yavaş bir süreçten geçmiştir. Bizim de onu çözebilmemiz için adım adım hareket etmemiz gerekiyor. Yani hemen çocuğu önüne alıp sohbet ettiremezsin.

A.T.: Televizyon, internet, sosyal medya, *like* üstüne *like*'lar... Önümüzde bir sürü uyarıcı varken, engel varken nasıl diyalog ortamı kuracağız?

A.K.: Diyalog ortamı kurmakta zorlanıyorsanız, televizyondan, telefondan şikâyet ediyorsanız, çocuklarınızın evde telefon kullanmalarına bir kısıtlama getirmeli ve televizyonu kapatmalısınız. Yapılan son araştırmaya göre Türkiye'de günde 5 saat televizyon izleniyor, yılda 5 saat kitap okunuyormuş. Peki, sadece televizyon mu bizi bu hale getirdi? Ona da katılmıyorum. İrade kumandaysa, kumanda da bizim elimizdeyse feriştahı gelse beni etkileyemez. Sonra eve iş getirmeyeceksiniz. İki üç güne bir evin içinde bir diyalog ortamı oluşturacaksınız.

A.T.: Küçük bir aile canlandırması yapalım mı?

A.K.: Tamam, ben babayım, eve geliyorum. Sen evladımsın, televizyon seyrediyorsun.

A.T.: Kalktım, "Hoş geldin!" dedim.

A.K.: Var mı öyle evlat?

A.T.: Eskiden vardı. Tamam, kalkmadım televizyon seyretmeye devam ediyorum.

A.K.: Baba eve geliyor, "Oh yaymışsın oturuyorsun," diyor çocuğa. Zannediyor ki çocuk toparlanacak. Kafasından kendi çocukluğu geçiyor. "Ben babamın karşısında şöyleydim, böyleydim... Bu kime çekti?" diyor. Mimiğini de ona veriyor. Bakıyor ki çocuk hâlâ televizyon seyrediyor. E, bir şey yapması gerekiyor. Bağıramıyor, kızamıyor, dövemiyor. "Kalk, bir su getir," diyor. Neden? Çünkü gücünü gösteriyor. Çocuk da anasına bağırıyor: "Anne babam su istiyor!" Anne de olay çıkmasın diye suyu götürüyor. O zaten hem kocaya hem çocuğa dolmuş. Çocuğa bir şey diyemiyor. Öbürüne dönüyor, "Suyunu kendin alamıyor musun?" diyor. Bu sefer baba çocuğa, "Ödevini yaptın mı?" diye soruyor. Kavga başlıyor.

A.T.: Bu durumda çocukta nasıl bir psikoloji oluşuyor?

A.K.: Kabul edilmiyorum, beğenilmiyorum, istenmiyorum, sevilmiyorum, reddediliyorum psikolojisi oluşuyor. Hatta bunun sonucunda çocuk yanlış ilişkiler kurabiliyor, maddeye bağımlılık geliştirebiliyor, bir ideolojinin içine girebiliyor. Her şey olabilir. Mesela diyorsun ki: "Bu saatte eve gelme!" Burada bir dışlama oldu. Anne ve baba işbirliğine girmek zorunda. İşbirliğine giremiyorsanız yandınız.

A.T.: Olumlu davranışı da merak ediyorum... Olumlu bir skeç yapalım mı? Sen eve geldin... Ben eşin olayım. Kapıyı açtım, "Hoş geldin Aşkım!" dedim.

A.K.: Kaç yıllık evliyiz?

A.T.: 15 yıllık evliyiz.

A.K.: Hâlâ "Aşkım!" diyorsun.

A.T.: Olumlu skeç yapıyoruz ya, o yüzden.

A.K.: Kapı çaldı, baba geldi. Bir kere annenin, babanın eve gelişini çocuğa hissettirmesi lazım. Anne babayla ne yaşamış olursa olsun, bu karı-koca arasındaki problemdir. Baba geldiğinde anne de oturuyorsa, olmaz. Anne kalkacak, kapıyı açacak, "Hoş geldin!" diyecek. Sohbet edecek.

Beyinde ayna nöron vardır, yani taklit nöronu. Her şeyi kaydeder. Ergenlikten sonra çocuğa ne verirseniz verin almaz. Anne babanın verdiğini, anne babadan gördüğünü yaşama arzusuna girer. Baba eve gelince çocuğun yanına gitmek zorundadır. Ama biz egomuzdan dolayı "O benim ayağıma gelsin!" deriz. Hadi geldi diyelim, geldiğinde de yaşı kaç olursa olsun dokunsal temasta bulunmamız lazım. Bizde evlat beş yaşına kadar kucakta, altıdan sonra ayakta. Alıştırdığımız bir sistem var. Onun beyni, bedeni kucaklanmaya, sarılmaya alışmış.

Baba oturdu, mimik de vermiyor. Bir kere çocuğun oyununa katılmak diye bir şey vardır. "Ne yapıyorsun? Ne izliyorsun?" diye sormak gerekir. En büyük yanlış da nerede biliyor musunuz? İzin almadan hayatlarına girmeniz. Çocuğu öperken bile izin almanız gerekir. Başta kulağa kötü gelebilir. Ama ne yapacağınızı ona anlatmak, ondan izin almak zorundasınız. Çocukla ne kadar içli dışlı olursanız, o da sizinle o kadar içli dışlı yaşamaya başlar. Sizi yönetebileceğini düşünmeye başlar.

A.T.: Peki, çocuk yetiştirirken başka nelere dikkat etmeli?

A.K.: Ayna nöronlardan dolayı çocuklar konuşarak değil halle, tavırla büyürler. O yüzden televizyonu evinizden çıkarın diyorum. Kanalları yok edin, sadece DVD ve internet özelliğini kullanın.

Tartışmalar çocukların yanında olmamalı. Sizin başka odada yaptığınız tartışmayı duyarlar ve olaya kendi yorumlarını katarlar, "Boşanacaklar," derler. Çok sık olmasa da anneyle babanın birbirine dokunduğunu, o dokunsal teması muhakkak görmeliler. Diyelim ki, sen benim karımsın bir şeye canın çok sıkılmış. Ön ergenlikte oğlumuz var. Ben senin duygunu anlamayıp, yemeğe geçiyorsam ve senin duygun devam ediyorsa, çocuk şunu öğrenir: "Kadının duyguları önemli değil, kadın ihmal edilebilir." Neden? Çünkü, bir saat sonra anne kendine bir iş, bir uğraş bulacak ve kendini o işle mutlu edecektir. Erkek de şunu düşünecek: "Zaten kendi kendini mutlu edebiliyor, bana ihtiyacı yok!" Ciddi bir tehlike var burada!

Diyelim ki kızımız var; o da şöyle düşünecek: "Erkeklere güven olmaz, yaya yaya otururlar. Bak kızım baban da böyle! Kendi kendine yetmek zorundasın... Bu hayatta tek başına olmak zorundasın!" Bu sefer ne oluyor? Daha eril, daha erkeksi kızlar yetişiyor. Çok süslüler ama erkeksiler. Zaten abartı süslüyse onun altında eril enerji vardır.

A.T: Anneler çocukları televizyondan, telefondan, sosyal medyadan uzaklaştırmak adına gayret gösteriyorlar. Sohbet ve paylaşım ortamları yaratmaya çalışıyorlar. Ama tek taraflı gayretle de olmuyor tabii. Babanın da desteği önemli.

A.K.: Evet, kocanın da devreye girmesi lazım. Evde, ailede herkesin bir görevi olmalı. Eril ne demek? Güç demek. Tabii burada gücü doğru anlamak lazım. İlkel dönemlerde erkeklere şu kodlanmış: "Dışarı karşı, tehlikelere karşı aileyi koru!"

Çoğu kadın, ele karşı evde bir erkeğin olduğunu hissettirme psikolojisinden dolayı eşinden boşanmıyor. Çocuklar cesareti babadan, güveni anneden alırlar. AVM'ye küçük çocuklarınızla gittiğinizde çocuk anne babanın elini bırakıp, koşmak istediğinde babaya bakar ama kaybolduğunda anneyi arar.

A.T.: Çoğu arkadaşımdan duyuyorum, "Annelerimiz gibi çocuk yetiştiremedik!" diyorlar. Sence nerede hata yaptık? Dört dörtlük çocuk yetiştirmek mümkün mü?

A.K.: "Hata yalnızca ebeveynlerin!" diyemeyiz. Devreye medya, çevre, hükümet, belediye, komşu giriyor. Mümkün değil, dört dörtlük çocuk yetiştirilemez! Amaç ne? Adam olmak mı? Peki, adam olmak ne demek? Onu da anlamıyorum. "Kendine bakış, dünyaya bakış, geleceğe bakış..." Bizde bunlar yok. Kendine bakış çok farklı bir şey. "Güçlü yanlarım, iletişim dilim, sorun çözme yeteneğim, geçmişim ve geleceğim..." Bunların hiçbiriyle ilgilenmiyoruz.

Anne babalar kendine bakışı şöyle değerlendiriyorlar: "Karnı doysun, sırtı pek olsun, aman üşümesin!" Oysa kendine bakışı tamamlamamış bir birey dünyaya da bakamaz, geleceğe de. Bugün anne babalara, "Nasıl çocuk yetiştirmek istiyorsunuz?" diye sorsam, bana bir "Mutlu olsun!", iki "Akıllı ve başarılı olsun" diyecekler. Bir insanın mutlu olması için hayal gücüne ihtiyacı vardır, ama siz gençlerin hayal gücünü ellerinden aldınız. Bir insanın akıllı ve başarılı olması için akıllı bir ortama ihtiyacı vardır. Ama ailedeki ve eğitim sistemindeki ezberci sistemle bu iş çok zor! Bir çocuğun hayal gücünü nasıl elinden alırsınız! Korkularla, sınırlarla yeryüzüne yakın olma çabasını nasıl elinden alırsınız! Nasıl "Otur! Şurada dur! Şunu yapma! Utan!" dersiniz!

Uslu çocuk diye bir şey var Türkiye'de, ama uslu çocuğun psikolojide açılımı yok! Uslu çocuk ne demek? Anne, babalar, öğretmenler bununla gurur duyuyorlar. Böyle damat isteyen, böyle gelin isteyen kaynanalar, böyle eş isteyen insanlar var. Bu egodan geliyor, bu narsisizm. Anne babanın narsisizmi. Eğer evladınız her dediğinizi yapıyorsa, bu çocuğunuzun iyi olduğunu değil size mahkûm olduğunu gösterir.

A.T.: "Kendine bakış..." dedin. Kendine bakışı tamamlamış bireyler yetiştirmek, ülkeye, dünyaya, hayata kazandırmak için ne yapmalıyız?

A.K.: Öncelikle ataerkil kültürden kurtulmamız gerektiğini düşünüyorum. Annelik bizde kutsal ama yaşamın içinde küçümsenen bir şey. Şiddet gören, ikinci plana atılan hep anneler. Ülkede mülkiyet algısı yüksek olduğu için çoğu erkek, tıpkı mala mülke sahip olmak gibi kadına ve çocuğa da sahip olmak istiyor. Çok affedersiniz, onları mal gibi görüyorlar.

Kadında da mülkiyet arzusu var; o da kocaya sahip olamadığı için doğurduğuna sahip olmaya çalışıyor. Sonuç ortada, bir erkek çocuk varsa, zamanla babaya dönüşüp başka kadınlara sahip olma arzusu içine giriyor. İtki diye bir şey var ve biz bundan kurtulamadık.

A.T.: İtki nedir?

A.K.: Bir kelimenin insandaki ilk karşılığına "itki" denir. "Kadın" itkisi Türkiye'de kolektif bir biçimde tehlikelidir. "Kadına bak be tuttuğunu koparıyor! Erkek gibi kadın!" dediğimizde gurur duyuyoruz. Ama "Kadın gibi erkek! Kadın gibi gülüyorsun! Kadın gibi ağlıyorsun!" dendiğinde dalga geçiyoruz. Kadına erkekliği güçle oturtan bir toplum, erkeğe kadınlığı aşağılık bir duygu gibi verirse; o toplumda 10 kişiden sadece 3'ü sevgiden, aileden anlayabilir.

"Erkek gibi kadın", "kadın gibi erkek" kavramlarının ya ikisini de kabul edeceğiz ya da ikisini de kabul etmeyeceğiz. Hâlâ erkek bebeği olan kadın kendini kupa almış gibi güçlü hissediyor. Kadın şiddete uğruyor, yine kadını eğitiyoruz. Bizde işler çok ters işliyor.

A.T.: Çocuklara geçmiş deneyimlerimizden, özlemlerimizden bahsettiğimizde neler düşünüyorlar, neler hissediyorlar? Büyük kalabalık aileler dediğimizde, sofralar, sohbetler dediğimizde gözlerinin önüne ne geliyor?

A.K.: Birçok anne baba çocuğunun yeni dünyaya adapte olmasından mutsuz, çünkü çocuklarıyla kıyaslayacakları bir geçmişleri yok. 15 yaşındaki çocuğunuza "Biz geçmişte şöyle yaşıyorduk... Şunları yapıyorduk..." dediğinizde, çocuk algılayamıyor, çünkü zihninde öyle bir harita yok. Galiba anne babalar geçmişten kopmaktan korktukları için evlatlarına baskı yapıyorlar. "Biz zamanında şöyleydik... Anneannenle, dedenle böyleydik... Kapılar hep açıktı, kilitlenmezdi... Sofralar şöyleydi... Aileler böyleydi..." Bunları şimdiki nesle anlatamazsınız, zaten anlatmayı da çok doğru bulmuyorum. Fatih Sultan Mehmed'den bahsetsek kaç kişi algılar? Yaşamadığımız bir şey olduğu zaman sadece bilgi olarak kalıyor, çünkü duygusu yok!

A.T.: Artık her şeye çok çabuk erişebiliyoruz, çok çabuk sahip olabiliyoruz. Güzellik, estetik, teknoloji, bilgi, maddiyat... Hepsi tamam ama maneviyatta sınıfta kalıyoruz. Belki her şeyimiz var ama yine de mutsuzuz, eksiğiz. İçimizde dolduramadığımız duygu boşluklarımız var. Bizim neşemiz yok, huzurumuz yok. Neşeye, huzura hasretiz. Her şeyin başlangıcı nasıl evse, yuvaysa, aileyse huzurun da başlangıcının, kökünün ev olduğunu düşünüyorum. Evde huzur ortamını nasıl sağlarız?

A.K.: Ailede sağlayabilirsiniz. Kapıyı kapattıktan sonra evde huzur, sevgi olması lazım... Bunun için kitap okumak, sohbet etmek, uyaranları azaltmak gerekir. Büyükşehirlerde şöyle bir dezavantaj var; insan beyni görsel, işitsel, duygusal 5 milyar mesaj alır. Bu mesajlar çoğaldığında beyin önemli olanları tutup, önemsiz olanları atar. Uyaran fazla olduğunda çok önemli şeyleri de önemsememeye başlar. Dışarıda konsantrasyon artıkça içeride azalır. Uzman olarak diyoruz ki, uyarıcı çoksa eve giderken kendinize, "Ailem, eşim, çocuğum... Şimdi onların yanına gidiyorum..." diye hatırlatın. Beyniniz bunu söylediğinde anda kalır, orada durur. Ama siz eve giderken "Yarın ne yapacağım? Dizi başlayacak. Maç var," dediğinizde, beyin o an başka bir yerde olmaya başlar.

Çoğu insan, "Kitap okurken algılayamıyorum," der. Başlamadan önce şunu demeniz gerek, "Şu an elimde bir kitap var. Kitap okuyorum. Şu kadar sayfa sürecek ve şu kadar zamanda bitecek" komutu verdiğinizde, beyin o komutu alır. İlişki, sohbet, diyalog probleminiz varsa bu tekniği kullanın, ben bu tekniği kullanıyorum ve inanılmaz faydası var.

A.T.: Mutlu, huzurlu, iyi ve güzel aileler olmak için bize ne lazım?

A.K.: Bizde her şey yere basıyor, ama ayağımız yere basmıyor. Bazılarımızın inançlarında yer gözü vardır. Sürekli bilimi dinleyen bir sistem var. İdeolojik anlamda sapmaların sebebi de odur. Hep duyular dünyasında olduğumuz için oturur, birilerini dinleriz. Sevgimizde alışkanlıklar ve bağımlılıklar olduğu için yerdedir. Hayal gücüyle yukarı çıkamayız.

Neşemiz yoktur! Dinimizde neşe var ama biz neşeli olmayı bilmiyoruz. Gelenekçi bir toplumuz. Aşkın neşe boyutunu almıyoruz, narsisizm boyutunu alıyoruz. Ailede neşe olmak zorunda! Siyasette neşe kalmamış, seçim dönemlerinin belli aşamalarında şakalaşma o kadar. Medyada neşe denen bir şey kalmadı. Sokakta neşe yok. Neşe ruhsal bir şeydir. İlime de ruhsal süreçle ulaşabilirsiniz. Biz hep "Aklını kullan!" dedik. "Akıl beyinde!" dedik. "Ruhum daraldı!" dedik, kalbimizi gösterdik.

Aklın ve ruhun bedende olduğunu düşünüyorsanız akla ve ruha madde demiş olursunuz. Sınırlı alan içinde olan şeye madde derler. Çok mutlu olduğunuzda, çok heyecanlandığınızda, bir şeyi başardığınızda, Allah'a dua ettiğinizde, ruhsal enerjiniz arttığında bedeniniz otursa bile kendinizi yükselmiş hissetmiyor musunuz? Pat biri ne diyor? "Şımarma... Rahat dur! Otur!" Bazen bakıyorum, çocuğa diyorlar.

Acı çektiğinizde, kahır psikolojisi geldiğinde ne oluyor, oturduğunuz yerde göçüyorsunuz. Demek ki beden dilinde acı insanı yere indirir, toprağı hatırlatır. Deprem fobisi, kapalı alanda kalamama, çocuğu okula gönderirken araba çarpacak mı? Bütün kaygılarımız küçük büyük hepsi yere yakındır. Uyuşturucu kullanmak isteyen insanların çoğu kendilerini yukarıda hissetmek ister. Cinsel hazların peşinde koşan insanların hepsi, narsist bir şekilde koltuklara yapışan herkes, malla mülkle kendini göstermek isteyen bütün kadın ve erkekler kendilerini yukarıda hissetmek isterler. Ama ellerini buraya koyanlar maldan kopamazlar, bir ellerini yukarı koyarlar. Bu kişiler en nihayetinde ölürler, kalpten giderler. Derler ki: "Neşe lazım!

Tebessüm lazım!" Onu yakaladığımız zaman bu ülkede cinayetler, kavgalar azalacak; merhamet, şefkat geliştiği için empati de gelişecek. Peki, nereden başlayacak insanlar? Tabii ki evden başlayacaklar.

A.T.: Peki, evde mutlu olmayan, sevgi görmeyen, huzur bulmayan dışarıda mutlu olabilir mi?

A.K.: Evde mutlu olmayan, elde mutlu olamaz. Önce evde mutlu olacaksınız. Evde kimle yaşıyorsunuz bilemem ama ev sizin kökünüzdür. Önce evinizde mutlu olacak, kendinizi evinize ait hissedeceksiniz, çünkü dışarısı hep yaralar. O yaraları evdekilerle sarmak zorundasınız. Yoksa mutluluğu hep dışarıda ararsınız.

A.T.: Aslında bütün bunların hepsini biliyoruz. Kişisel gelişim kitaplarını okuyoruz, yutuyoruz, ezberliyoruz ama yapamıyoruz. Neden? Nerede yanlış yapıyoruz?

A.K.: İki nedeni var: Bir samimiyetsizlik, iki alışkanlıklarımız. Hep aynı şekilde kalkıyoruz, aynı yoldan yürüyoruz, aynı şeyleri giyip, aynı şeyleri yiyoruz. Bunlardan kurtulmak zorundayız.

A.T.: Nasıl kurtulacağız?

A.K.: Kendimizle olan ilişkimizi koparmaya başladık. Kendimizle tekrar buluşmamız gerek. Sessizlik anlarınız var mı? Günde 20-30 dakika sizi üzecek şeyleri düşünmediğiniz sessizlik anlarınızın olması lazım. Batı buna meditasyon diyor. Meditasyon veya yoga yapmak için, yalnız ve sessiz kalmak için otellere kapanmaya, dünyanın öteki ucuna gitmenize gerek yok! Sessizlik kamplarında hiçbir şey yemiyor, hiçbir şey konuşmuyorlar. Buraya gelince daha çok yiyor, daha çok konuşuyorlar. Bu yöntemi ise evde, işyerinde yapabilirsiniz.

21 gün kendinizle baş başa kalacaksınız. Gergin olduğunuzda ne yaparsınız? Bedenen bir kal gelme hali vardır. Bu iki dakikadan fazla sürdüğünde beyin nöropsikolojik olarak sizi daha fazla sıkacak, üzecek şeyler üretmeye başlar. Gözünüzün önüne geçmişten bir sürü olay getirir. "Annen de böyle yapmıştı, baban da böyle yapmıştı... Ayşe, Fatma, diğer aşklar..." Herkese, her şeye kızdınız, şimdi evdekine saldıracaksınız. Mesela televizyondaki bir şeye ağlıyorsunuz. Beyin olaydan çıktı, evlendiğin güne gitti. Evdeki adamın haberi yok ama. Adam işten geldi, "Yemek var mı?" dedi. "Zıkkımın kökünü ye!" dediniz. Annem çok yapardı. "Anne," derdim, "sen televizyondaki şeye ağladın, adamın ne günahı var!" Kızardı, "Karışma," derdi.

Bir şeye çok konsantre olup üzüldüğünüzde beyin olaydan uzaklaşıyor, başka başka hikâyeleri toplamaya başlıyor. Çok ilginçtir ki, beynimiz gerçekle gerçek olmayanı ayırt edemez.

A.T.: Aile reçetemizi yazar mısınız?

A.K.: 1. Evdeki o sohbet, diyalog ortamını yönetebilmeniz için beyninizi yönetmelisiniz. Peşinden koştuğunuz bazı erkek ve kadınlar istediğinizi vermiyor ama siz bunu hak ediyorsunuz, çünkü yanlarında durmaya, hayatlarında durmaya devam ediyorsunuz.

2. Hiç uyarıcısız vakit geçirmek. Şimdiki aileler dış uyarana ihtiyaç duyarlar. "AVM'ye gideyim, şunu yapayım, şunu yiyeyim." Bunlar aile ortamı değildir. Eğer siz mutlu bir ilişki kurmak için dışarıdan bir uyarana ihtiyaç duyuyorsanız ona bağımlı olursunuz. Hiçbir şey yapamazsanız bile yürüyüş yapın. Dış uyaransız bir şey yapın, buna üretim denir. Sizse genelde tüketim yapıyorsunuz. Tüm aile bireylerinin katılacağı ev oyunlarına ihtiyacımız var.

3. Kitap okumuyoruz. Kitap okumayan anlatamaz. Kitap okumayan ebeveyn çocuklarından saygı da kazanamaz. Çocuk annenin, babanın elinde kitap görmeli.

4. Akraba ve komşu diyaloglarını artırmalıyız.

5. Her kadın evin dışında bir uğraş, her erkek de evin içinde bir uğraş geliştirmek zorundadır.

6. Kişisel ve bedensel sağlınız önemli, biraz ona yatırım yapmalısınız.

7. Çocuğunuza kaç yaşında olursa olsun dokunun, onu sevin. Şimdiki baba ve anneler çocuklarına dokunmuyor. Beynimizde ayna nöron vardır. Güldüğümüz zaman taklit eder. Beş saniye birinin elini tuttuğunuzda kadınlarda oksitosin, erkeklerde de serotonin salgılanır. Mutsuzsanız el ele oturun; sevgili, eş olmanıza gerek yok, yeter ki el ele tutuşun.

Aidiyet

A.T.: Ruh halimiz ortada, iç güveysinden hallice. Bize neşe, huzur lazım, iyilik güzellik lazım, kendimizi daha iyi hissetmemiz lazım. Tüm bu iyi olma hali için bize mucize mi lazım?

A.K.: Hayır, temelde aidiyet duygumuzun kuvvetli olması gerekir.

A.T.: Hayat bulduğumuz aile; doğduğumuz, yaşadığımız şehir; okuduğumuz okul, arkadaş grubumuz, tuttuğumuz futbol takımı; çalıştığımız işyeri, şirket... Şöyle bir dönüp bakınca hepsi aidiyet aslında. Taze tanıştığımız birine bile ilk sorumuz: "Memleket neresi? Neredensin?" Peki, bu kadar dilimizde, içimizde, hayatımızda olan bir duygunun, kavramın tam anlamıyla karşılığı nedir?

A.K.: "Aidiyet" kulağa basit bir şeymiş gibi geliyor değil mi? Oysa saatlerce düşünüp konuşabileceğimiz bir kavram. Daha kelimenin kendisini duyduğumuzda bir güven ve huzur başlıyor. Aidiyet; insanın bir yere, bir şeye, bir oluşuma, bir tarafa kendini ait hissetmesi demektir. Bir dayanak gibi... Bir bütünün parçası gibi hissetmek... Aidiyet hem kendinizi bir şeye hem de bir şeyi kendinize ait hissetmektir. Ama burada ait ile sahip olmayı karıştırmamak gerekir.

Sahiplenme ya da sahip olma duygusu değil, bir şeyin parçası olarak hareket etmektir. Çünkü insan yaşamın, Yaradan'ın, ailenin, sevgilinin, eşin, evladın, işyerinin, toplumun, vatanın bir parçası olarak kendini gördüğünde onunla birlikte bütünlendiğini, o şeyin de kendisiyle anlam kazandığını hissetmeye başlar. O nedenle aidiyet duygusu, saf olarak bakıldığında sahiplenmenin ve bağımlılığın dışında bir bütünün parçası olma halidir. Bu, kişiye güven ve emniyet kazandıran bir duygudur.

A.T.: Hepimizin kanatları var, hem de yerden göğe kadar. Peki özgürlüğüne düşkün insan ruhu neden hep güvenli bir liman arar? Neden hep bir kente, bir kalbe, devletlere, ülkelere ait olmak ister?

A.K.: İnsanın özgürlüğüne düşkün olması demek, hiçbir şeye ait olmamayı istemesi demek değildir. Özgürlük, kendi sınırları içerisinde düşünsel ve davranışsal olarak rahat hareket etme potansiyelidir. Ama bu aidiyetle alakalı bir durum değildir. İnsan, "Ben Müslümanım ya da Hıristiyanım Türkiye'de istediğimi yaparım," diyemez. Çünkü kendisini ait hissettiği kurumun, ideolojinin, kültürün normları vardır, yani o normlar sınırlarınızı, kurallarınızı belirlediği için özellikle nasıl yaşayacağınızı da belirleyen kurallardır. O nedenle özgürlüğe düşkün olmakla başka yerlere ait olma ihtiyacı farklı şeylerdir.

Yaşadığınız dini aracıya, ideolojiye, cemaate ihtiyaç duymadan özgürce sorgulayarak araştırabilirsiniz, ama gidip bir cemaatin parçası olmaya başladığınızda özgürlüğünüz elinizden gitmeye başlar. Artık o cemaatin lideri ne derse onu yapmaya başlarsınız. Örneğin bir aileye aitsinizdir; o ailenin değerleri, normları vardır ve o değerlerin içerisinde yaşamak zorundasınızdır. Ama ailedeki herhangi bir bireye bağımlı olmaya başladığınızda artık aileye göre değil, bağımlı olduğunuz kişiye göre yaşamaya başlarsınız. Yani özgürlükle aidiyet bir arada olursa insana huzur, güven ve mutluluk verir. Ama insanlar aidiyet yerine sahiplenme, sahiplenilme arzusuna girdiğinde özgürlükleri yok olmaya başlar. Etrafınızda gördüğünüz başına buyruk, kafasına göre takılan insanların isyanları aidiyet duygularının zayıflamasından değil, aidiyet hissettikleri kişilerin, kurumların ya da ideolojilerin kendilerine yaptırım yaptırmasından kaynaklanır.

A.T.: O halde özgürlükle aidiyet kol kola, kalp kalbe olmalı. Biri olmadan diğeri eksik kalıyor. "Huzur, güven, emniyet ve mutluluk" dedik. Nasıl oluyor da sadece bir kavram bize onca güzel duygunun kapısını açıyor?

A.K.: İnsanın güvenlik ihtiyacı, emniyeti, mutluluğu, huzuru hepsi ayrı ayrı duygulardır. Bir kurumda patronunuz ve çalışanlarınız tarafından desteklenmeniz, ailenizde ise övgü, saygı, sevgi almanız size huzur verir.

Ağabeyiniz tarafından sahiplenilmeniz, onun arkanızda durması, sevdiklerinizin iyi ya da kötü zamanlarda yanınızda olması; kurumunuzun, patronunuzun hatalarınıza rağmen yanınızda yer alması... Bunların hepsi emniyet hissidir. Çünkü insan yanlış bir şey yaptığında, başına kötü bir şey geldiğinde ait hissettiği kişilerden destek ister, madden ve manen yanında olmalarını ister. Hiç olmasa bile bir vatanın parçası olmak bile önemlidir. Türk, İngiliz veya Amerikalı olmak hiç fark etmez; bazen insanlar sadece oradaki aidiyet duyguları için her şeyden vazgeçebilirler. O bile emniyet hissi verir.

Bazen öyle bir olay olur ki, örneğin son dönemde ülkece yaşadığımız darbe girişiminden sonra hissettiğimiz duygu; insanlar statülerini, cinsiyetlerini, kültürlerini, dinlerini bir kenara bırakıp tamamen bayrak aidiyeti etrafında toplandı. Sosyal medya ve reel dünyadaki insanlar emniyet hissini birbirlerinden almaya başladılar. Sokaktaki, eylemlerdeki insanlara bakın, bu dönemde kimse kimsenin maddiyatından, statüsünden güç almadı. Herkes bayrağından güç aldı. Türk olmanız, vatansever olmanız ya da sadece insan olmanız yeterli. Bu da emniyet hissini getiren bir şey. O nedenle toplumlar psikolojik savaş açtıklarında aidiyet duygusunu zayıflatmak için insanların bayraklarına psikolojik açıdan saldırırlar.

Bayrak, ırk, din; bunlar bir toplumda çürütüldüğünde o toplumun fertlerinin aidiyet duygusu zayıflar. Bir süreden sonra da insanlar "Bu ülkeden gitmek istiyorum! İnandığım din bana uygun değil! Bu kültür bana zor geliyor!" demeye başlar. Psikolojik savaş silahla değil algı yönetimiyle yapıldığı için dikkat edin, toplum fertlerinin kendilerini ait hissettikleri imgelere bu yapıldığında zaten o toplum zayıflamaya başlar. Çok şükür ki bizim ülkemizde kalkışma olayından sonra halk bütünlük gösterip aidiyet duygusunu zayıflatmadı.

A.T.: "-mış" gibi yapan insanlar var. Bir kişiye, bir kalbe, bir aileye, işyerine aitmiş gibi gözüken ama aslında ait olmayan. Orada sadece fiziksel olarak duran, ruhen başka âlemlerde, diyarlarda olan kişinin bir kalbe, bir aileye, bir iş yerine ait olup olmadığını nasıl anlarız?

A.K.: Kişinin performansına bakmamız gerekir. Diyelim ki, seninle evliyiz. Her derde, her sıkıntıya rağmen evliliğe devam ediyoruz. Ama sadece devam etmemiz yetmez, aynı zamanda evlilik için performans da sergilememiz gerekir. Diyelim ki eğitimciyim, öğrencilerim var. Öğrencilerim okulda kalmaya devam ediyor ama performans sergilemiyorlar. Bu da aidiyet duygularının zayıfladığını gösterir. Âşıklara bakıyorum; ilişkilerinden vazgeçmiyorlar ama performans da sergilemiyorlar.

Başka bir sevgili bulamayacaklarından korktukları için belki de. Sonra Türklükle ilgili konuşuyoruz ama performans sergilemiyoruz. Keza aynı şey kurumlar için de geçerli. Şirket var, adam şirkette çalışıyor ama performans göstermiyor. O yüzden de insanlar diyor ki: "Bu ülkede yaşıyorum ama çok fazla düşünmek ve üretmek istemiyorum."

A.T.: Peki daldan dala, kalpten kalbe konanlar... Bir kalpte duramayanlar, hep bir arayışta olanlar, gömlek değiştirir gibi sevgili değiştirenler, iş değiştirenler... Aslında bunlar kimseye ait olamayanlar mı?

A.K.: Evet, onlar aidiyet geliştiremeyenlerdir.

A.T.: Bu ait olmama hali doğuştan gelen bir şey mi? Yoksa dış dünyanın, özellikle de ailenin rolü büyük mü?

A.K.: Hayır, doğuştan gelmez! Muhakkak ki bu kişileri yetiştirenler onlara gerçek sevgi ve güveni sağlamamıştır. İnsanın fıtratında gerçek saygı, sevgi ve güven ihtiyacı olduğu için bunları hem vermek hem de almak ister. Ama belli bir yaşa kadar biliyoruz ki ihtiyaç almaktan yanadır. Yani çocuk güveni, sevgiyi, saygıyı alır. Belli bir yaşa kadar bu duyguları karşılanmamış çocuklar ergenliklerinde ve yetişkinliklerinde kendilerini geliştiremedikleri sürece daldan dala konup, bir şeyi bulmaya ve bu ihtiyacı karşılamaya çalışırlar. Karşılanmamış ihtiyaçların yanında kaygı ve güven sorunu da olduğu için yetişkinliklerinde onlara gerçek sevgiyi, saygıyı gösterenlere güvenmezler. O yüzden toplum klişe olarak belki seküler anlamda bu kişilere "Şıpsevdi. Her önüne gelene âşık oluyor. Herkese güveniyor!" diyorsa bunun altında yatan sebep güven ve sevgi ihtiyacıdır. Muhakkak ki o kişinin geçmişindeki travmalara ve yetiştirilme tarzına bakmamız gerekir.

A.T.: Tamam şıpsevdi değiliz, daldan dala konmuyoruz. Hatta aynı dalın üzerinde yıllarca duruyoruz. Sözde çok seviyoruz, çok âşığız ama bir o kadar da karşımızdaki kişinin hayattaki duruşunu, varlığını, düşüncesini yok ediyoruz, baskı kuruyoruz. İstiyoruz ki eşimiz, sevgilimiz bize benzesin, bizim gibi olsun, düşünsün, hareket etsin. Ve bir süre sonra yavaş yavaş karşımızdaki kişiyi yok ediyoruz. Bu nasıl bir aidiyet hali?

A.K.: Bunlar genelde yapışık ilişki insanlarıdır. İlişkinin iki çeşidi var; teğet ve yapışık. Teğet ilişkide iki kişi de bir aradadır. Birbirlerine değmezler ama sınırlar birbirine yakındır. Yani ayrıyken de mutlulardır, birlikteyken de mutlu olmayı başarırlar. Güven burada öncekiklidir.

Yapışık ilişkide ise elleri kenetlenmiş gibi düşünürsek, kişiler birbirine yapışık olduğu için iki kişi bir kişi olmaya çalışır. Yani iki yarım, bir tam. O yüzden iki tam kişi iki kişi olmalı; ama genelde iki yarım kişi bir kişi olmaya çalıştığı için eksiklik duygusuyla ilerler. Ve bunlar genelde tam olmaya çalışırken karşı tarafı farkında olmadan ezerler. Bu ezme dille, tavırla olur; birbirlerinin zayıf noktalarını, haz duygularını bulup oradan vururlar.

Aslında ezebildikçe iki tarafta da üste çıkma çabası oluşmaya başlar, ama günün sonunda iki taraf da kaybeder. Kaybetme şekilleri de genelde yorgunluk, öfke ve stresle olur. O sebeple burada aidiyet yoktur, bu iki kişi kendini çok önemser, kendi değerlerini, düşüncelerini, ihtiyaçlarını önemser. Ve karşı taraftan alamadıkça da çıldırıp öfkelenmeye başlar. Burada bir aidiyet yok. Ve bu iki kişi birbirine dayanamadığı için aidiyeti başka şeylere geliştirirler. Bu para olabilir, kariyer olabilir, aldatma olabilir, eşya olabilir, farklı takıntılar olabilir. Oraya çok fazla yatırım yaparlar, çünkü birbirlerinden beslenmezler, birbirlerini sadece iterler. Aslında genelde tüm bunlar bilinçdışında kendilerine verdikleri tepkiler ve reaksiyonlardır. Onların aidiyet duyguları slogan olarak kalır. "Seni seviyorum! Sana güveniyorum! Seni bir ömür düşünürüm!" gibi. Dediğim gibi bu tür ilişkilerde tavırlar abartıldıkça, sloganlar da artar.

A.T.: Biraz da memlekete ve hemşeriliğe gelirsek. Tamam bir yere ait olmak, bir toprağa, bir şehre, memlekete ait olmak çok önemli. Yeni biriyle tanıştığımızda iki sorumuzdan biri "Memleket neresi? Neredensin?" Ama bir de memleketle bağları kopmuş, koparılmış, elinden tutacak kimsesi olmayan insanlar var. Onlar ne yapıyor, neye, kime sarılıyorlar?

A.K.: Evet doğru, böyle kişiler çok. Onlar da kediye, köpeğe sarılıyorlar.

A.T.: Çoğumuzun evcil bir hayvanı var ama bir o kadar sosyal çevresi, arkadaşı, eşi, dostu, işi var. Sadece kediyle, köpekle hayat geçer mi? Ya da sadece kediyle köpekle mutlu olunur mu?

A.K.: Olunmaz. Muhakkak uzakta yaşayan sevdikleri vardır. Sokağa çıkıp herkese sarılın demiyorum, ama hayatınızda en azından haftada bir gün sebepsiz yere dokunacağınız birileri olmalı. Yoksa sokakta gördüğünüz herkese "Seviyorum" diye yapışırsınız.

Popüler kültür, yalnızlığı "in", aileyi "out" yaptı. Herkes evinde kedi, köpek besliyor ama kimse karısını, kocasını, çocuğunu beslemiyor. Çocuğa yemek veriyorsunuz, gidiyor dışarıda yiyor. Ama kedi öyle mi? Kedi sözünüzü dinleyince hoşunuza gidiyor. Bu sefer kedinin fotoğrafını sosyal medyaya koyuyorsunuz, altına da "Tek dostum..." yazıyorsunuz ama kedinin bu dostluktan haberi yok!

Dokunacak, sarılacaksınız. Herkesin bir mahrem alanı var. Çocuğunuzun bile. Çocuğunuz kaç yaşında olursa olsun onun mahrem alanına girmek zorundasınız. Koku geçiyor her şeyden önce. Koku çok önemli bir psikoloji, dokunsallık da öyle.

Çok fazla eşya veya kıyafet alıyorsanız nedeni bir şeye aitlik geliştirmektir. Sevdiklerinize dokunmaya başladığınızda ise mekân ihtiyacınız azalmaya başlar.

A.T.: Dokunmak tabii ki çok güzel. Bir kere büyük şifa ve sevgi. Ama bazen insanlar "Şu an çok öfkeliyim git! Şu an sana çok kızgınım dokunmak istemiyorum, içimden gelmiyor!" diyor. Sinir, öfke, kızgınlık ve dokunmak arasında nasıl bir ilişki kurmalıyız?

A.K.: Sorunların çözümü yer ve zaman ilişkisiyle kurgulanır. Dün yaşadığınız bir şeyi bugün çözemezsiniz. Sorunları biriktiriyoruz. "Bana geçen hafta bunu yapmıştı... Bana bir sene önce şunu yapmıştı..." gibi.

Sorunları çözerken ayrı, severken ayrı davranmalıyız. Biz hepsini birbirine karıştırıyoruz. "Seni sevmeye hak görmüyorum" diyebilir üzüldüğü için. Ama dün dünde kaldı. "Bu konuyu daha bitirmedik" diyebilir. Tamam, bu konuyu tartışacağımız zaman da gelecek ama şu an başka bir şey yaşıyoruz. Diyelim ki annesiniz, çocuğunuza üç gün önceki bir olay yüzünden kızmışsınız. O çocuğu dört gün boyunca ilgisiz, sevgisiz bırakıyorsunuz. Bu çok narsist, çok tehlikeli bir durum. Bu ceza sistemi doğru değil. Çocuk bu durumda ne yapacak? Gidecek başka bir aidiyet geliştirecek. İhtiyaç duyduğu sevgiyi, saygıyı, övgüyü başka ortamlarda arayacak.

A.T.: Aidiyet duymak, kurmak kadar insanların da bize aidiyet geliştirmesi önemli. Özellikle de huzur için, mutluluk için,

güven için, emniyet için. Diyelim ki bir işyerimiz var, biz de o işyerinin patronuyuz. Ne yapmalıyız ya da ne yapmamalıyız ki çalışanlarımız bize aidiyet duysunlar? Ya da genel anlamda nasıl bir eş, nasıl bir dost olalım ki insanlarla sağlam aidiyet bağları kuralım?

A.K.: Popülasyon üretip kendi sistemini, kültürünü, ideolojini, inancını kuruyorsun. Mesela İzmir Karşıyaka'nınki kesinlikle bir başarı, çünkü aynı zamanda performans gösteriyor, üretiyorlar. Narsist bir biçimde dışarıya kapalı değiller.

Sistemin kendi içinde bir faydası varsa ve gelişim gösteriyorsa orada aidiyet gelişmiştir. Karşıyaka'nın Filizleri Projesi'nde her apartmanın bir öğrencisi var ve o öğrencilere 10 ay boyunca burs veriyorlar. Proje sadece Türkiye'de değil, Avrupa'da ve dünyada da büyük alkış aldı, destek gördü. Burada bir gelişim var ve proje üretiliyor. Hal böyle olunca burada yaşayan ailelerin, çocukların, gençlerin, öğrencilerin aidiyeti artıyor.

İnsanlarda iki çeşit aidiyet göstergesi vardır. Biri ulvi yani yapay aidiyet; diğeri de doğal, samimi aidiyet. Yapay, suni nedir? -mış gibi yapmaktır. Ailelere "Kendi aranızda sohbet edin" diyorum, iki dakika dayanamıyorlar. Geçiştiriyorlar, bir an önce bitsin istiyorlar. Diyaloglar kısa süreli; tartışmaları, kavgaları bile yüzeysel.

A.T.: Son yıllarda doğalın, doğanın, organiğin peşine düştük. Sadece yediğimiz, içtiğimiz değil duygularımız da organik olsun istiyoruz. Doğal, samimi, organik aidiyetin tarifi nedir?

A.K.: Sohbetler, diyaloglar, tartışmalar, kavgalar her şey derinseldir. Kişinin ve olayın özüne inersin.

A.T.: Yaşadığımız kente, memlekete, ülkeye olan aidiyetimizi nasıl geliştiririz? Bunun bir püf noktası var mı?

A.K.: İki yöntem kullanabilirsiniz. Birincisi organizasyonlar, eğlence ve sohbet ortamları. İkincisi korku kültürü... "Türküm... Müslümanım... X firmasında çalışıyorum... Karadenizliyim..." Kendinizi nereye ait hissediyorsanız, ait hissettiğiniz yerin içeriğini bilmek zorundasınız. Eğer Türkseniz kendi tarihinizi okumak, bilmek zorundasınız. Sadece "Muhteşem Yüzyıl", izleyerek tarihi bilmeye çalışıyorsanız, olmaz! Ecdadını, ilkelerini, değerlerini, Atatürk'ü okuyan aidiyetini geliştirir. Yoksa anca tweet atarsınız. Başka yolu yok!

Hangi dine inanıyorsanız... Hıristiyan, Budist veya Müslüman olun... Araştırmak zorundasınız! Yoksa tuhaf insanlara, tuhaf söylemlere, sistemlere inanmaya başlarsınız. Diyelim ki Fenerbahçelisiniz; Fenerbahçe'nin tarihini, kültürünü bilmezseniz holigan olursunuz. Biz kavramları bilmeden yalan yanlış şeylere inanıyoruz, onlara aidiyet geliştiriyoruz.

A.T.: "Korku kültürü" deyince benim aklıma hemen "Stockholm sendromu" geldi. Stockholm'de yaşanan olayda, banka soyguncusu tarafından 6 gün rehin tutulan banka görevlisi kadın duygusal anlamda soyguncuya bağlanmıştı. Nasıl oluyor da korktuğumuz şeye, kişiye aidiyet duyuyoruz, bağlanıyoruz?

A.K.: Diyelim ki bir mahallede şiddet ve korku yaratıyorsun. Orada tanınıyor, biliniyorsun. Ortada ideolojik bir süreç var. Halk daha fazla şiddet ve korku yaratmandan korktuğu için seni bırakmak istemiyor. Tıpkı babasından dayak yiyen bir çocuğun babasının yanından ayrılmak istememesi gibi...

A.T.: Başından beri konuşuyoruz bir "aidiyet" diyoruz, bir "ait olmak". Kavramları doğru kullanmak ve karıştırmamak adına aidiyet ve ait olmak arasında nasıl bir fark var?

A.K.: Aidiyet insana yaşam enerjisi verir, ait olmak ise çok tehlikelidir. Kendinize bir sorun; bir aileye, bir kuruma, vatana, millete, bir inanca aidiyet duygusu besleyebiliyor musunuz? Biz ait olmakla aidiyeti karıştırıyoruz.

Ait olmak demek; "Ben yokum! İdeoloji ne söylüyorsa o var, sistem ne söylüyorsa o var!" demektir. Bu bir futbol takımı da olabilir, siyasi bir kuruluş da. Etrafta belli bir başlığa aidiyet geliştirmiş insanların çığlıklarını duyuyoruz, kavgalarını görüyoruz. İşte o, aidiyet değildir! O, ait olmaktır! Kendi isteğinizle, kendinizi iyi hissettiğiniz için o ailede, o evdeyseniz ya da o işyerinde, belediyede vs. çalışıyorsanız... İşte bu aidiyettir... Ancak görüyoruz ki Türkiye'de ailelerde, evliliklerde, ilişkilerde çatışmalar başladı. Keza eğitim hayatında da öyle... Bu demek oluyor ki, aidiyet duygumuz zayıflıyor. Aidiyet duygusu zayıflayan insan bir süre sonra neye dönüşecek? Önüne gelen her şeye inanan, her şeyi aşk, kariyer, para zanneden birine dönüşecek.

A.T.: Şimdi birazcık aidiyetin köklerine inelim mi? Aidiyet öyle pat diye meydana gelmiyor herhalde. Bunun bir kökü, geçmişi var. Bir şekilde kök salıyor, filiz veriyor, çiçekleniyor. Aidiyet nerede, nasıl başlıyor?

A.K.: Aidiyet; sevgi, saygı ve övgüyle ailede başlar. İki yaşına kadar çocuk aidiyet duygusunu 45 santimlik alanda geliştirir. Bakın bu çok ilginçtir! Annenin, babanın, akrabanın çocuğa mesafesi 45 santim olmalıdır. Biz Türklerin yapış yapış, vıcık vıcık bir ilişki anlayışı var; severken boğuyoruz. Çocuğun 45 santimlik alanına izinsiz girdiğimizde çok ilginç bir şey olur. Çocuk tacizle sevgiyi karıştırmaya başlar.

Mesela cezaevlerinde, çocuk evlerinde danışmanlık yapıyorum. Tacize, tecavüze uğramış çocukların aidiyet duygusu yoktur. Aidiyet duygusu birbirimize sahip olmak demek değil; aidiyet duygusu "sınırlarını aşmadan burada yaşamak hoşuma gidiyor" psikolojisi demektir.

A.T.: Sevgi, saygı ve övgüyle başlayan aidiyette biri eksik kalırsa ne olur?

A.K.: Biri eksik kalırsa, özellikle de övgü; çocuk kendini övecek, egosunu destekleyecek, kendini geliştirecek ortamlar aramaya başlar. Bu ülkede sevgiyi ve sevmeyi çok doğru bilmediğimizi düşünüyorum. Açıkçası aidiyete de büyük zarar veriyoruz.

A.T.: Geniş ve büyük aileler; bol sohbetli, bol lezzetli kalabalık sofralar, sağlam aile bağları, akrabalık ilişkileri aidiyeti güçlendirir mi?

A.K.: Güçlendirirdi ama artık o geniş aileler de kalmadı. Bunu inşaatlara bakarak da anlayabilirsiniz. Binaların arttığı yerde aidiyet de azalır. Nerede teknolojik büyüme var, orada psikolojik gerileme vardır. Böyle olunca insanlar komşuluk ilişkisi kuramıyor, sahip oldukları değerlerden, eşyalardan çabuk vazgeçiyorlar. Alternatifi çok olanın seçim özgürlüğü azalır, aidiyet de zayıflamaya başlar. Mesela kahvaltı masası kuruyorsunuz değil mi; masada on çeşit olduğunda göz bakıyor ve hepsini tatmak istiyor. Göz oburluğu var bizde, ama ne oluyor? Yedi, sekiz çeşit hiç tadılmadan masadan kalkılıyor. Bu dostluklar için de böyledir. Her şeyi çoğaltıyoruz. Ne kadar çok olursa o kadar mutlu olacağımızı zannediyoruz. Bu zihnin illüzyonudur aslında.

A.T.: Çocuklar aileden çıkıp sosyalleşmeye başlıyorlar. Peki bu defa farklı yerlere, mekânlara, gruplara mı ait olmak istiyorlar?

A.K.: Evet. Bir okula, bir gruba, futbol takımına... Çoğu genç bir mekâna, bir gece kulübüne veya bir kafeye, oraya aidiyet geliştirdiği için gider. Mahalle köşelerinde oturup fırlamalık yaptığınız zamanlar vardır; o da bir aidiyet. Sonra kadınlar gittikleri kuaförü bırakmak istemezler. Neden? Hep aidiyetten.

A.T.: Geniş ve büyük aileler artık kalmadı dedik. E, artık sofra kültürü de kalmadı. Hayatımız da ayaküstü oldu. İlişkiler, sevgiler, aile bağları her şey ayaküstü. Tüketiyoruz, tükeniyoruz. Bayramlar tatil oldu. Peki evdeki, ailedeki aidiyeti güçlendirmek için ne yapmak lazım?

A.K.: Acil, hem de çok acil bir şekilde evlerdeki diyalogların artırılması lazım. Diyalogdan kastım aktarımsız paylaşım. Çünkü anne babalara "Çocuğunuzla diyalog kurun!" dediğimizde sadece aktarım yapmaya, bir şeyler öğretmeye çalışıyorlar. Çocuk bu yolla vermek istediğini almaz.

Aile toplantısı liderle yürüyen bir şeydir. Mesela çarşamba akşamlarınızı aile toplantısına ayırın. Sonra kimse bahane üretmeyecek, özellikle de babalar. "Çok yorgunum... Çok yoğunum..." gibi. İsterseniz trilyonlarınız olsun, eninde sonunda o evlatla problem yaşarsınız. Göz kontağı kuracağız. Haftada bir çocukla ergen ya da küçük fark etmez evin dışında aktivite yapacaksınız, ama AVM'ye gidin demiyorum tabii. Bizde AVM kültürü var. Anne babaya, "Çocukla dışarı çıkın, gezin," diyorum. AVM'ye gidiyorlar, abur cubur yiyorlar, birkaç parça bir şey alıp dönüyorlar. Çocuk AVM'ye anne baba kafasıyla gitmez ki. Orada yapacaklarının arzusuyla gider. Çocuğunuzla hiçbir şey yapmadan, dümdüz konuştuğunuzu düşünsenize. Böyle bir şey yok, olmamalı da! "Oynayın" diyorum, "o benimle televizyon seyretsin, maç izlesin," diyor baba. E, sen onun oyununun içine girsene.

Kadınlarsa şöyle yapar: "Evi temizleyeyim... Yemek yapayım... Çamaşır yıkayayım..." Kimin kocası eve gelip de, "Ev çok temiz olmuş hadi sevişelim," der? Adam eve girdikten sonra bir de şöyle yaparlar: "Oraya basma... Buraya basma... Şuraya dokunma..." E, hani ne oldu aidiyete?

A.T.: Hal böyle olunca erkekler kendilerini eşlerine, evlerine ait hissetmiyorlar. Eşine, evine ait olmayan erkek nereye ait oluyor?

A.K.: Tabii... "Oraya otur" dersin, gider oraya oturur. Yemeğini, suyunu verirsin. "Oradan çıkma" dersin, orada kalır. Peki, nereye ait bu adam? Koltuğuna ait. Çok güzel bir söz vardır: "İstişare varsa istihare vardır." Bak müthiş bir sözdür. Beyin de bize der ki: "Sohbet varsa hayat vardır." Her açıdan bakabilirsiniz.

Eğer ki bir ailenin içinde, bir işletmede sohbet edebiliyorsanız o aileye, o vatana, o mahalleye hayat kurabilirsiniz. Çok güzel değil mi? Ben seninle sohbet edebildiğim için seninle geleceğe dair hayal kurabiliyorum. Ama derin sohbet edemezsem, aidiyet geliştirmezsem hayal kuramam. Bakın iki önemli duygu, sevgi ve güven. İkisi bir araya gelince ortaya umut çıkar. Türkiye'de sevgi var ama güven yok.

A.T.: Anadolu'da doğan, büyüyen çocukların hayattaki duruşları bize hep daha güçlü gelir. Sanki daha çabuk hayata karışırlar. Çocukluğu, gençliği çok daha erken yaşlarda rafa kaldırırlar. Yüzlerinde, gözlerinde erken büyümenin hüznü vardır. Yine de mutlu olmak için pek çok nedenleri vardır. Aileleri, kardeşleri, akrabaları, hemşerileri vardır. Batı'da doğup büyüyen çocuklar ise daha farklı. Sanki onlar sırça bir köşk gibi. Her an kırılıp dağılacak gibi. İmkânları, ekonomik güçleri

olsa da onların hayat yolu hep taşlı, engebeli, zahmetli. Tırmalamaktan, tırmanmaktan çok pes etmeye yatkınlar. Aile bağları, dostlukları, ilişkileri de öyle... Kırılgan ve yorucu. Sen nasıl bakıyorsun? Anadolu'da, Doğu'da doğup büyüyen çocuklarla Batılı çocuklar arasında nasıl bir aidiyet farkı var?

A.K.: Genelde Anadolu ile Batı'nın çocukları birbirinden çok farklıdır. Anadolu'da çocuk yetiştirirken "Önce başkaları önemli, sonra sen önemlisin" düşüncesi çok yaygındır. Batı'da ise "Önce sen önemlisin, sonra başkaları önemli" diyen bir kültür var. O yüzden Batı genelde çocuğunu çok rahat ve şımarık yetiştirir. Ve ileriki yaşlarda kendine bakmasını ister. Bunu da başaramazlar, ama Anadolu insanı genelde "Önce el önemli, komşu, akraba, ağabey, abla; sonra sen değerlisin!" der. Bu nedenle daha küçük yaşta eve bedel ödetme diye bir şey vardır. Anadolu çocuğu gençken göç etse bile anneye, babaya çalışıp para gönderir. Buradaki amaç şudur: Eve ne kadar çok bedel öderse evin kıymetini o kadar fazla bilir. O yüzden Anadolu'da temel aidiyet duygusu kültüre, geleneğe, anne, babaya biraz fazladır, kopamaz.

Kültür çocuğun aidiyetinin zayıflamasından korkar, sürekli denetleme ihtiyacı duyar. Bunun da abartısı asker yetiştirmek gibi bir şeydir aslında, yani bağımlı olmasıdır. Batı'nın aşırı özgürlükçü ve modern davranışları yüzünden de çocuklar anne, baba, kültür ya da gelenek değeri bilmezler. Anadolu'daki aidiyet biraz kültürden, biraz gelenekten gelir. Bazı bölümlerde sert yaptırımlar vardır. Bazı bölümlerde ilime ve okumaya açık olduğu için daha esnek yaptırımlar vardır. O sebeple oradaki kültürü de kendi içinde ayırmaktan yanayım. Eğer bir bağımlılık geliştiriyorsa, kişi kendini ezip onlara çok değer veriyorsa bu aidiyet değil, tamamen bağımlılıktır.

A.T.: Aileye olan aidiyeti bilmeden büyüyen, yetişen çocuk gelecek hayatında, yetişkinliğinde nasıl sancılar çeker?

A.K.: Bir kere duygusal ihtiyaçlarını başkalarından karşılamayı öğrenmediği için genelde kendi ihtiyaçlarını kendi karşılar. Bunun için de yaptığı en fazla şey aşk, sevgi, empati, vicdan, merhamet bütün duyguları başkasına ihtiyaç duymadan kendi kendine karşılamasıdır. Ve o nedenle eşyaya daha bağımlı, kendine daha takıntılı, başkalarına ise daha şov amaçlı takılır. Bu kişiler genelde işinde başarılı, kariyerlerinde iyi olabilirler ama günün sonunda o duyguları kendileri karşıladıkları için başkalarına çok fazla güven duymazlar. Bu da tek başınalığı ya da yalnızlığı beraberinde getirir.

A.T.: Sanki bir parça günümüz gençlerini de tarif ettin. Şimdiki gençlere bakıyorum, en büyük ilgi alanları kendileri. Dış görünüşlerine, eşyaya, telefona, tablete, bilgisayara, sosyal medyaya daha takıntılı, daha bağımlılar. Söz konusu başkaları olunca da büyük bir şov içindeler. Günümüz gençlerinin nasıl bir aidiyet sıkıntısı var?

A.K.: Günümüz gençlerinin anne babaları zamanında çok yoğun çalışmış, tırnaklarıyla kazıyarak bir yere gelmiş, paranın, malın, mülkün, geleneğin, kültürün, aidiyetin çok kıymetini bilmiş ama bir o kadar da gizli isyan biriktirmişlerdir. Bu yüzden yetiştirdikleri çocukları "Ben çektim, onlar çekmesin!" düşüncesiyle daha rahat yetiştiren, bir nebze kolaycılığın önüne iten, tek dertleri çocuklarının okuması, kariyeri olan ama okumanın peşinde koşturup değerlerin peşinde koşturmayan anne babalar var. Sloganları da: "Bu sınavı kazan! Bu yarışı kazan! Adam ol! İnsan ol! İleride kimseye muhtaç olma!" Buna güdülenmiş çocuklar daha somut şeylere, örneğin sosyal medyaya, kıyafete, güzelliğe, yakışıklılığa, gece hayatına daha çok aidiyet geliştirmişlerdir. Somut şeylere aidiyet geliştirdikleri için de dikkat ederseniz karşımızda lisanı değiştirmiş, cümleleri azalmış, kelimeleri daha farklı kullanan, beden dili ve tasvirleri değişmiş, renkleri üzerinde oynanmış bir nesil var. Çok ilginçtir ki, kopyalama mantıkları fazla olduğu için birbirlerini kopyalıyorlar ve aynı kültürü kendi içlerinde devam ettiriyorlar. Bu sebeple daha yüksek sesli, daha bağırarak konuşuyor, daha kısa kelimelerle daha çok şey anlatmaya çalışıyorlar. Tam anlamıyla nedeni anne-babaları ile uyum içinde olmamaları, kültürün karşısında durmaları, kültürün, anne-babaların üzerlerindeki baskısı, yeniçağa ayak uydurma çabası, gelecek kaygısı ve popüler kültürdür.

Popüler kültürün peşinde koştukları sürece zaten değerler azalmaya başlar. O yüzden dikkat ederseniz ortaya az kitap okuyan, çok televizyon izleyen, internette daha çok vakit geçiren, daha uzun boylu, daha yapılı, boyunları ve omuriliği daha eğik ve sürekli oturmaktan omuriliklerindeki sular kıkırdaklaşmış, stresleri fazla, bilgisayardan dolayı en çok kullandıkları organları elleri olduğu için parmakları ve elleri daha büyük, göz konsantrasyonu yüksek, zeki değil kurnaz, ahlakı kendi normlarında değerlendiren, ebeveynlerini küçümseyen ve insanları sürekli eleştiren, son derece tembel olduğu halde ortam gereği de çevreye aşırı hızlı adapte olabilen bir nesil çıkmış durumda. Bu nesil genelde kolaycılık üniversitelerinde daha rahat okuduğu, çok fazla sorumluluk almadığı ve her şeye çok çabuk ulaşabildiği için bu anlamda hayatlarında hiçbir şeyin kıymeti kalmaz.

A.T.: İşte tam da böyle günümüz gençleri ve insanları. Kaygılıyız, sosyal medyaya, televizyona bağımlılığıyız. Okuma, araştırma alışkanlığımız yok. Evet, gençler anne babalarını sözle-

riyle, tavırlarıyla küçümsüyorlar. Dillerinde sürekli bir eleştiri. Hallerinde sürekli bir memnuniyetsizlik var. Böyle anlatınca, konuşunca geleceğe kaygı ile bakıyorum. Sen de kaygılanıyor musun? Nasıl bir gelecek bekliyor bizi?

A.K.: Teknoloji çok fazla ilerleyecek ve bu sayede gençler çok fazla başarılı olacak. Sosyal hayatlar çok renklenecek, aynı zamanda hızlanacak da. Ama insanlar ağır depresyon yaşayacağı için sosyal yaşamdaki birliktelikler yerine teklikler, tek başınalıklar ve evlerin içinde daha çok hayvan göreceğiz, ki zaten görmeye başladık da. O yüzden insanların yüzüne konuşmakta, açık ve dürüst olmakta çekingen ama arkasından ve sosyal medyada konuşmakta daha rahat ve özgüvenli bir nesil var. Dışına baktığınızda çok güzel, çok yakışıklı, sürekli kendiyle ilgilenen, spora giden, diyet yapan, makyaj yapan, estetik olan ama içine baktığınızda orada gerçekten zayıflamış zombilere dönüşecekler.

A.T.: "Başımı alıp buradan gideceğim, bu ülkeden gideceğim... Bu şehri terk edeceğim..." Son zamanlarda bu söylemleri daha sık duyar olduk. Bu bırakıp gitme arzusu zombi halinden olsa gerek diye düşünüyorum. İçimizdeki hangi duygu zayıfladı da bu kadar çabuk vazgeçiyoruz, terk ediyoruz, bırakıp gidiyoruz?

A.K.: Aidiyet duygumuz zayıfladı. Mesela bakıyorum insanlar sürekli işe girip işten çıkıyor. İki gün dayanıyor sonra bırakıp gidiyorlar. Bulundukları kuruma kendilerini ait hissetmiyorlar. Neden? Çünkü çalıştıkları işyeri güven sağlamıyor. Ama biliyor musunuz, bu insanı depresyona sürükler. Çok tehlikeli! Bir süre sonra bu durum aileyi de etkilemeye başlar. Birinin mutsuz, gergin hali tüm aileye yansır. Sonra spor merkezine üye olup iki gün sonra onu da bırakırlar. Arkadaşlıklar da böyledir. Bir anda dost ediniyor, sonra düşman kesilip bir daha görüşmüyorlar.

A.T.: Aidiyetin bir kökü, geçmişi var. Bize aileden, anne babadan miras. Yani öyle bir anda zayıflayacak bir şey değil. Aidiyetin zayıflaması, zayıflatılması nasıl bir süreç?

A.K.: Diyelim ki Türklük duygusu, ırk, inanç, Müslümanlık, ahlak, anne, baba... Bunlar hep temelde olanlar. Bunların üzerinde saygınlığım, değerlerim, evliliğim, arkadaşlığım, tuttuğum takım var. Böyle devam eder. Bir insanı, bir toplumu yıkmak için en temel noktadan saldırırsınız. Saçınla ilgili bir eleştiri aldın. Çok etkilenmezsin. Kötü niyetli insanlar buradan vuramayınca bir tık alta inerler. Evliliğinle ilgili eleştiri yaparlar. Burada amaç ne? Seni kırmak, yaralamak. Yaralayamazlarsa bir tık daha aşağı inerler. Kadınlığınla vurmaya çalışırlar. Kırıldın mı? Evladınla devam ederler. Sonra mesleğinle ilgili seni rahatsız ederler. O da yetmez, ahlaktan vururlar. O da yetmez din, Türklük... Devam ederler. Bunların hepsi aidiyeti zayıflatmak içindir. Bunu kurumlar da yapar, ülkeler de. O kadar tehlikeli bir şey ki.

Çocuk yetiştiren anne babalar çocuğunuzun dinlediği müzik, sevdiği sanatçı size çok saçma gelebilir. Ama çocuğunuzu bu anlamda eleştirdiğinizde onun hangi değerine zarar verdiğinizi bilmiyorsunuz. Kız arkadaşını eleştirdiğinizde de keza öyle. Mesela "Oğlum gece 12'den sonra eve giremezsin" dediğinizde, yasak koyduğunuzda niye bu kadar çok tepki veriyor biliyor musunuz? Çünkü gece 12'de arkadaşlarıyla birlikte dışarıda olmak onların değerlerine dokunuyor. Bütün güç orada, kendilerini özgür hissediyorlar. Bir saat için bu kadar kavga etmeye gerek var mı?

A.T.: Aidiyet duygumuzun zarar görebileceğini, zaman zaman zayıflayabileceğini öğrendik. Bunlar olağan, hayatın akışında olabilecek, başımıza gelebilecek şeyler. Peki ne zaman durum ciddileşir, aidiyet için tehlike çanları çalmaya başlar?

A.K.: İdeolojik bir sistem, din, eğitim kurumu ya da bir parti... Diyelim ki sen partime üye oldun, kendi görüşlerini yok saymaya ve sadece benim söylemlerime "doğru" demeye başladın. O andan itibaren artık sen özgür bir birey değilsindir. İşte mafya da böyle doğar. Mafya mensubu birçok kişi var. "Adam öldür!" dersin hiç sorgulamadan öldürür. Ülkemizde de bu böyledir. Sorgulamadan bir parti, bir takım tutulur... Futbol takımlarında halk dilinde "holigan" dediğimiz, biz uzmanların "kişilik bozukluğu" olarak gördüğü kitleleri oluşturur. Bunun sosyal medyadaki adı da "trol"dür. Burada bir aidiyet yok, sadece gelişmiş bir aitlik duygusu vardır. Özellikle gençlerde çok görüyoruz. Bu rock, arabesk gibi bir müzik kültürü ya da sosyal medya kültürü olabilir.

Mutsuz ailelerin çocuklarında yani sevgi, saygı ve övgünün olmadığı alanlarda çocuk birey olabilmek için mutlaka başka bir yere aidiyet geliştirir. Ve suçu istediği için değil, istenildiği için yapar, işler.

A.T.: Aidiyet duygumuz ciddi anlamda zarar gördü diyelim. Bireyselleştik, yalnızlaştık, kabuğumuza çekildik. Yalnızız ve bir o kadar da mutsuzuz. Hikâyenin sonu ne olur?

A.K.: Aidiyet duygusu zayıflarsa, bu insanı intihara bile götürür. O nedenle yalnızlık psikolojisi hâkimdir. İnsan yalnızlaştıkça, aidiyet duygusu azaldıkça egosu yükselir. Tek başına olmakla yalnız olmak başka bir şeydir.

Tek başınalık seçilmiş entelektüelitedir, seçilmiş güdüdür. "Tek başıma olmayı seviyorum. Geziyorum, kitap okuyorum..." Ama yalnızlık; başkasının olmamasının verdiği huzursuzluk, rahatsızlıktır. Eğer seçilmiş tek başınalıklarınız varsa bu süper bir şey.

A.T.: Yalnızlık ve tek başınalık... Modern hayat hepimizi yalnızlaştırdı. Yeşil azaldı, şehirler grileşti. Önümüz, arkamız, sağımız, solumuz rezidans, site, AVM. Şehirler kalabalıklaştıkça ruhumuz yalnızlaştı. Hepimiz hayat mücadelesinin peşine düştük. Çalışıyoruz, kendi ayaklarımızın üzerinde duruyoruz ama yalnızız. İletişim kurmayı, ilişki kurmayı beceremiyoruz. Sohbeti, sevgiliyi sosyal medyada, uygulamalarda, telefonlarda, tabletlerde arıyoruz. Bulamayınca da "Yalnızım ama mutluyum!" deyip geçiştiriyoruz. Ancak anladım ki yalnız değil, tek başına olmalıyız. Tek başınalık, özellikle de seçilmiş tek başınalık bize ne katar?

A.K.: Gelişirsiniz. Her insanın kendiyle kaldığı, okuyabildiği, araştırabildiği özel anları olmalıdır. Kafelerde, sokaklarda kalabalığın bu kadar artmasının sebebi yalnızlık korkusudur. Ortaya yüzeysel görüntü oturumları çıkar. Türkiye'de çok fazla davet var. Herkesin derdi fotoğraf çekilip gitmek. Kimse davetin içeriğiyle ilgilenmez. Bir sürü vakıf var ama kimin ne yaptığını bilmiyoruz.

Bir çocukluk arkadaşım her şeyi derinlemesine araştırırdı. Böyle adamların kaygısı çok olmaz! Çünkü, bilginin temelini alırlar. Bu, Türkiye'nin en büyük problemidir. Kök sağlam değil. Sürekli en'lerin peşindeyiz. En güzeli, en süslüsü, en yakışıklısı, en zengini, en pahalısı... En ufacık bir şeyde depresyona giriyoruz. Bu hale geldik ve bu iyi bir hal değil.

A.T.: Patlamaya hazır canlı bombalar gibiyiz. Antidepresanlara, ilaçlara sarılıyoruz, daha olmadı birbirimize saldırı-

yoruz... İyi ama biz nasıl bu hale geldik? Nasıl iyileşiriz? Bir formülü var mı?

A.K.: Derin sohbetlerimiz yok. Yüzeysel sohbetlerimizse çok popülist. Çocuklar mesela; annelerinin, babalarının nasıl tanıştıklarını, nasıl evlendiklerini bilmiyor. Sadece bu değil, yaşadıkları yer hakkında da altına imzamı atarım ki hiçbir şey bilmiyorlar. Bilmedikleri için de kendilerini anneye, babaya, yuvaya ait hissetmiyorlar. Ama elindeki telefonu, gittiği kafeyi, eğlendiği gece kulübünü noktasından virgülüne kadar biliyorlar.

Bana "değer" diyorsunuz. Değer diye bir şey yok, çünkü vermemişsiniz ki. Önceliğiniz evin kirası olmuş, elektriği olmuş, yeme içme olmuş... Önceliğiniz neyse aidiyetiniz de o olur. Evde en çok ne konuşuluyorsa, çocuk da o konuşulan şeye aidiyet geliştirir. Ülkede en çok ne konuşuluyor? Savaş, siyaset. Şöyle bir bakın kahvehanelerde, sokaklarda, kulüplerde herkes aynı şeyi konuşuyor; "Erdoğan, Davutoğlu, Kılıçdaroğlu..." 24 saatin 12 saatini bu şekilde geçiriyorlar. Herkes siyasetçi. Şimdi ne konuşuyoruz? Rusya, Putin, savaş... Konuşuyoruz ama ne konuştuğumuzu bilmiyoruz. "Rus kızları gelecek mi, gidecek mi?" mevzu bu. Mesela Mevlânâ'yı anlatıyorsun, "Kaç karısı varmış?" diye soruyorlar. Her şeyin popüler tarafını merak eden bir ülkeye dönüşmeye başladık. Bu noktada devreye samimiyet giriyor. Okuyacak ve araştıracaksınız.

Annemler hep anlatır; 80 ihtilali döneminde gizli gizli kitap alır, okurlarmış. Şimdi bütün kitapların, albümlerin popüler olanını alıyoruz. Yemeklerin, mekânların... Her şeyin popüler kısmıyla ilgileniyoruz. Siyasete bakıyorsunuz, en çok konuşulan kişi vekil olmuş. Böyle olunca biz de diyoruz ki: "Sıkılıyoruz kardeşim. Çekip gidesimiz geliyor bazen..." Bomba da patladı, gidemiyoruz bir yere. Sıkışmışlık hissi başladı. O nedenle diyoruz ki, lütfen önce kendinizle olan ilişkinizi sağlıklı hale getirin.

Muhakkak herkesin bir dostu vardır, bir memleketi vardır. İzmir'de oturuyorsunuz ama Diyarbakırlısınız, Elazığlısınız, Mardinlisiniz, Karadenizlisiniz... Haritaya baktığınızda ya da bir fotoğraf gördüğünüzde dalıp gitmiyor musunuz? Gözünüz dolmuyor mu? İşte oradaki duygu aidiyet duygusudur. Göçlere bakın. İzmir Doğu'dan çok göç alıyor. Rize'den İzmir'e geldiler diyelim hemen eltisini, görümcesini, kardeşini mahallesine çağırıyor. Belki tuhaf gelebilir ama nedeni aidiyet. Birbirlerine gelip gitmeye başlıyorlar. Ne yaptılar? İzmir içinde başka bir il kurdular.

İnsanlar göç ederken bile yanlarına kendilerini iyi hissettirecek şeyler alır. Bugün ailenizden ayrılın, yeni kuracağınız eve ne götüreceksiniz biliyor musunuz? Eski evinizden bir eşya. Sebebi de o eşyaya her baktığınızda aidiyet duygunuz sizi iyi hissettirecek. Göç yaşayanlar bunu çok iyi bilir. Eğer buradan oraya peynir götürüyorsanız peyniri çok sevdiğinizden değildir; peynirin bilinçdışındaki karşılığı aidiyet duygusudur. Sohbetler, şarkılar, türküler bu nedenle çok önemli. Tabii gençler bunları kaçırıyor.

A.T.: Teknoloji artık modern hayatın gerçeği. Elimiz, kolumuz gibi olmazsa olmaz bir uzvumuz. Teknoloji olmadan eksiğiz. Gece gözümüzü telefonla kapatıyoruz, sabah gözümüzü telefonla açıyoruz. Hatta uyku arasında bile "Twitter'da kim ne yazmış? Instagram'da, Facebook'ta kim ne yapmış?" diye açıp telefona bakıyoruz. Teknolojiyle olan bu tuhaf ilişkimiz aidiyet duygumuzu nasıl etkiledi?

A.K.: Teknoloji, kullanmayı bilmeyenler için büyük tehlike. Sabır azaltan, yalan artıran bir sistem. Mesela eskiden buluşacağımız kişiyle sözleşiyorduk. Sözleştiğimiz zamanda buluşuyorduk. Buluşamayacaksak bile gidip mazeretimizi söylüyorduk. Şimdi buluşmaya yarım saat kala Whatsapp'tan "Ya, işim çıktı!" diye yazıyoruz. Bunu hepimiz yapıyoruz, insanları kandırıyoruz. Telefonu altıncı parmak yaptık. Başparmağımızın yokluğunda nasıl ihtiyaç hissedeceksek, altıncı parmağımızın yokluğunda da aynı ihtiyacı hissedeceğiz. Buradaki aidiyete bakın! Onu seviyor, eline alıyor, hiçbir şey olmasa da okşuyor, bakıyor, temizliyor. Telefonun özelliklerini bildiği kadar anasının, babasının, karısının, çocuğunun, vatanının, milletinin, inancının özelliklerini bilseydi hayatta hiçbir problem yaşamazdı. Yani telefon toz olunca silebiliyorsun ama sevdiğinin gözü dolunca, neden dolduğunu anlamıyorsun. Yapmamız gereken çok şey var.

A.T.: Peki sence teknolojiye özellikle de sosyal medyaya aidiyet mi geliştiriyoruz? Çünkü yediğimizi, içtiğimizi, o gün nasıl hissettiğimizi, ne var ne yok her şeyimizi paylaşıyoruz. Bundan da hiç rahatsız değiliz. Hatta paylaşmadık mı rahatsız oluyoruz.

A.K.: Evet, oraya aitlik geliştiriyoruz. Ama bakın aidiyet değil! Ne kadar tık alırsak o kadar ait oluyoruz. Beynimizde zevk dürtülerimizi artıran bir bölge var. Yeme, içme arzusu... Bu oral bir alışkanlık; verilen her şeyi ağzına götürme. Türkiye'de oral alışkanlık çok fazladır. Beynimizde ödül ceza sistemi vardır.

Ortalıkta şöyle kadınlar görüyorum; "Hepsini yemeyeceğim ama köşesinden alayım," diyor, alıyor ve yiyor. Sosyal medyaya da yediğini koyuyor, tamam rahatladı. Sonra başlıyor tırtıklamaya. Ama sorsan yemedi, adım adım götürdü. Eve gidiyor, evde de devam ediyor. Ödül ceza sistemi sinyal gönderiyor. Sosyal medyaya fotoğraf koyuyor. Yemek yediğinde yanan sinyal her tıklandığında da yanmaya başlıyor. Bir tık, iki tık, üç tık... Coşuyor. Hatta "Geçen fotoğrafa 30 like gelmişti, buna neden 20 like geldi?" diye depresyona giriyor. O 20 tık'ı 30'a, 40'a dönüştürmeye çalışıyor. Ne başlıyor burada? Bağımlılık!

Gençlere bakın, en çok gençlerde görüyoruz bunu. Aç kalmasına, anne babayla konuşmamasına, ödevini yapmamasına rağmen ödül alma derdindeler. Oysaki aidiyet geliştirebilmeleri için annesiyle, kardeşiyle, hocasıyla, varsa sevgilisiyle istişarelerinden ödül almaları gerekir. Ama hepsini eksiye çeviriyor, sosyal medyayı artıya dönüştürüyorlar. Sosyal medyada çok eğlenceli bir ödül aldıkları için dışarıda sorumlulukları oldukları insanlara, olaylara tahammülleri azalmaya başlıyor. Sosyal medyada annesine küfreden insana bile sabırlı davranır, "Aman!" der. Ama dışarıda biri küfretse bağırır, çağırır, o da küfreder. Neden? Çünkü tahammülü azalıyor. Böyle olunca tabii ki aileye aidiyet geliştiremeyecek, o eve ait hissetmeyecektir. Anne babanın, arkadaşın, sevgilinin her eleştirisi düşmanca gelmeye başlayacak. Bir süre sonra da bağımlı olacaktır.

A.T.: Aidiyet reçetemizi yazar mısın?

A.K.: 1. Aidiyetin reçetesi önce Yaradan'la olan ilişkinizle başlar. Çünkü her insan bir kere yaratılma sıfatı ile onu kim ve hangi güç yarattıysa bunun farkında olmak zorundadır. Yani kök aidiyeti denir buna. Hıristiyanlık, Müslümanlık, Musevilik bunlar fark etmez. Din sizi yaratıcıyla buluşturan süreçtir, ama baktığınızda sizi yaratan Allah'ın ya da hangi dindeyse Tanrı'nın bir parçası olduğunuzu kabul etmek birinci aidiyettir. Bu aidiyette samimi olan insanlar dünyanın her yerinde dua edebilen, teslim olabilen kişilerdir. Ve kendilerini iyi hissederler. Çünkü bir gözetleyen, bir denetleyen, yardım eden, gerektiği zaman iyiliğin için ceza kesen bir güç var. Bunun farkında olmak önemli.

Reçetenin başında bu gelir, çünkü tüm ideolojiler ve tüm felsefi psikolojilerin başaramadığı tek şey, insanların sığınma psikolojisi ve dua ederek iyileşmesidir. Bunun yerine hangi ilacı koyarsanız koyun olmaz.

2. Yaradan'ın yaratma yolculuğu ile sizi bir aileye, yani bir anne, babaya göndermesi. Oradaki geçmiş problemlerin çözülmesi en büyük reçetedir. Gerekiyorsa onları ve kendinizi affedebilmek.

3. Yaşadığınız kültür, toprak, vatan; çalıştığınız işyeri, gittiğiniz okul, bulunduğunuz popülasyon bunlarla ilgili bazıları size zarar verebilir ama doğru normlarda düşünüyorsanız ona göre karar verip o ortamdan ayrılabilirsiniz. Ama eninde sonunda bir işyerini bırakıp bir başka işyerine aidiyet geliştirmek zorundasınız. Bunun için de bazen çok beklentili olmamak ve kendini geliştirebilmek, kendinden bir şeyler katabilmek de en doğrusu olsa gerek.

Kaygı

A.T.: Son yıllarda hepimiz nur topu gibi kaygı yumağıyız. Gelecek kaygısı, kariyer kaygısı, sınav kaygısı, savaş kaygısı, geçim kaygısı, siyasi kaygılar... Hemen hemen her şeyin bir kaygısı var. Her yeni güne yeni bir kaygıyla uyanıyoruz. Ne yapacağımızı bilmiyoruz, kaygılarımızla baş edemiyoruz, onları yönetemiyoruz. İçimize kapanıyor, kabuğumuza çekiliyoruz. Sence kaygı nedir? Son yılların popüler söylemi midir? Modası mıdır?

A.K.: Böyle bir duygu kesinlikle moda olamaz, çünkü kaygı yaşamın, dünyanın varoluşundan itibaren bizimle birlikte olan ve yine bizimle birlikte sonsuzluğa gidecek bir duygudur. Ve sadece insana özgüdür.

İnsan dışındaki canlıların kaygıyla pek işi olmaz. Onlar otomatik kodlanmış bir sistemin içinde sadece görevlerini yerine getirirler. Ve tüm bu canlılar ilahi bir güçten emir alırlar, kaygısız bir biçimde, eminlik duygusu içinde insana hizmet ederler. Bu kadar çok hizmet alan ve hizmetinde bu kadar çok canlı olan insanın iradesi ve bilinciyle kaygılanması çok normaldir. Çünkü insan doğası itibariyle bir yandan çabuk unutan bir yandan da yakın olan bir varlıktır. Yakın olduğu şey kendi ve kendi yaratıcısı olması gerekirken; dünyevi hedefleri, amaçları, arzuları yüzünden kendinden ve kendisine bu hediyeleri gönderenden uzaklaşır. Uzaklaştıkça da popüler psikolojinin adını koyduğu kaygıyla baş başa kalır. Aslında kaygı ölçülü bir şekilde insanda olması gereken bir duygudur. Çünkü yüzde yüz eminlik duygusu bize verilmediği için yapacağımız basit bir harekette veya eylemde hedefe giden yolda bile "Acaba olacak mı?" endişesini yaşamamız çok normaldir.

Toplum içinde çok kullandığımız ve kaygı bozukluğu olarak nitelendirdiğimiz süreç ise "sağlıklı kaygı" dediğimiz kavramın dışında bir durumdur. Çünkü sağlıklı kaygı insana heyecan ve adrenalin verir, süreçte insanı dik ve dinamik tutar. Ama bizi üzen, yoran, bize dikkat dağınıklığı getiren, motivasyonumuzu düşüren, odaklanma problemi yaratan aynı zamanda ilişkilerimizi ve kendimizle olan ilişkimizi zora sokan kaygı bozukluğu ise daha başka bir durumdur.

A.T.: İnsanoğlu neden kaygıya düşer?

A.K.: Çünkü insanın birden fazla ihtiyacı vardır. Barınma ihtiyacı vardır, ait olma, yeme-içme, ilişkiye girme, aile olma, birey olma, vatandaş olma, kul olma ihtiyacı vardır. Eylemleri, istekleri, hedefleri tüm bunlarla örtüşmediğinde ise kaygılanması çok normaldir.

A.T.: Kaygı doğuştan mı gelir? Kaygıya eğilimli mi doğarız? Yoksa sonradan mı öğreniriz?

A.K.: Kaygısı yüksek bir ortamda, ailede, kültürde yetişiyorsa var olan kaygısı bozulmaya ve kronikleşmeye başlayacaktır. Her eylemin ve her isteğin öncesinde kaygıları yüksek olacaktır. İnsanın ana kaygısı kendiyle, kendi akıbetiyle, hedefleri, hayalleri, arzularıyla ilgilidir. Bu kitabı okurken "Hayatta en çok ne zaman, kiminle, nasıl kaygılar üretiyorum?" diye kendinize sorarsanız, muhakkak kendinizi analiz edebilirsiniz. Zaten önemli olan kendinizle ilişki kurabilmeniz ve kendi kaygılarınızı ortaya çıkarabilmenizdir. Bu sebepten, doğuştan gelen kaygı, sonradan bizim etrafımızdaki insanlarla şekil alır. Aslında anne ve babanın görevi kaygılı dünyanın içinde yetiştirdikleri çocuklara güven ortamını sağlamaktır. Bunu başaramayan anne babaların evlatları ise yetişkinlik döneminde ciddi kaygı bozuklukları yaşayabiliyorlar. Şunu unutmamak gerekir, bize verilmiş olan duygular ki kaygı da bunlardan bir tanesi; bizi yok etmek, bize zulmetmek, bizi kötüleştirmek için değil, bizi sadece yolda tutabilmek için varlar.

Karanlık, vahşi bir ormana girdiğinizi düşünün. Hedefiniz ormandan sağlıklı bir şekilde çıkmak. Kaygı, size çantanıza cephane almanızı önerir. Çekicinizi, baltanızı, fenerinizi, çakmağınızı, telefonunuzu, ormanda işinize yarayacak tüm aletleri yanınıza almanızı sağlar. Yani dünyayı da bir ormana benzetirseniz, ormanın içinde hayatta kalmanız gereken bir durum varsa, kaygıyla birlikte tüm tehlikelere hazırlıklı olmamız gerekir. O yüzden önleminizi ne kadar alırsanız alın, sürecin elinizde olduğunu ama sonucun elinizde olmadığını unutmamanız gerekir. Zaten insanın mesul olduğu taraf süreçtir. Bu süreçte insan kendine şu soruyu sormalı: "Bu dünyada yaşamaya ve bu dünyayı sonlandırmaya ilmen, aklen, duygu, düşünce, yetenek ve beceri yönüyle ne kadar hazırlıklıyız?" Bu soru sürekli sorulacak, cevabı da sürekli verilecek, çünkü dünya eninde sonunda yüzde yüz kaygısız yaşanacak bir yer değil.

A.T.: Bazı insanlar bazı duygulara daha meyilliler. Mesela yapılan araştırmalara göre kadınlar depresyona erkeklerden daha meyilli. Sonra doğuştan yetenekli ve zeki olan insanların varoluşsal depresyona daha meyilli olduğu söyleniyor. Peki, konu kaygı olunca hangi insanlar kaygıya daha meyilli? İlk sırada kadınlar mı var, erkekler mi?

A.K.: Tek başına kalan insan kaygıya meyillidir. Bu da toplumlara ve ailelere akıl okumayı getirdi. Aslında ortada öyle bir şey yok ama kendimizi şartlıyoruz, bu da bir süre sonra pozitif düşünceyi yok ediyor.

Kadınlar! Çünkü kadınların gelecek planları, hayalleri, aynı anda birden fazla plan yapabilme becerisi erkeklere göre daha yüksektir. Erkeklerin geçmiş odaklı olmalarına yatkınlığı daha fazla olduğu için onlarda kaygılardan ziyade korkular vardır. Çünkü erkek geçmişteki hataları bir daha yapmak istemez. Kadın yaptığı hatalardan ders çıkarıp, risk almaya daha meyillidir. Özel hayatında, dostluklarında, iş hayatında. Bu durum zaten kadını daha ilişkide başarılı, girişimci, iletişimci yapar erkeğe göre.

Çocukların kaygı bozukluğu ise anne baba ile şekillenir ama zaten 0-6 yaş arasında kaygı onlar için vazgeçilmezdir. Dünyayı yeni tanımlamaya başladığı aşamalarda karşılaştığı her şey onlar için bir yabancıdır. Sağlıklı bir şekilde dünyayı onlara tanıtabilen bir anne baba varsa, kaygı zaten azalacaktır. Çocukların bu durumları güven ortamı sağlandığında daha çok azalır. Özellikle dokunsal temaslar, sarılmalar, öpücükler, mutlu, üzgün, korkak, öfkeli, sinirli oldukları anki sarılmalar kaygılarını ciddi anlamda azaltır. Ama çocukların kaygı eşiklerinin yükselmesi ve azalması tamamen ergenliğe kadar ebeveynle şekillenir. Ergenlikten sonra artık ebeveynin de çok fazla yapabileceği şey yoktur.

A.T.: Kaygı ile korkuyu genelde birbirine karıştırıyoruz. Kaygılarımızı korku, korkularımızı kaygı sanıyoruz. Kaygı nedir? Korku nedir?

A.K.: Kaygı, hiç olmamış bir şeyin gelecekte olup olmayacağı endişesidir. Korku ise geçmişte deneyimlediğiniz bir şeyin başınıza tekrar gelip gelmeyeceği endişesi. "Ölüm korkum var!" diyorlar ya; öldün mü? Nereden biliyorsun?

A.T.: Ölmedik ama hepimizin ortak korkusu ölüm. Bilinmeyen bir şekilde, bilinmeyen bir zamanda ve kesinlikle gerçekleşecek olması hepimizi korkutuyor. Ve bu öyle bir korku ki; insanların gündelik yaşamını, rutinini ele geçiriyor. Sırf korkusundan evden çıkmayan; insanlardan, hayattan kaçan, toplu taşıma kullanmayan, kalabalık mekânlarda bulunmayan insanlar var. Sence neden deneyimlemediğimiz bir şeyden bu kadar korkuyoruz?

A.K.: Oturalım, sabaha kadar korkularımızı, kaygılarımızı sıralayalım. Hepsi en derininde ölüme gidiyor. Hepsi ölümün içinden çıkıyor. "Sınav kaygım var!" diyorlar. Bakın kaygı nereden başlayıp nereye gidiyor: "Başarısız olursam okulu geçemem. Okulu geçemezsem iş kuramam. Mesleğim olmazsa sevilemem. Sevilmediğim için aile kuramam. Öyle ölüp gideceğim." "Şeytan bir kere fitneyi sokar, vesvese senden gelir" diye bir söz vardır; işte biz de sürekli devamını getiriyoruz. Mesela uygun eş bulamama kaygısı. "Kadın da yok! Yemek de yok! Üremek de yok! Tek başıma öleceğim!"

Bir düşünceyi alıp şekillendiriyoruz. Düşünceye mi odaklanıyoruz, içeriğe mi? "Galiba beni sevmeyecek..." Bu bir düşüncedir. "İşler yürümeyecek..." Bu da bir düşünce, ama düşüncenin içeriği düşüncenin kendisiyle aynı değil! İçeriğe girdiğinizde beynin sol tarafı çalışmaya başlar. İçerikte ne var? Bu düşünce nereden geliyor? Bu kaygıyı nasıl ürettim? Eğer gerçekten böyle bir şey başıma gelirse ne yaparım? Bunları hiç düşünmüyoruz. Ne yapıyoruz? Düşüncenin kendisine odaklanıyoruz. İnsan beyni bir şeyi düşündüğünde, düşünce hemen duyguyu getirir. "Beni sevmeyecek!" Bu bir düşüncedir. Peki, duygusu ne? Değerlilik.

Düşünce ve duygu buluşunca ortaya inanç çıkar. Burada ortaya "Ben değersizim" çıkıyor. Sadece "Ben değersizim!" de değil, ortaya bunalım da çıkabilir, psikolojik bozukluklar da. Buna inanmaya başladığımızda, biri bize verdiği değeri gösterse bile onun verdiği değere inanmıyoruz, çünkü kendimizi değersiz görüyoruz. "Durup dururken bana niye böyle davranıyor?" diyoruz. "Güveniyor mu? Seviyor mu? Sevmiyor mu?" ayıramıyoruz. Anne babalar da çocuk yetiştirirken aynı yanlışı yapıyor.

A.T.: Ölüm kaygımız var ama bugün öleni yarın unutuyoruz. Sosyal medyada paylaşımlar yapıyoruz, fotoğraflar, yazılar paylaşıyoruz ama ertesi gün kaldığımız yerden devam. Nasıl hem kaygılı hem de duyarsız olabiliyoruz? Duyarsızlığımıza ne şifa olacak?

A.K.: Toplumun duyarsızlaşması demek, mimiklerin hep aynı kalması demek. İnsanlar konuşurken bilgi akıyor ama suratlar hep aynı. Bu duyarsızlaşma. Biri ölüyor ertesi gün unutuluyor mesela. Türkiye'de ölmüşleri yaşatma çabası başladı. "İyi ki doğdun Barış Manço!" diye tweet atıyorlar. Bunların hepsinde geçmişe özlem var aslında. Adile Naşit, Kemal Sunal...

Ölmüş sanatçıların müziklerini paylaşıp, sürekli onları dinleme... Bu da regresyon, yani duygusal gerilemedir. Çocuksu tavırlara giriyoruz. 50 yaşındaki adam çocuk gibi ağlarken, 70 yaşındaki kadını küserken görebiliyorsunuz. Çocukların duyarsızlığı vardır ya oyuncak oynarken, tıpkı oyun oynarken arkadaşına duyarsız davrandığı gibi. O an duyarlı olduğu şey nedir? Oyuncak. Biz de o noktaya dönmeye başladık. Böyle kişilerde, toplumlarda bilgi aktarımı olmaz. Duygu aktarımı gerekir. Ağlayan, üzülen, korkan çocuğunuza istediğiniz kadar bilgi aktarın, almaz! Onun ihtiyacı olan sakinleşmek, kendini güvende hissetmek. Toplum olarak bize bilgi vereceklerden ziyade duygu vereceklere ihtiyacımız vardır.

A.T.: Kiminle konuşsam herkesin dilinde kaygı cümleleri. Bir umutla başlayan her cümle kaygıyla noktalanıyor. Eskiden de bu kadar kaygılı mıydık bilmiyorum ama sanki son yıllarda kaygılarımız daha bir arttı, daha kaygılı bir toplum olduk. Kaygılarımızda haklı mıyız yoksa olur olmaz, yerli yersiz şeylere mi kaygılanıyoruz? Kaygılandık diyelim, kaygı anında ne yapmalıyız? Kaygı bulutlarını nasıl dağıtırız?

A.K.: Kaygılarımızın nedeni dış etkenler. Ölüm gibi, deprem gibi, savaş gibi... Savaştan, seçimden, darbeden önce psikolojisi gelir. Kıyamet kopmadı ama psikolojisi vardır. Demek ki her şeyin kaygısını önceden üretiyoruz. Adam eve gelmez. Kadın "Aldatıyor gene..." der, kaygıları çağırır. Yani demeye çalıştığım; çoğu kaygımızın yersiz olduğu. Ortada bir şey yok ama üretiyoruz. Düşünceye değil, içeriğe odaklanmalıyız! "Korkun ne? Kaygın ne?" Ölüm korkusu, yalnızlık korkusu... En kötüsünü düşünün. En kötüsü başınıza gelse ne yaparsınız? Hep bir sonrasını sorun kendinize. Biz sonrasını sormadığımız için ilk soruda mahvoluyoruz. "Aldatılırsam ne olur?" Rezil olurum. "Rezil olursam ne olur?" Kimsenin yüzüne bakamam. "Sonra ne olur?" Utanırım. "Utanırsam ne olur?" Yalnız kalırım. "Yalnız kalırsam ne olur?" Eninde sonunda başka biri hayatıma girer. "Sonra ne olur?" Toparlanırım, ölüm yok ya sonunda! İnsanın korkusu ölümdür, gittiği yer ise yaşam! Hepimizin korkusu ölüm ama gittiğimiz yol yaşam! Biz o yaşam cümlelerine gidemediğimiz için ölüm tabutunun üzerine gidiyoruz.

Kaygılandığınızda kendinize soru sorun. Allah aşkına cevap verin kendinize! Hayatınızda en kötü şeyi yaşadığınızda, ne oldu da tekrar toparlandınız? Yeri geldi üzüldünüz, ağladınız, evden çıkamadınız. Bu dünyayı yaratanın derdi yok etmek olamaz! Ama insanın olduğu yerde zulüm de var, cinayet de var, tecavüz de var, o da var, bu da var. Ama daha gelmemiş bir acının acısını şimdiden çekmeyin! Soru sordukça beyin, "Eninde sonunda toparlarım" der.

Sohbetinizi narsisizmin sofrasına kurmayın! Ben duygusu! "Ben–sen", "ben–o". O, eşyadır; sen, insan. Biz genelde insanla konuşamadığımız için "ben–o" ilişkisi kuruyoruz. "Ben–sen" ilişkisini kurmak için iletişime gönüllü olmak lazım. "Ben bu akşam güzel bir sohbet etmek istiyorum. İçinde empati, sempati, hoşgörü olan bir sohbet." Sorun çözme tekniği diye bir ders var. Kriz yönetimi! Başına bir sorun geldi diyelim; seni üzen, korkutan bir şey. İnsan sorun çözerken değer yargısını kullanmak zorundadır. Kendinize soracağınız ilk soru şu olmalı: "Ben hayatımda, ilişkimde sorun çözerken hangi değer yargımı kullanıyorum?"

A.T.: Ben adalet, dürüstlük ve iyiliği kullanıyorum. Peki, ya hayatımızdaki, ilişkilerimizdeki sorunlarımızı değer yargılarımızın rehberliğinde çözmüyorsak; o zaman ne olur?

A.K.: Başınıza bir sorun geldiğinde, o sorunu değerlerinizin ışığında çözmüyorsanız bitti. Değer yargılarınızı hatırlayın. Değer yargılarınızın ışığında çözmediğiniz her sorun sadece durumu kurtarmaktır, daha fazlası değil! Ardından huzursuzluk gelir. Paranız, işiniz, sevgiliniz var, karnınız da doyuyor ama huzursuzsunuz. Sebebi ne? Sorunu değer yargılarınızı kullanarak çözmemek!

A.T.: Değer yargılarımız olmazsa olmazlarımız. Onlar artık cepte. Bir sıkıntımız, sorunumuz olduğunda onların ışığında, rehberliğinde ilerleyeceğiz. Ama güneş henüz kendini

göstermedi. Gökyüzünde hâlâ birkaç kaygı bulutu var. Güneşi görmek için başka neler yapalım?

A.K.: Hayatımızdan bazı insanları azaltmalıyız, bazılarına mesafe koymalıyız, bazılarının ise hayatımızda hiç olmaması lazım. Her insan hayatımıza hikâyesiyle girer. Son zamanlarda tüm insanlar çok renkli, ama ne kadar renk o kadar çok sorun! Bir insan hayatınıza bağıra bağıra, büyük bir coşkuyla geliyorsa, söylemleri yüksekse hayatınıza zarar vermeden gitmez. "Ay seni çok seviyorum! Öyle inanılmazsın, böyle inanılmazsın! Ne kadar da başarılısın!" diye birini yükseltsem, muhakkak altında bir çıkar vardır. Teknik şu, karşınızdakinin size bir şey yapmasını istiyorsanız önce onun egosunu yukarı çıkartmanız gerekir. Yükselen, gerçeği göremez hale geldiği için her şeye açık hale gelir.

Mesela Cleopatra'nın bir tekniği vardı. Erkeklerin zayıf noktasını bulup onları nereden yıkacağını iyi biliyordu. Sezar bir başkasının kendinden güçlü olmasından rahatsızdı. Cleopatra da laf arasında güçlü bir adamın ismini geçirirdi. "Şunu başardı... Şöyle yaptı... Böyle iyi yaptı..." Sezar da bilenirdi. Bu noktada eksiklik duygusu ortaya çıkar. Kim size eksikliğinizi gösterirse ona bağımlı olursunuz. Siyasetçiler, iş dünyası, sanat dünyası, narsist insanlar bunu çok kullanır. Cleopatra da bunu yapıyordu; diğer adamdan bahsediyor, bahsediyor sonra da Sezar'a diyordu ki: "Ama sen her şeyinle bana yetiyorsun!"

Bir başka hikâye... Alexander'ın da şehvet duygusu yüksektir. Sekse, eğlenceye bayılır. Cleopatra Alexander'ı Mısır'a davet eder. Muhteşem bir eğlence hazırlatır. Alexander gemiyle yanaşır, eğlenceyi görünce hemen eski deneyimleriyle kıyasa başlar. Peki, ne oluyor? Ortaya eksiklik duygusu çıkıyor. Cleopatra ne vaat etti? Güç vaat etti. İnsanın zayıf noktasını bulup, o noktadan yönetmeye çalışmak çok önemlidir! İlaç sektörü, reklam sektörü hep bunu kullanır. "Sen hâlâ annenin margarinini mi kullanıyorsun?" Burada sübliminal bir mesaj var!

Kadınları aşağılayan bir sistemde yaşıyoruz. Reklamda mutsuz bir kadın var. Bir deterjan görüyor ve dünyanın en mutlu kadınına dönüşüyor. Bir başka reklamda mutsuz bir kadın çikolata yiyor ve dünyanın en mutlu kadınına dönüşüyor. Tüm bu reklamlar kadınlara şu mesajı veriyor: "Eksiksiniz! Siz bir hiçsiniz!" Ve biz de bunu alkışlaya alkışlaya izliyoruz. Aynı ürünün yirmi değişik versiyonunu çıkarıyorlar. Valla benim annem sürekli şunu söyler: "Karbonatı atıyorsun, biraz da limon sıktın mı hepsinden iyi!"

O doğallığı, azlığı, saflığı yitirmemek için, kaygıdan belki kurtulamayacağız ama en azından kaygılarımızı yönetebilmek için düşünceye değil içeriğe odaklanmalıyız. Kendinize soru sorun. En kötüsüne kadar gidin. Sohbeti bırakmamız lazım! Bu ülkenin beş sene sonrası için çok endişeleniyorum.

A.T.: Modern yaşamın nimetleri çok. Sözde teknoloji hayatımızı kolaylaştırıyor ama aynı zamanda çok da yoruyor. Modern yaşam hayatımızı, kaygılarımızı nasıl etkiledi?

A.K.: Modern yaşam insanoğlunu güçsüzleştiriyor. Teknolojide ve yaşamda modernleşiyoruz ama düşünce ve duyguda ilkelleşiyoruz. Artık her şey yaşamımızı çok kolaylaştırıyor. Dış dünya hayatımızı kolaylaştırdıkça kaygımızı da artırıyor. Çok fazla düşünmemizi gerektirmeyen bir telefonumuz var, çok fazla organize olmamızı istemeyen bir arabamız, evimiz var. Artık akıllı evler var. Sonra hayatımızı kolaylaştıran insanlar var. İnsan çaba gösterdikçe, mücadele ettikçe kaygısı azalır ama bizim hayatımızı tümüyle kolaylaştıran bir sistem var. Ve biz o sitemi yönetemiyoruz. Bu sefer ne oluyor? Kaygı, stres, depresyon ortaya çıkıyor, çünkü tüm bunlar insanın hiçbir şey yapmama halinden, boşluktan kaynaklanıyor. İşte bu nedenle daha çok kaygılıyız ve ciddi anlamda kaygılı bir toplum olmaya başladık. Sosyal medyadan da çok rahat görebilirsiniz.

Terör, biyolojik hastalıklar, sanat, siyaset, gündem, maddi kaynaklar, dünya... Bunlar hep dış etkenler. Medyaya bakıyorsun, medya kaygı depoluyor. Ne güven veriyor, ne şefkat ne de merhamet. Gündüz kuşağından gece kuşağına kadar tek verdiği dürtüsellik. Kaygıların azalabilmesi için belki medyadan uzak durmak gerek.

İnsanlara bakıyorum; kendileriyle ilgili kaygılanmaları gereken o kadar çok şey var ki, ama onlar başka şeylerin peşine düşmüşler. Kendilerini geliştirmekle ilgili kaygıları yok! Entelektüel zekâları ile ilgili kaygıları yok! Kaygılar hep başka yerlerde. Ben buna üzülüyorum. Eğer insanın bir kaygısı olacaksa, o da gelişim kaygısı olmalı!

A.T.: "Azı karar çoğu zarar!" derler ya, tıpkı hoşgörü gibi kaygının da bir limiti olmalı mı? Kaygının ne kadarı karar, ne kadarı zarar? Ne zaman tadı kaçar?

A.K.: Kaygının bir limitini aramamalı insan, çünkü bir şeyin sürekli nüksetmesi, kronikleşmesi eğer sizi gündelik yaşamınızdan alıkoyuyorsa ve istemediğiniz halde bu kaygıları düşünmek zorunda kalıyorsanız, uzaklaşmaya çalıştıkça sürekli içinde oluyorsanız, en az 2-3 ay sürüyorsa burada zaten bir bozukluk, limiti aşmışlık hali vardır. İşin tadının kaçması ise sizi sosyal, iş, aşk, aile, kişisel ilişkilerinizden alıkoyuyordur. Akşamları uyku problemi çekersiniz, sabahları da daha yorgun uyanırsınız. Bu zaten işin tadının kaçtığı boyuttur. Burada insanın kendisine en çok sorması gereken soru şu: "Beni kaygılandıran şeyler neler?" Sizi kaygılandıran şeylerin nedenini ortaya çıkartmak lazım. Yapmamız gereken şey aynı kaygıya, sizi sürekli zorlayan kaygıya sıkça "Neden?" sorusunu sormak. Önce kaygıyı ortaya çıkartmak, sonra "Neden?" sorusunu sormak. Her "Neden?" sorusunu sorduğunuzda emin olun insan metafizik açıdan sonsuzluğa doğru gidecek, çünkü her şeyin boş olduğunu orada görmeye başlayacak. Basit bir örnek vermek istiyorum. Bu iş olmayacak, yani hedeflediğiniz, arzuladığınız bir iş var ve kaygısı kararından daha yüksek. Sürekli beyniniz "Bu iş olmayacak," der.

Kaygı bozukluğu yaşadığınızda şu olur: "Bu iş olmayacak!" Ondan sonra beyin şunu yapar: "Bu iş olmayacaksa ne olacak sonra?", "Eğer bu iş olmazsa para elde edemem. Parayı elde edemezsem kiramı ödeyemem. Kiramı ödeyemezsem bu evde kalamam. Bu evde kalamazsam evliliğim bozulur. Evliliğim bozulursa kendimi iyi hissetmem. Kendimi iyi hissetmezsem motivasyonum düşer. Motivasyonum düşerse mutsuz olurum. Mutsuz olursam..." diye, diye, diye saliseler ve saniyeler içinde belki böyle on yıllık, yirmi yıllık büyük büyük olumsuz planlar ve zanlar yaratır.

Kaygı aynı zamanda zandır. O yüzden beynimiz düşünce kaygısını aldığında düşüncenin kendisiyle ilgilenmez, o düşüncenin fizyolojik ve psikolojik olarak yarattığı duyguyla ilgilenir.

Bu sebeple bizim yapmamız gereken, düşüncelerin yerine doğru şeyler koyabilmektir. Ve zihnimizi sıkıştırdığımız için orada alanlar yaratamıyoruz ve bu kaygılar artık işin tadını kaçırmaya, bizi kendimizden, düşüncelerimizi kendimizden uzaklaştırmaya başlıyor. O yüzden öncelik tat kaçırmadan tat verebilmektir. Bunun için de ne çok tatlı ne çok acı hale getirebilmektir.

A.T.: Kaygı bozukluğu genetik midir? Yaşamla, çevreyle, deneyimlerle mi hayat bulur? Nedenleri nelerdir?

A.K.: Birçok bilimadamı, yaklaşımcı birçok nedenin başında kaygı bozukluğunun genetik olduğunu söyler. Bu araştırmaların hâlâ devam ettiğini, yüzde yüz olmadığını biliyoruz. İki, öğrenilmiş kaygılar vardır. Daha önce de bahsettiğim gibi anne baba ya da bizi yetiştiren insanlardan öğrendiğimiz kaygılar. Onların kendi ve kişisel ya da sosyal hayatlarındaki kaygıları biz farkında olmadan bilinçdışımızda zaten alırız. Üçüncüsü ise, deneyimlerimiz yoluyla ulaştığımız kaygılardır.

Birçok olumsuz deneyim üst üste yaşadığında, insan ondan sonraki eylemi de aynı olumsuzlukta yaşayacağını hisseder. Dış dünyanın da bize getirdiği sorunlar kaygımızı artırabilir. Yaşanan travmalar, aldatılma, kazalar, iflaslar, bizi acıtan, süresi uzun devam acılar da kaygı bozukluğu yaratabilir. Toplumsal kaygılar vardır. İşte ülkenin, milletin, vatanın ekonomik-siyasal anlamda yaşadığı problemler... Bunlar da geçim kaygılarını artıran nedenlerdir.

A.T.: Ruhumuz, bedenimiz sağlıklıysa durup dururken kaygılanmayız diye düşünüyorum. Mutlaka bir nedeni, bir süreci vardır. Hangi durumlarda kaygılarımız ortaya çıkar, pekişir?

A.K.: Genelde savunma sistemlerimizin, nasıl ki bedenimizin savunma sistemi var, zihnimizin de savunma sistemi vardır. Onlar azalmaya başladığında kaygı ortaya çıkar. Bedenin savunma sistemleri nasıl beslenmemizle, vücudumuza iyi bakmamızla alakalı ise psikolojik savunma sistemleri de olumlu duygularımızın pekiştirilmesiyle alakalıdır. Örnek verirsek, eğer zihninizde sevgiye, hoşgörüye, merhamete, sabra, akli düşünceye, mantığa, diğerkâmlığa, yardımlaşmaya, iyiliğe, şükretmeye pekiştirilmiş bir şekilde yer açmazsanız bunları kullanmadığınız, bunlara inanmadığınız ya da bunları yorumlamadığınız için bunların boşluklarında kaygılar çoğalır. Çünkü, kaygı bunların tam tersi ile oluşan bir şeydir. Burada dilen bu duyguları yaşamaktan ziyade eylemen, eylem açısından bu duygularda olabilmek...

İnsanın aksiyonel olarak olumlu duyguları pekiştirmesi gerekir. Bu anlamda bir gün içinde kendinize en sık sormanız gereken soru: "Olumlu duyguları ne kadar sık kullanıyorum? Başıma gelen olaylara ne kadar sık bu olumlu duygularla reaksiyon veriyorum?" olmalıdır. Çünkü beyin sevgiyle, güzel ve olumlu duygularla beslenen bir organdır. Zihnimiz de öyle, kalbimiz de, enerjimiz, ruhumuz da öyle. Eğer biz bunları bu duygularla pekiştirmezsek, tekrarlamazsak bu duyguları yaşamadığımız her an kaygıya zaten fırsat vermiş olacağız.

A.T.: Evliliklerde, ikili ilişkilerde taraflardan birinde kaygı bozukluğu varsa ilişkinin dili, şekli nasıl bozulur?

A.K.: İnsan kaygısına cümlelerle ulaşmaya başlar. "Eve gideceğim. O suratsız kadını çekeceğim! Yine huzursuz bir akşam olacak..." Fitneye, kaygıya başladım bile.

Aşkım Kapışmak eve gelir, kapıdan içeri girer...

A.K.: "Uf bu niye burada ya?"
A.T.: "Nerede olsun?"
A.K.: "Ben mi bileceğim nerede olacağını?"
A.T.: "Aç mısın?"
A.K.: "Aç olsam söylerim hanım ya!"
A.T.: "Ne söylesek kabahat!"
A.K.: "Başladı yine! Çocuklar ne yapıyor?"
A.T.: "Haberin var mı ki çocuklardan!"
A.K.: "Bak hanım! Her akşam eve geliyor muyum?"
A.T.: "Geliyorsun."

A.K.: "İçkim var mı?"
A.T.: "Yok!"
A.K.: "Kumarım var mı?"
A.T.: "Yok!"
A.K.: "Dayağım var mı?"
A.T.: "Yok!"
A.K.: "E, ne istiyorsun? Peygamber gibi adamım! Allah aşkına bir gün de geldiğimde ortalıkta bir şeyi yanlış görmeyeyim. Sus be kadın!"

A.K.: Farkında mısın, ben zaten daha en başından bunun böyle olacağına inandım.
A.T.: Tamam seni anladım, durumu fark ettim. Bu defa sana olumlu yaklaşacağım.

A.T.: "Ah canım! Aşkım! Hoş geldin! Günün nasıl geçti bir tanem? Çocuklar yok ortada, bak masa hazırladım sana."
A.K.: "Hayırdır?"
A.T.: "Ne yapsak yaranamayacak mıyız?"
A.K.: "Bir tuhaf geldin gözüme."

(A.T.: Galiba senin önyargılarını kıramayacağım.
A.K.: Bak karşılık vermiyorum. Hâlâ "Ne oluyor acaba?" diyorum.)

A.T.: "Bugün çok güzel bir gün geçirdim. Heyecanla seni bekledim. Her şey yolunda. Çocukların veli toplantısı vardı. Okula gittim. Dersleri çok iyi, öğretmenler de çok memnun."
A.K.: "Bu niye burada?"
A.T.: "A, hemen kaldırayım. Rahat mısın?"
A.K.: "Televizyon izleyeyim mi?"

A.T.: "Maç mı var bugün?"
A.K.: "Var!"
A.T.: "Ben de sana çerezler hazırladım."
A.K.: "Haaa!!! Sen o maçı dedin!"
A.T.: "Evet!"

A.K.: İşte burada kaygı bitiyor. Bir düşünceye inanıyoruz ve onu çözmeden bırakıyoruz. İşte burada devreye kendini gerçekleştiren kehanet giriyor. Sen benim öyle olduğuma inandığın için mikro-makro beden dili kullanabiliyorsun.

Bilgi ve duygu aktarırız. Bilgi konuşarak, duygu beden dili ile aktarılır ama en çok etkili olan beden dilidir. İstediğin kadar "Bey hoş geldin!" de, altında bir merak olabilir. Ama bunu sormazsın. "Nerede kaldın?" dersin. Geçen duygu ne? "Seni önemsemiyorum!" Peki, verdiğim bilgi nedir? "Seni önemsiyorum!" Beyin bilgi değil, duygu aktarımına inanır. Biz ilişkilerde bilgi ile duygu aktarımını bir arada götüremeyiz.

A.T.: Kaygının, kaygılanmanın yaşı yok. Günümüz çocukları, gençleri de en az biz yetişkinler kadar kaygılı. Peki, onların genç yaş kaygılarında biz anne babaların nasıl bir rolü var?

A.K.: Çocuk koşar, koşar... "Dur düşeceksin" der annesi çocuğa. Çocuk o sırada algılamaz. Sanki ebeveyninin üzerinde tanrısal bir güç vardır. Ne olur yani düşerse? Çocuk düşer, annenin lafı: "Ben demedim mi düşeceksin diye!" Ego tavan! Çocuk da, "Bu her şeyi biliyor," der, anneye gıcık olur. Bununla yaşanır mı? Öfkelenir çocuk. Sonra çocuğa kaygı güdülüyorsunuz. "Bak çalışmazsan şöyle olur! Bunu yapmazsan böyle olur!" Bu defa kişi eyleme geçmeden eylemin kaygısını alır. Koşmaz ama kaygısıyla yaşar. O sebeple bırakın düşsün, çünkü kaygı öğrenilen ve insandan insana geçen bir şeydir!

A.T.: Çalışmak demişken gençlerde şiddetli bir sınav kaygısı var. Tam kendilerini buldukları, bulmaya çalıştıkları anda sınavın peşine düşüyorlar... Sen nasıl bakıyorsun bu duruma?

A.K.: Yıllardır konuşuyorum ve bu konuda çok eleştirildim. Yanlış sistem, yanlış strateji! Yapacak bir şey yok! Türkiye'de şöyle bir yanlış yapıyoruz, hangi toprağı kazsak orada bir sorun çıkıyor. "Ne yapacaksın, çekeceksin," diyoruz. Olmaz! O toprağı kazmayacaksın o zaman. Sistemi baştan yapıyorsun. O sistemden etkilenen insanların kaygılarını oluşturuyorsun. Sonra o oluşturduğun kaygılara çare aramaya başlıyorsun. Bu anlamda gelişmiyoruz. Sorunu üret, yarat, istikrarını devam ettir, çözüm koy! Sonra *secret* yapsın, yok enerji göndersin, sabah yürüsün, akşam koşsun...

A.T.: Kafası rahat bir insanla tanıştığımızda, sohbet ettiğimizde "Aman ne kaygısız adam! Ne kaygısız kadın!" deriz. Hafiften de imreniriz aslında. Sence kaygısız insan, kaygısız yaşam mümkün mü?

A.K.: Aslında o insanlar daha çok kaygılılar. Tipik davranış ve söylemleri yüzünden kaygılarını çok fazla göremiyoruz. Ben sana "Ne kadar gamsızsın, ne kadar kaygısızsın!" desem; bu "Benimle daha çok ilgilen!" demenin başka bir yoludur aslında. "Kaygısız bir yaşam mümkün mü?"ye gelince nasıl ki stressiz bir yaşam yok, kaygısız bir yaşam da yoktur! Kaygı insana dinamizm verir ve anlık gelir. Bir salona hiç kaygılanmadan girdiğini düşünebiliyor musun? Bazen insanlar işinin, ilişkisinin yürümeyeceğine inanır. Aslında bu güzel bir şey. "Hiçbir şeyin başından sonuna emin olma!" der. Ama yönetemediğimiz bir an var. Artık o bizi yönetmeye başlar, işte o kaygıdır. O anda, o noktada problem yaşamaya başlarız. Davetli ve davetsiz düşünceler vardır. Ne yazık ki aşkta, işte, hayatta düşüncelerini yönetemeyen insanlar çoğunluktadır...

A.T.: Davetli düşüncelerle davetsiz düşünceleri biraz açalım mı?

A.K.: Davetli düşünce, "Bu akşam Aynur'la sahneye çıkacağım. Karşımızda güzel bir izleyici kitlesi olacak. Onlarla sohbet edeceğiz." Bir de davet etmediğim düşünceler var, "Ya salon boşsa! Ya ben bir pot kırarsam! Ya heyecanlanırsam! Ya mikrofonda sorun çıkarsa!" Davetsiz düşüncelerimin hepsi olumsuz. Biz davetli düşüncelerden çok, davetsiz düşüncelerin peşine düşüyoruz.

A.T.: Davetli düşünceler iyi hoş ama davetsiz düşüncelerden nasıl arınacağız?

A.K.: Çok basit yöntemleri var. Bir kere beyin şöyle çalışır; diyelim ki aklımıza davet etmediğimiz bir düşünce geldi. "Beni sevmeyecek, beni aldatacak! Hayatım kötü gidecek! Başaramayacağım!" Ne yapacağız? Hemen onun yerine olumlu bir düşünce koyacağız ve davetsiz düşünceyi engellemeye başlayacağız. Unutmayın; olumsuz düşünceye anında karşılık vermeniz gerekiyor. Çünkü beyin boşluğu sevmez. "Bu benim kaygım. Bununla ilgili gerçeklik durumu yok!" diyebilmeliyiz. Ama ne yazık ki yapmıyoruz, çünkü her şeyin kötüsünü görmek üzere bir eğilimimiz, kültürel bir yapımız var.

A.T.: Tamam, iç kaygılarımızı yönetmenin bir formülü var. Peki dış etkenlerin neden olduğu kaygılar, onları nasıl yöneteceğiz?

A.K.: Önce dış etkenli kaygıları çözümlemelisiniz Kendinize şunu sormalısınız: "Dışarıdan hangi tehlikeye daha çok açığım? Hangi tehlikeye daha çok eğilimliyim?" Bazı insanlar evdeki kaygılardan hiç etkilenmezler ama akşama kadar siyasi kaygıları konuşurlar. Sanki evde her şeyi bitirdi, gelmiş bir de memleketi kurtarıyor. Çocuk aç, kadın mutsuz... Ama nerde!

A.T.: Buda'nın bir sözü var: "Kaygıyla varlık ve bolluk içinde yaşamaktansa, korku ve sıkıntıları kovup, açlık içinde ölmek daha iyidir." Varlık arttıkça kaygı da artar mı? "Azıcık aşım, kaygısız başım" sözü buradan mı çıkmış acaba?

A.K.: Bu çağın en büyük problemi. Bilgi, teknoloji çağındayız. Her şeyi biliyor, her şeyi öğreniyoruz. Bilincin bu kadar artması entelektüel anlamda iyi de, duygusal anlamda problemdir. İkisi birbirine yetişmez. Mesela bizim ülkenin entelektüellerinin çoğu duygusal güdük. Duygusal anlamda gelişmişler de, ilkel güdükler. Entelektüellere bak, kendi gettolarında oturur. Belli bir sistemin insanları, gazeteleri, kanalları...

Duygusal gelişmişler de, ilim yoksunu olduklarından yobazlaşmaya başlarlar. Oysaki ikisinin bir arada olması gerekir. Dindeki, sanattaki duruşumuz da tehlikede! Duygusuz bir ilim, ilimsiz bir duygu olur mu? Çocuk yetiştirirken, ilişki kurarken, evliliklerde başta bilgiyi konuşuruz. "Şöyle yaşayacağız... Şunları yapacağız... Bunları yapacağız..." Bir süre sonra bilgi, ev sohbeti biter. Amerika'da bir araştırma yapılmış; aile içi kaygıları çok para kazanmak, ev, araba almak hiçbir şekilde azaltmıyormuş. Ne azaltmıyormuş biliyor musunuz? Ev sohbetleri!

A.T.: Kaygı reçetemizi yazar mısın?

A.K.: 1. Kaygıdan yüzde yüz kurtulma diye bir amacımız olmayacak zaten. Ama biz yönetebileceğimiz bir kaygıyı düşünmeliyiz. Bununla ilgili size bir reçete, bir teknik önerebilirim. Şimdi sizi kaygılandıran düşünceyi bir kâğıda yazın. Soyut olan bir şeyi somutlayarak ilerleyeceğiz burada, çünkü beyin kontrol edemez, sınırlarını çizemediği için bundan rahatsız olur. O sebeple önce kaygı yaratan düşünceyi yazın. Sonra sizi kaygılandıran bu düşüncenin resmini çizmeye çalışın. Ona bir isim verin. Daha sonra zihnimizde bir çalışma, egzersiz yapacağız.

2. Bizi kaygıya ulaştıracak görüntüyü zihnimizde gözümüzün önüne getirelim. Onu iyice canlandırıp, renklendirelim, net bir şekilde içine girelim. Seyirci ve makinist boyutundan tamamen oyuncu boyutuna geçelim. İçinde iyice yaşayalım. Daha sonra bu videoyu, bu fotoğrafı donduralım, somutlaştıralım, rengini iyice silik hale getirelim. Ve bir kör nokta olana dek sanki zihnimizde uzaklara itiyormuş gibi davranalım. O görüntüyü dondurup, soluklaştırıp, renksizleştirip tek bir toplu iğne başı kadar küçültüp uzaklara gönderelim. Ve bunu en az yedi kere yapalım. Bu egzersizi yaptıktan sonra derin nefes egzersizleri yapın. Şu an hissettiğiniz ne ise onu yazın. Tabii ki bunun dışında sizi kaygılandıracak ortamlardan, insanlardan uzak durmanız gerekir.

3. Sürekli olumsuz, acı odaklı insanlarla diyaloglarınızı, ilişkilerinizi azaltmanız gerekir. Sosyal medyada, gazetede, televizyonda kaygı artıracak haberlerden uzak durmanız gerekir. Yardımlaşmanın, iyiliğin, vicdanın ve merhametin olduğu ortamlarda, eylemlerde ve paylaşımlarda olmak ve buralara gönüllü devam etmek gerekir. Çünkü güvendiğiniz ve size zarar vermeyen insanlar ailenizden, çevrenizden olanlarla paylaşımda olmanız gerekir. Beslenmenize dikkat etmeniz gerekir. Uyku burada çok önemli. Sağlıklı bir şekilde, sağlıklı bir saatte uyuyup erken kalkabilmelisiniz. Öğlene doğru uyanmak kaygıyı artırır. Sabahın erken saatlerinde uyanmalı, uyandıktan sonra güne serin bir bardak suyla başlamalısınız. Gün içinde sıcak içecek çok içiyorsanız çay ya da kahve, onların sayısını azaltmalısınız. Çünkü bu durumda vücut ısısını artırmamak gerekir.

4. Nefes egzersizleri yapmalı, içsel odaklanmanın peşinde olmalısınız. İnancınız ölçüsünde ibadet etmeli; dua etmelisiniz. İnsanların daha çok olumlu taraflarını görmeye çalışmalı; olumsuz kehanetleri, düşünceleri, akıbetleri durdurabilmelisiniz. Gerekirse çiçek ekebilmeli, hayvan yetiştirebilmeli, toprağa yakın olabilmelisiniz. Yeşili, maviyi gözlerinizle görebilmek, su sesini biraz artırabilmek, yeterli miktarda su içmek; özgün paylaşımlarda, araştırmalarda, kavram sohbetlerinde olabilmek; biraz kendinizden ve sizi sıkan düşüncelerden uzaklaşıp dünyaya dair, hayata dair bilgilere ulaşabilmek; farklı ülkelerin, iklimlerin, insanların yaşam tarzlarını, yaşam biçimlerini, psikolojilerini araştırabilmek, böyle kıyaslara girebilmek kaygılarınızı ciddi anlamda azaltacaktır.

Birlik Beraberlik

A.T.: Hep derler ya, "Bir elin nesi var, iki elin sesi var..." Ama bakıyorum da artık kimse kimsenin eline, sesine, nefesine ihtiyaç duymuyor. Her geçen gün daha çok sessizleşiyor, daha çok yalnızlaşıyor, daha çok bencilleşiyoruz. Neden ve nasıl bu hale geldik, gelmeye de devam ediyoruz?

A.K.: Sessizleşmek bazen çaresizlikten, bazen de iyileşmek, kendini bulmak, sessizce düşünüp sonra eyleme geçmek için bir süreç olabiliyor. Oysa yalnızlaşma bencillikten sonra gelir.

Toplum olarak uzun bir süredir, geçmişten bu yana hem ekonomik, hem siyasal, hem içeride hem dışarıda sosyolojik ve psikolojik olarak her anlamda kronik bir şekilde stres, sıkıntı ve korku yaşıyoruz. Tabii ki ilk zamanlar haklı olarak bunlara hep bir reaksiyon verdik. Bunlarla baş etmeye çalıştık. "Hayır!" dedik, "Değişecek, toparlayacağız!" dedik. Her insan kendi dünyasında, kendi kültüründe, geleneğinde, inancında, kendi öğrenmişliğinde, ezberinde baş etmenin farklı yöntemlerini kullandı. Ama acılar ve sıkıntılar, problemler o kadar çok üst üste geldi ki, tabii ki toplum da bir süre sonra ister istemez tepki vermekten, baş etmeye çalışmaktan yorulur hale geldi.

Yoruldukça sessizleşir insan. Önce sesini çok çıkarır, başına gelen acıları, sıkıntıları, problemleri reddeder. Sonra o acıları, sıkıntıları, problemleri içdünyasına alıp orada değerlendirme ihtiyacı duyar. Belki de o içeriye alıp, içimizde değerlendirme ihtiyacımızın olduğu dönemlerdeyiz. Bu demek değil ki kötüye gidiyoruz. İçeriden güçlenmedikçe insan dışarıdan yeşeremiyor sonuçta. Bu süreçte kırılmış bir dalımız, sararmış bir yaprağımız olabilir, ama biliyoruz ki kökü bizde. O sebeple biraz köküyle uğraşmanın zamanı geldi. Birkaç sene öncesine kadar belki kırılmış dalımızı, sararmış yaprağımızı tamir etmeye çalıştık. Ama şimdi özümüze inmenin, gerçekten iç hesaplaşma yapmanın, özde benim değil insanlığın olduğunu görmenin zamanı. O nedenle tatlıdır bu sessizlik.

Yalnızlık ve bencilleşmeye gelince, dediğim gibi yalnızlık bencilleşmenin sonucudur. Yani bencilleşmek sadece bu yaşadığımız sıkıntıların sonucu değildir. Açıkçası uzun zamandır biraz daha hedonist, biraz daha bencil yaşayan, biraz daha başına gelen her güzel şeyi kendinden sanan bir toplum olmaya başladık.

Popüler kültürün ön planda olduğu, hazların ertelenmediği, sürekli tüketildiği, değerler konusunun daha da aşağı çekildiği, önemsenmediği bir süreç yaşadı toplum. Başarılı, güzel, yakışıklı ve mutlu olmanın, farklı olmanın mottoları insanların zihnine çok garip bir şekilde yerleşti. Farkındaysanız iyilik yapmanın, yardımlaşmanın, güven duymanın aslında gericilik olduğu, her zaman böyle insanların kaybettiği, "Ne zaman iyilik yapsam sırtımdan vuruldum" gibi inançların yerleştiği bir hal de geldi topluma. E, bu defa ne oldu? İnsanlar iyilik yapmayı bırakmaya, kendileriyle daha çok ilgilenmeye, "Önce ben!" demeye başladılar. İnsanın "Önce ben!" demesi tabii ki önemlidir. Ama "Önce ben"i çoğuldaki diğer insanların arasında değerlendirerek değil, "Ben iyiysem, sağlıklıysam başkalarına faydam olur!" düşüncesiyle ilerlemek gerekir. Yoksa öbür türlü bir rekabete dönüşür. En iyi olmaya, en doğru olmaya, en mükemmel olmaya, en farklı olmaya çalışır insan. Ama insanoğlu en iyisi, en farklısı, en doğrusu olmaya çalışırken de şunu unutmasın; bir başkasıyla rekabete girerek iyi olmaya, farklı olmaya, doğru ve başarılı olmaya çalışanlar başkasını ezmeden, itmeden de öne geçemezler. İnsanlığın sıfatlarına baktığınızda iyilik de, merhamet de, vicdan da, saygı da, sevgi de... Tüm bu sıfatlarda "en" olmaya gerek yok, "Sen ol!" yeter. Bunun peşinde olmalı insan. Tabii ki önceliklerimiz değişmeye başladı.

Para, güzellik, dış görünüş, belki beğeni sayısı, sosyal medyada takipçi sayısı, çok fazla kendini anlatma çabası... Tüm bunlar arttıkça insanlar kendilerini eleştirenleri düşman gibi görmeye, kıskanıldıklarını düşünmeye başladılar. Zaten çağın getirdiği, hızın getirdiği elimizde olmayan bir şey var. Uçaklar, trenler, arabalar sayesinde uzak mesafeler yakınlaştı. Artık insanlar sevgilisini 100 kilometre öteden seçebiliyor, bulabiliyor. Okulu iki ülke ötede olabiliyor, arkadaşlıklarını kilometrelerce ötede kurabiliyor. Daha evvel mahallede yaşarken, mahallede arkadaşlıklar, dostluklar kurarken şimdi öyle bir sürecimiz yok. Bu hız tabii ki insanların çok uzak yerlere gitmesini, uzak kültürlerle tanışmasını, uzaktaki insanlarla ilişkide olmasını sağladı. Bir taraftan keşfetmek için güzel ama bir taraftan da uzağa giderken yakındaki insanları ihmal etmeye başladık. O yüzden belki genelleme yapmak doğru olmaz ama daha çok bencilleşmeye başladı insanlar.

Bencilleşmek insana, sıfatına, fıtratına uygun bir şey değil. O zaten yalnızlık getirir. Yalnızlıkla baş başa kalan insan bu sefer psikoloji, kişisel gelişim, din, tasavvuf, sufizm, Budizm, Hinduizm gibi birçok inanç, ritüel, bilim, felsefe akımlarıyla kendini bulma yolculuğuna çıktı. Kendini bulması için tabii ki bu araçlar da bir yol, bir seçenek, bir süreç katacaktır. Ama kendinden uzaklaşıp kendini bulmaya çalışmak çok tehlikeli, çünkü bunların birçoğunu deneyip tekrar mutsuz olunca, tekrar depresyona girince bu sefer kendinden kaçmaya başladı insan, çünkü derinlerde yüzleşmesi gereken gerçekler vardı. O gerçeklerden korktuğu için uzaklaşmaya çalıştı. Tabii ki acilen önlem almak gerekir.

İnsanız, toplumuz, yukarı çıktığımız kadar aşağıya da ineceğiz. Zirveye çıktığımız kadar dibe de ineceğiz. Olumlu olumsuz her duygunun uçlarını yaşayacağız, biz insanız ve bunları yaşamak için buradayız. Ama asıl yapmamız gereken şey bu uçlara giderken dengeyi de bulabilmek. Doğru olan da bizi o dengeye götürecek araçlara, nesnelere, insanlara ulaşabilmek, onları bulabilmek. Ama şunu da unutmayalım; bencilleştiğimiz yerde bizi dengeye götüreceğini zannettiğimiz insanlar, her zaman bizi uçta bırakanlar olacaktır. Bunun farkında olabilmemiz gerekir.

A.T.: Birlik beraberlik, sağduyu çağrıları yapıyoruz, sağduyu mesajları veriyoruz. Sosyal medyada paylaşım üstüne paylaşım yapıyoruz, ama bir türlü başaramıyoruz. Nerede yanlış yapıyoruz? Duygularımız neden hep mesajlarda kalıyor?

A.K.: İnsan dilini çok kullanan bir varlık ama dil hiçbir zaman düşüncenin ve duygunun gerçeğini olduğu gibi yansıtmaz. Dil bir kısaltma yöntemidir. Zihnimizde binlerce şey düşünüp bunları elekten geçirir, karşı tarafa, kitleye, kitlelere ulaştırırız. Ama hiçbir zaman yüzde yüz iletişimin kendisini kuramaz insan. Kurduğunu zanneder, çünkü insan küçük ve basit kelimelerle, cümlelerle karşı tarafın çok şey anlamasını ister, diler. Yine belki bir beklentidir bu.

Ne yazık ki son zamanlarda okumanın, araştırmanın, entelektüel zekâya yatırımın azalması, keşfin, ilimsel keşiflerin, gezmelerin, bilgi odaklı araştırmaların azalması yüzünden insanlar derinlik algısını biraz daha kaybetmeye, daha yüzeysel, daha popüler, daha mottolarla yaşamaya başladılar. O yüzden derinlerde bir yerimize temas eden bir şeyler olunca, örneğin bir terör olayında vatan itkimize; bir çocuk şiddete uğradığında merhamet, vicdan itkimize; bir hırsızlık, yalan ve dolandırıcılık olduğunda adalet itkimize dokunduğunda dış dünyadaki olaylara reaksiyonumuz anlamadan, anlaşılmadan direkt böyle yüksek reaksiyonlara, büyük büyük mesajlara dönüşmeye başladı. Tabii ki sosyal medya da burada biraz etken.

Gün içinde beş altı kez duygusal iniş çıkışlar yaşayıp on saniyelik bir paylaşımla her şeyi anlatmaya çalışma, ünlü düşünürlerden, âlimlerden, felsefecilerden, inanç kitaplarından, din kitaplarından sözler paylaşarak kendini ifade ettiğini zannetme, bunlar da tabii ki insana ciddi zararlar verir. Bu anlamda birlik beraberlik, iyilik adına verdiğimiz mesajların eyleme hiç geçmediğini düşünüyorum. Eyleme geçen var tabii ki, bunun için gönlünü adamış, samimiyet gösteren insanlar var. Ama biliyorsunuz ki bir insan ne kadar çok çığırtkanlık ve anlatma çabasında olursa o kadar az yapma çabasında olur. Bu sebeple galiba biz daha çok ortalıkta bir şeyleri anlatmaya çalışanları, bir şeyleri çok bağırarak konuşanları gördüğümüz için eylemlerini göremiyoruz. Ama bir yerlerde inanın ki olayı gerçekten anlamış, kavramış, ne yapması gerektiğini çok iyi bilen, bunun için de az konuşup, çok eylemde olan insanlar var. Ancak bazen insanların birlik beraberlik adına ne yapmaları gerektiğini bilmediklerini düşünüyorum.

Bazen insanlar kendilerini kandırır. Ne yapacaklarını bilmezler ama ne söyleyeceklerini düşünürler. Belki de bu yüzden bu söylemler çok fazladır. Keşke insan bu birlik ve beraberliğin, yardımlaşmanın, bir arada olmanın maddiyata, nesneye bağlı olmadığını kavrayabilse. Bir tebessümün, bir sırt sıvazlamanın, bir yardımın, bir hal hatır sormanın bile birlik ve beraberlik getirdiğini unutmasa. O yüzden bizim büyük adımlara, büyük yardımlara, büyük paralara ihtiyacımız yok! Bizim derinde kaybettiğimiz o selamlaşmaya, özü bulmaya, "Sen varsın, ben de varım, biz varız!" mesajını verebilmeye ihtiyacımız var.

Sağlıklı duygular propaganda edilip çok popülerleşmemeli diye düşünüyorum. Bu arada tabii ki magazinsel kültür, popüler kültür de bunun etkenlerinden biri. Bir taraftan olumsuz olaylar yaşanıyor, bir taraftan olumlu şeyler yapılması gerektiği güdüleniyor. İkisi bir aradayken insanların odakları, algıları da karışıyor.

Birlik ve beraberliği konuşup da hayatına geçiremeyen insanların asıl problemlerinin duyularla düşünüp, akılla düşünememek olduğu kanaatindeyim. Yani hisleriyle hareket ediyorlar. Ama "Birlik ve beraberliği akıl boyutunda, mantıken nasıl hayata geçirmeliyim?" sorusunu kendilerine çok sormuyorlar. "Sadece birlik olmalı, beraberlik olmalı"; burada bir zorunluluk hali getiriliyor dile. Dil bunu sevmez. Dilin sevmediği şeyleri çok konuşuyoruz. İnsan kendine, "Ben ne yapmalıyım?" sorusunu sık sormalı. Eğer biz kendimize, "Ülke ne olacak? Başıma ne gelecek? O ne olacak? Bu ne olacak?" sorularını sorduğumuzda bu sorular akıbetle ilgili olduğu için bunların cevaplarını da zaten bilemeyiz. Ama ne olursa olsun "Ben ne yapabilirim?" sorusunu sık soran insanların bu konuda daha çok yol alabileceklerine inanıyorum.

A.T.: "Acılarda buluşmak" diye bir gerçek var. Öyle ya da böyle acı insanları bir araya getiriyor. Bir araya gelmez dediğimiz insanlar gözyaşında buluşuyorlar. Gözünün yaşını silmek, sarılmak, dokunmak, temas etmek, gözün göze değmesi bile yeri geliyor birleştiriyor insanları. Ama son zamanlarda çok

fazla acımız var ve biz tüm acılarımıza rağmen bir araya gelmiyoruz, gelemiyoruz. Neden peki?

A.K.: Acını yaşamazsan, acına eş duyum sağlamazsan nasıl bir paylaşımın olacak, nasıl bir araya geleceksin? "Hak etti o kadın. Şundan dolayı oldu," dersen bitti. İğneyi önce kendine batırıyorsun. Zaten magazinsel bir toplum olup çıktık. Magazin sadece ekranda değil ki; komşuya bakıp "Kim bilir kimle çıkıyor! Parayı nereden buluyor?" demek, bu bile bir magazin konusu ama sorsan kimse magazin sevmez.

A.T.: Birlik beraberliğin olmazsa olmazı, kökü, temeli nedir?

A.K.: Bu tip duyguların, değerlerin olması için bir kere temelinde insan olmak zorundadır. Farkındaysanız "insan" diyorum. Olay Ali ya da Ayşe değil! Olay avukat ya da doktor değil! Olay anne ya da baba değil! Olay akraba değil, dost değil, öğretmen değil! Ancak kimliklerin ve isimlerin soyutlandığı ve sadece insanın olduğu bir düzende birlik ve beraberlik çağrısı yapılabilir, ortamı oluşturulabilir. Farkındaysanız ülkemizde farklı inançlar yüzünden, başörtüsü yüzünden, ırklar, dinler yüzünden hatta futbol takımları ve renkler yüzünden, cinsel yönelimler, tercihler yüzünden, maddi, ekonomik farklılıklar yüzünden birlik ve beraberlik sürecini oluşturamadık. "Galatasaraylı Ali, Müslüman Ayşe, zengin Mustafa, fakir Kadir, onun kızı, bunun oğlu..." demeye başladığımızda istediğimiz kadar birlik beraberlikten bahsedelim, ötekileştirmenin olduğu yerde bunları yaşayamayız. Ve bunlar derine inmeyen sloganlar olarak kalır.

Birlik ve beraberliğin olmazsa olmazı insandır. İnsan, insanlıktan gelir. Bizim insan tabanında, düzleminde, paydasında, payında bakabilmemiz gerekir.

Dile gelince "Yaratılanı severim, Yaradan'dan ötürü" deriz. Ama işte bunu eyleme dökebilmek önemli. Bir kere muhafazakâr dediğimiz, ki bu muhafazakârlık sadece dindara özgü bir şey değil, inanmayanın da muhafazakârlığı vardır. İnanmadığı şeyleri çok tutar. İnsanlar genelde içdünyalarındaki şablonları dış dünyalarında da görmek ister. Yani kimi içdünyasında herkes namaz kılsın ister, dış dünyada göremeyince sinirlenir. Kimi içinde herkes zengin olsun ister, dış dünyada göremeyince sinirlenir. İçinde herkes şöyle olsun, böyle olsun diye düşünür, dış dünyada göremeyince sinirlenir.

Muhafazakârlık bir şeyi aşırı savunma ve dış dünyadan da aynı şeyleri bekleme halidir. Bu da ötekileştirmeyi getirir. Muhafaza etmek başka bir şey muhafaza etmekten kâr kazanmak başka bir şeydir. Birlik beraberlik burada olmaz, burada ötekileşmenin getirdiği gruplaşmalar olmaya başlar. Dışında kendine benzemeyen hal, durum, tavır gördüğünde bundan rahatsız olur. Aslında yine egosantrik bir düşüncedir. Rahatsız olduğu şeyin kendini rahatsız edeceğinden rahatsızlık duyar. Yine kendinedir, kendiyle ilgilidir.

Hiçbir ırkı, hiçbir dini, hiçbir dili, hiçbir farklılığı birlik beraberlikte toplayamazsınız. Ama herkese insan olgusuyla, kavramıyla bakarsak o zaman insanların ne gözleri, ne renkleri, ne kaşları, ne elbiseleri, ne inançları ne de ideolojileri bize batar, bizi rahatsız eder. O sebeple birlik ve beraberliğin en tabanında olması gereken şey insandır. Bu insanı da lütfen genel geçer, klişe bir kavram gibi okuyup, dinleyip, söylemeyelim. Oturup belki dakikalarca "İnsan nedir?", "İnsan nedir?", "İnsan nedir?" diye soralım kendimize. Zaten insan tümel düşüncedir. Ali ya da Ayşe tikel düşüncedir. Yani daha aşağıdan düşünmek isimlerle ilgili, daha yukarıdan akıl boyutundan düşünmek kavramlarla ilgilidir.

Kavramlar açısından daha yukarıdan, akıl boyutunda düşünen insanlar düşündükleri kavramlardan çıkar sağlamazlar, kavramları yorumlarlar. Yani insanı, hayatı yorumlarlar. Daha aşağıdan, daha duyular dünyasından düşünmeye başladığımızda insan Ali olur, Ayşe olur, sanat aşağı inince türkü olur, inanç aşağı inince Müslümanlık, Hıristiyanlık olur. Ve kavramından uzaklaştıkça tikelleşmeye başlar. Aşağı inen her şeyin de bizimle ilişkisi vardır. Bize faydası ya da zararı vardır. Biz daha yukarıdan düşünebilirsek eğer, birlik ve beraberlik söylemlerini daha derinden yaşarız. Seslerini daha az duyar, eylemlerini daha çok görür ve yaşarız.

A.T.: Birlik beraberliği sağduyudan ayrı düşünemeyiz. Birlik beraberliğin köküne, temeline yavaş yavaş iniyoruz. Olmazsa olmazının insan olduğunu artık biliyoruz. Ama sağduyu konusu biraz karışık, çünkü sağduyunun pek çok tanımı var. En yalın, en sade, en temel haliyle sağduyu nedir?

A.K.: Belki de yaratılmış olmanın en güzel hediyelerinden biri insanın ölçüyü ve dengeyi bulabilme yetisi, sağduyulu olabilmesidir. Tabii ki olumlu duygular kadar olumsuz duygular da bizimle birlikte. Yaşamla mücadele etmek için öfkeye de, kızgınlığa da ihtiyacımız var. Ama bunlar sağduyu çerçevesinde nasıl toparlanıyor, nasıl değerlendiriliyor ona bakmak lazım.

Sağduyu bir karar mekanizması gibidir aslında. Doğru kararı, iyi kararı verebilme mekanizması. Aslında günlük dilde sağduyuya dair hepimizin bildiği ortak bir kanı var. Her şeyin dengeye yakın olanını bulabilmek, doğru kararı doğru yerde, doğru zamanda verebilmek, düşünebilmek... Sağduyuyu iyi ile kötüyü, doğru ile yanlışı ayırabilmek diye biliyoruz. Tabii burada daha felsefi açıdan yaklaşırsak, felsefe olaya gündelik alışkanlıklar, ezberlenmiş öğretiler, deneyimler sonucunda ortaya çıkan ezberler diye bakar. Ve bu anlamda sağduyu, felsefenin çok kabul ettiği bir şey olamayabilir. Çünkü felsefe, sağduyu biraz daha akılla düşünmenin gerektiğini anlatır. Akıl da gündelik yaşamdan, deneyimlerden çıkmaz. Akıl; başa geleni ya da olanı yorumlayabilme becerisidir. Sağduyulu olmak ortak kanaatte buluşabilmek, anlayabilmek, anlaşabilmek, doğru ile yanlışı, iyi ile kötüyü ayırabilmektir...

Sağduyunun birçok tarifi olabilir. Dilimizde çok olan bu kavramların çoğu zaman epistemolojisini, yani açıklamasını bilmeyebiliyoruz. Topluma sağduyu çağrısı yapanların da genelde istedikleri terörün, kargaşa ortamlarının oluşmaması. İnsanlar nerede, ne zaman tepki vereceklerini bilebilmeli. Çünkü vereceğiniz tepkiden ziyade tepkiyi ne zaman, ne şekilde, hangi ortamda vereceğiniz daha önemlidir. Bazen çok doğru tepkiler bile muhatabı yanlış zamanda, yanlış ortamda karşıladığı için ciddi problemlere yol açabilir. O anlamda belki olumsuz toplumsal olaylarda insanların bir reaksiyon vermeden önce yardım çantalarında sağduyuyu biraz tutmaları gerekir.

İnsanlar tepki vermekte özgürdür. Ama vereceğiniz tepkilerin şiddeti, ayarı, içeriği, niceliği, niteliği, hangi ortamda, kimlerin yanında olacağı, veriliş tarzı çok önemlidir. Çok doğru ve iyi niyetle vereceğiniz bir tepki bile bazen bir kelime, bir harf, bir noktalama işareti, bir ses tonu, bir mimik yüzünden bazen de hiç olmaması gereken insanların yanında verildiğinden tamamen yanlış anlaşılabilir. Biz bu duruma daha çok rastlarız. Belki de bu yüzden akıl boyutunda şunu düşünebilmeliyiz; hayatta başımıza gelen hem bireysel hem toplumsal olaylara tepki vermek zorundayız.

Tepkisizlik bir uyuşmuşluk hali ama tepki verebilmemiz için olayın doğru algılanmış olması gerekir. Doğru algılanması için de zihin süzgecinden geçmiş olması gerekir. Geçmiş deneyimlerle kıyaslanmış olması gerekir. Gerçekten ne yapılmak istenmiş, onun anlaşılması gerekir. "Benimle bu durumun ilişkisi nasıl, ne kadar? Peki, benim vereceğim tepki ne olmalı? Bu tepki benim bilgilerimden çıkan bir tepki mi? Yoksa duygularımdan çıkan bir tepki mi?" diye düşünmeli. Nerede, ne zaman, ne şekilde karşı tarafa ya da karşı topluluğa ulaştırılmalı diye değerlendirilmeli. O yüzden bir harf, bir kelime, bir cümle bireyi ya da toplumu çok mutlu edebilirken, çok iyi bir niyetle yanlış dışavurulmuş, verilmiş bir tepki de her şeyi mahvedebilir.

A.T.: Hangi durumlarda sağduyumuz zayıflar, azalır, eksik kalır?

A.K.: Bildiğim kadarıyla bazı psikolojik problemlerde, klinik vakalarda sağduyu gelişmemiş olabiliyor. Belli başlı hastalıklarda, hatta insan depresyona girdiğinde bile bunu kaybedebiliyor. Ergenlik döneminde sağduyu zayıflayabiliyor.

A.T.: Sağduyusu olmayan insanlar zamanla neye dönüşürler, nasıl biri haline gelirler?

A.K.: Sağduyu dediğimiz gibi iyi ve kötüyü, doğru ile yanlışı ayırabilen bir yeti. Eğer buna çok başvurmazsak, bunu çok kullanmazsak böyle insanlarda haklılık algısı çok yüksek olur, kendilerini hep haklı görürler. Empati becerileri çok gelişmez. Kendilerini haklı gördükleri için egolarında yükselmeler, kırılmalar olabilir. Açıksözlülükle patavatsızlığı karıştırıp patavatsızca davranabilirler. Başkalarının yanında başkalarını kırabilir, rencide edebilirler. Empati gelişmediği için mimik okuyamazlar. Mimik okuyamadıkları için öğrenme olmaz. Öğrenme olmadığı için hep kendi odaklıdırlar. Kendi dünyaları, kendi gerçekleri ve inançları önemlidir. Buna ters düşen her şeye karşı savaşmayı tercih ederler. Bu yolu doğru bilirler. Kırarlar ama kırdıklarını çok algılamazlar, çünkü onlara kırıcı gelen her şey karşı tarafın zayıflığı, kıskançlığı ve acizliğidir.

Tabii başka problemler de doğurursa, bu kronik bir sağduyu problemi olursa kişide psikolojik problemler de olabilir.

Bireysel olmak yerine, birey olmanın kalitesi yerine zamanla yalnızlaşmaya başlarlar. Bu yalnızlık onları bencilleştirir. Bencilleştikçe kendilerinden uzak yaşadıkları için, kendileriyle yüzleşemedikleri için insanlar güvensiz ve kötü olur, dünya onlar için yaşanması zor bir yer halini alır. Bu da kişiyi arabesk, öfkeli ve tepkili söylemlere kadar götürebilir. Ve bu onların seçimleri olmaz. Aileyle, nasıl yetiştirildiğiyle, kültürle, neler öğrendiğiyle ilgilidir, çünkü kanıksanmış bir sağduyu açıklaması vardır.

Sağduyu gündelik yaşantımızdan çıkarttığımız gerçeklerdir, hislerimizle çıkarttığımız gerçeklerdir. O yüzden de yanlış bir ortamda büyüyen, gelişen bireyler bu ezberlenmiş tepkileri, refleksleri, reaksiyonları gerçek zannederler. Dış dünyada bu gerçeği göremediklerinde de bu sefer karşı tarafı suçlamaya başlarlar.

A.T.: Biz anne babalar sağduyulu, doğru ile yanlışı, iyi ile kötüyü ayırabilen, birlik beraberliği gönülden bilen çocuklar yetiştirmek isteriz. Bu isteğimizin gerçek olması için işe nereden başlamalıyız?

A.K.: Bir kere çocuklar lafla büyütülmez, davranışla büyütülür. Buradan başlayabiliriz. Bu nedenle çocuğa sağduyulu olması gerektiği öğretilmemeli, çocuğun yanında sağduyulu davranılmalı, çünkü çocuk modeller. Burada annenin, babanın başlarına gelen olaylarda, kendi işyerlerindeki tartışmalarda, hem birlikte verecekleri hem de tekil verecekleri kararlarda nasıl davrandıkları önemlidir.

Çocuk iyi bir izleyicidir. Ama sağduyulu olamayan, bunu çok başaramayan anne ve babanın sözel anlamda çocuktan bunu beklemesinin hiçbir faydası yoktur, çünkü çocuk anne ve babanın dilinden "Oğlum, kızım biraz daha sağduyulu ol, saygılı ol! Bak doğru karar verebilmelisin. Burada verdiğin karar yanlış galiba" cümlelerini duyduktan sonra ebeveynlerinin bunu yapıp yapmadıklarını gözlemler. Eğer söylenenlerle yapılanlar arasında bir tutarsızlık varsa çocuk bunu kabul etmez. İşte bu sebeple çocuk davranışla büyür.

Her evin içinde problemler, alınması gereken kararlar vardır. Ebeveynler çocuklarına örnek olmak istiyorlarsa, bir karar alınırken her iki tarafın da eninde sonunda ortak bir noktada buluştuğu saygılı tartışma ortamlarının oluşturulması gerekir. Ama genelde anne babalar sonuç göstermeyi daha çok kullanırlar. "Şuna karar verdik. Bunu alacağız. Buraya gideceğiz" gibi ya da tartışma ortamları daha fazla olur ki çocuklar burada sağduyulu olmayı öğrenmezler. Tekrar söylemek gerekirse çocuklar sözle, lafla değil davranışla büyür.

A.T.: Sağ beyin, sol beyin, ön beyin... Dünyada bu anlamda çok büyük araştırmalar yapılıyor. Bir yerde ön beyin ile sağduyunun ilişkisi olduğunu okumuştum. Ön beyin ile sağduyunun nasıl bir ilişkisi var?

A.K.: Evet, ülkemizde değil ama dünyada bu anlamda çok büyük araştırmalar yapılıyor. Ön beynin, frontal lobun karar merkezi olduğuna inanılıyor, çünkü insanlar hem duygusal hem mantıksal açıdan her şeyi değerlendirirler. Ama ön beyin yer, zaman, mekân ilişkisi kurar. Neyi, ne zaman, nerede konuşmanız gerektiği, hangi tepkiyi ne zaman, nerede vermeniz gerektiğini ayarlar.

A.T.: Yeni dünya düzeni, teknoloji, medya, magazin bizi, ailemizi, birlik beraberlik duygumuzu nasıl etkiledi?

A.K.: Artık her evin bir misafiri var. O da üyesi olduğu internet. Görünmüyor ama orada, bağlı. Daha fazla para verip hızlandırıyorsunuz. Ve onu bir insan gibi görmeye başlıyorsunuz. "İnternetimiz gitti!" Babası gitse bu kadar üzülmeyecek. "Zayıfladı sanki internet! Az çekiyor!" der ama evdeki hasta annesinin, babasının, çocuğunun sorumluluğu umurunda değildir! Komşudan internete girmeye çalışmalar. Artık onunla bir arkadaşlık kuruyor ve bu arkadaşlığı bırakmak istemiyorsunuz. Amerika'da bu hastalığın adı "sosyal medyada beğenilmeme obsesyonu". Gençlerin çoğu bu konuda tedavi görüyor.

"*Like* panik atağı" diye bir şey var. Sosyal medyada bir şey paylaşıyorlar ya, paylaştıktan sonra büyük bir beklentiye giriyorlar. "Kaç beğeni alacağım?" İlk 5 dakika beğeni gelmeyince güm depresyona girip çöküyorlar. "Niye beğenmiyorlar? Oradan olmadı buradan mı çeksem acaba?" 2 *like* geldi. "Ulan iyi o zaman. Buradan devam edeyim."

İlkel beyinle replik beyin arasında ödül ceza bölgesi vardır. Her beğeni aldığınızda oraya sinyal gider ve kendinizi daha iyi hissedersiniz.

Ödül nedir? "Sen benim dostumsun, seni çok seviyorum." Bu cümleyle beyninin ödül bölümüne mesaj göndermiş oldum. Şimdi kendini daha iyi hissediyorsun.

A.T.: Sosyal medyaya harcadığımız zamanı eşimize, dostumuza, komşumuza harcamıyoruz.

A.K.: Birliği ve beraberliği başlatan şey istişaredir, sohbettir. Çok güzel bir söz var: "İstişare yoksa, istihare yoktur." Yani "Sohbet yoksa hayal kuramazsın!" der. Ben seninle sohbet ettiğim için seninle ilgili bir hayal kurabiliyorum.

Birlik ve beraberlik iletişim kanallarıyla başlar. Ya köprü kuracaksınız ya da duvar öreceksiniz. Herkes evde, işyerinde, sokakta bir baksın. Kendine, "Ben yanımdakine köprü mü kuruyorum, duvar mı örüyorum?" diye bir sorsun. Lafa gelince herkes köprü kuruyor. Kadına, "İletişime açık mısınız? Açık ofis kullanıyor musunuz? İnsanlar kapınızı çalıyorlar mı?" diye soruyorum. Kadın bana şunu söylüyor: "İsteyen istediği zaman gelir." Peki, bu suratı kim görüp gelir! İletişime açığım diyor ama tebessüm yok.

Köprü beden diliyle başlar. Göz kenarlarıyla ağız kenarlarının kırışıklıkları yukarı doğru olanlar sekiz buçuk sene fazladan yaşarlarmış, ama aşağı doğru olanlar o kadar değil. Mutlu insanlar, eğer botoksları yoksa, samimi güldüklerinde göz ve ağız kenarları yukarı doğru kırışır. Bu sebeple bütün estetikler yukarı doğru yapılır.

A.T.: Mutlu olmak için de yükselmek mi gerekli?

A.K.: Kesinlikle, mesela mutsuz olduğunuzda direkt kahır psikolojisine girip kapanırsınız. Üzüldüğümüzde ister istemez kapanmaz mıyız, başımızı öne eğmez miyiz? Bir insan başını sol tarafa eğiyorsa geçmişle ilgili üzüntüsü, sağa eğiyorsa gelecekle ilgili kaygısı, üzüntüsü vardır. Bu sebeple iyi bir şey yaptığını hissettiğinde yükseliyorsun, dik oturuyorsun.

Ruhunuzu yakalayabilmek için tebessüm edip dik durun. Sevgi ve güven duygusu bir araya gelince ümit duygusu ortaya çıkar. Diyelim ki sen benim eşimsin, seni seviyorum, aynı zamanda da sana güveniyorum. İkisi bir araya gelince ümit doğar. Ümit heyecanlandırır. Plan proje yaptırır. Seninle gezmek hedef belirlemek ister. Ama Türkiye'de birçok evde sevgi var, ama güven yok. Körü körüne sevmek oradan geliyor işte.

A.T.: "Sohbetlerimizde beş yıl sonraki Türkiye'den çok korkuyorum..." diyorsun. Ne olacak beş yıl sonra? Korkmamak için ne yapmalıyız? Neleri değiştirmeliyiz?

A.K.: Bir kere kolektif düşünmüyoruz. Yani genele bakmıyoruz. Kendi akıbetimizi düşünmekte çok iyiyiz. Ama kolektif olarak bakmakta sınıfta kalıyoruz. Ortada oturduğu yerden dünyayı kurtaran bir toplum var. Herkes "Oraya beni yerleştirsen şunu yaparım" kafasında. Çok dürtüsel. Reaksiyonlar çok hızlı, çok yoğun. Çabuk kızıyor, çabuk öfkeleniyor, çabuk kırılıyor, çabuk üzülüyoruz. Boşanma oranları da ciddi oranda arttı.

A.T.: Güvensizlik içindeyiz.

A.K.: Beynimizin tek iyileşme yöntemi ilaç değil, olmamalı da! Eğer başarabilirseniz aile içinde değerler sohbeti yapmalısınız. Eskiden eğitim sisteminde medrese sistemi varmış. Bayılıyorum o sisteme. Aşk, sanat, tarih, aile... Çocuklar gece otururlarmış masanın başına, kavramı derinleştire derinleştire konuşurlarmış. Bizde öyle bir sistem yok! Bir kavrama her açıdan bakamıyoruz.

A.T.: Bir kavrama her açıdan bakmak için o kavramı bilmek lazım. Biz daha kavramları bilmiyoruz!

A.K.: Üniversiteye seminere gidiyorum. Bazı hocalar oluyor. Hoca tarihi anlatıyor, çocuğun sorduğu soru "Kaç karısı varmış?" Şimdi bu çocuk magazinsel düşünüyor. Hâlâ Mevlânâ ile Şems arasında bir şey var mı diyen bir nesil var. Bu ne demek? Sen mesajı alamamışsın demektir. Niye mesajı alamıyorsun? O mesajı veren büyükler, ağabeyler, anneler, babalar... O mesajlar o kadar ağır geliyor ki sana, onu yapmamak için bir pislik arıyorsun. O nedenle değerlerin içine girmek lazım.

Evlerde kavram sohbetleri yapmalıyız. Kimi karşı çıkacak, kimi tarih penceresinden bakacak, kimi aile geçmişinden... "Eğer evlerde, işyerlerinde, sokaklarda derin sohbetler edemezsiniz, üretilmiş sohbetleriniz olacak!" diyor.

"Üretilmiş sohbet, üretilmiş acıyı getirir. Derin sohbet de, derin acıyı getirir," der. En büyük acımız ne olabilir? Ölüm, kayıplarımız, hastalıklar.

Üretilmiş acı deyince ne geliyor aklınıza? Kaygı, aşk acısı, kendi yarattığımız acılar. Derin acılardan kaçan insanlar üretilmiş acılara bağımlı olurlarmış. Gününü, ömrünü "Beni neden aramadı? Bu benden neden daha başarılı? Onda var, neden bende yok?" bunlar hep üretilmiş acılardır. Derin acıda ise şöyle bir şey var; en büyük amaç ölümden sonra gelişmek, olgunlaşmak. Bir insanın gerçekten olgunlaşabilmesi ve dönüşebilmesi için çok bedel ödemesi gerekir. O bedeli de herkes ödemez. 8 saat derin sohbet edebildiğin bazı arkadaşların vardır. Oturduğun yer artık sana batmaya başlar ama derin sohbet ettiğin için acı hissetmezsin. Eve gider huzurla uyursun. Yüzeysel, üretilmiş sohbetler yaptığın arkadaşlarınla Starbucks'a, Gloria Jeans'e gidersin. Konuşursun, konuşursun, 20 kişiyle konuşur eve gelirsin, başın ağrır, strese girersin. Kendini işe yaramamış hissedersin. Derinleşmemiz lazım.

Tarihten bir bölümü, sanattan bir akımı alın, onu içselleştirin, araştırın. Kendinize yapacağınız en büyük fayda budur! Ne stresiniz ne de anksiyeteniz. En büyük yanlış başkalarını eleştirirken kendinizi bu eleştirinin dışında tutmaktır. Kendinizi dışında tutmak demek; bu mahallenin, bu ülkenin, bu dünyanın, Hatay'ın, Antakya'nın bir parçası olmadığınızı kabul etmeniz demektir.

Çok güzel bir şey var, felsefe araştıranlar bilir "passiyon" ile "aksiyon" diye iki kelime var. "Passiyon", daha çok Platon'un da anlattığı gibi insanlar edilgen yaşarlar. "Canım sıkıldı, ruhum daraldı, içimde bir sıkıntı var..." Burada şöyle bir tehlike yatar, sürekli etkileniyoruz. Etkilenmenin adını felsefe pasyonel koymuş. Sürekli pasyonel bir insan düşünün, mahalle, toplum, ülke düşünün. Bu insanlar sürekli "O beni üzdü... Şu beni üzdü..." derler. Soracaksın der o insana, "Bu kadar pasyonel yaşıyorsun, ne zaman aksiyonel olacaksın?" Yani başarılı ve mutlu olmak istiyorsan aksiyon alman gerekir. Bizde pasyonel olma hali arttığı için kahır da artar. O nedenle edilgin olurken etkin de olabilmek gerek! Herkes etkin olabilir mi? İstese, arzu etse evet, herkes etkin olabilir.

Duyular dünyasında insanlar ne yapıyor? Yemek yiyorlar, uyuyorlar... Hazlar var, en iyi adam, en güzel kadın... Yukarıda da akıl var. Akla ulaşmaya çalışıyoruz. Peki, akıl nerede?

İzleyici:
"Her yerde."
"Önemli olan doğru çalışması."

A.K.: "Ruh nerede?"

İzleyici:
"Bedende."

A.K.: Çok haklısınız, çünkü böyle öğrendik, böyle kodlandık. Bu sorular bana ilk sorulduğunda ben de böyle cevaplar vermiştim. Sonra kafama bir tokmak geldi. Ondan sonra birçok anlamda hayatım değişti. İnsan bedeni bir madde mi? Sınırlarımız var mı? Var.

Sınırlı bir alanın içinde olan her şey maddedir. Eğer aklın ve ruhun bedenin içinde olduğunu kabul ederseniz, onlara madde demiş olursunuz. Akıl ve ruh madde mi? Değil! Parçalanabiliyor mu? Bölünebiliyor mu? Aklı ve ruhu yanlış öğretmişler hepimize, çünkü daha başka yerlerde. Peki neredeler? Çok acı çektiğinizde, aşağı çekilirsiniz. Para harcamak nereye doğru? Aşağıya doğru. Bize hep ne derler: "Ayağın yere bassın!"

Duyular dünyasında çarpıp çarpıp duruyoruz birbirimize. "Seninki daha iyi! Benimki daha iyi!" Her şeyin boş geldiği bir an olur ya, o boşluğun getirdiği mutluluk vardır. Sadece hayal gücüyle çıkabilirsiniz akıl mertebesine. Diyeceksiniz ki: "Her hayalime ulaşabilir miyim?" Hayır! Der ki: "Bazen ulaşmazsın ama andan, o anın verdiği acıdan kurtarır ki seni!"

Aristolar, Platonlar hep akıl mertebesindeler değil mi? Bizim âlimlerimize, peygamberlerimize bakın, hepsi düşte. İkisini bir araya getirebilmek kadar güzel bir şey var mı? Duyular dünyasına kimse "kötü" diyemez. Ama hayal gücüyle akla ulaşabilmek lazım! O yüzden akıl ve ruh beynin, bedenin çok yukarısında. İlham perisi de oradan gelir. "Aksiyon almam gerekiyor," der. Senin evliliğine bakıp, "Bende neden yok?" diye passiyon yaşar. Senin başarını, kocanı, diplomanı görüp çıldırır; duyular dünyasından passiyona geçer.

Kıskançlık, öfke, nefret bu kadar çoksa nasıl aksiyona geçebilirsin? Hayal gücüyle ruha çıktın, yalanla yükseldin ve tekrar dibe vurdun. Paraya, kariyere, hiçbir şeye ihtiyaç yok! Size yakışan bin tane koltuk daha var. Ona oturacaksın, arkana yaslanacak, hayal edecek ve andan kurtulacaksın. Sen öyle bir arkadaş, öyle yönetici ol ki; herkes senin birliğine beraberliğine ortak olsun.

Maddenin olduğu yerde herkes payına düşeni alıp kaçar. Aklı alamazsınız. Akıl tahrik eder. Bedeninizle tahrik edeceğine aklınızla, ruhunuzla tahrik edin. Duam şudur: "Allah bu ülkeye akıl mertebesinde gerçek insanlar, aileler, anneler, babalar, uzmanlar versin!" Yoksa ne olur? Emekli olunca toprağınız olsun istersiniz. Domates ekmek istersiniz. Bir insanın 50 sene çalışıp, 10 sene iyi yaşamak istemesi tuhaf geliyor bana. Aklınızı, ruh sağlığınızı koruyun. Hepinizde müthiş bir potansiyel var. Yaradan "Okuyun!" demiş. Kavramın içine gire gire, ötekileştirmeden okuyun. İçselleşin, pozitif düşünün, hayal kurun.

A.T.: Birlik beraberlik duygusu hem kişisel hem de toplumsal sınavlardan geçiyor. Özellikle son zamanlarda birliğe beraberliğe, tek beden, tek kalp olmaya çok ihtiyacımız var. Doğduğumuz, büyüdüğümüz topraklar aynı. Aynı coğrafyanın çocuklarıyız. Nasıl birleşeceğiz, nasıl barışacağız?

A.K.: İnsanlar da, toplumlar da, dinamik ve canlı olan her şey bir sınavdan geçer. Yani az ya da çok engellerle karşılaşırlar. Sınavların asıl nedeni de doğruyu bulmaktır. Akıl boyutunda düşünebilmek, oradan yürüyebilmek, oradan görebilmektir. Tabii ki bunun bir yolu var. Yüzyıllardır toprak için, bayrak için, din için, namus için, insan için ne çok savaşlar yapıldı, ne çok canlar alındı, ne çok kaleler yıkıldı.

Son zamanlarda bu ülkede sosyolojik ve siyasi açıdan baktığınızda inançlı-inançsız, laik-dindar, avam-modern, zengin-fakir o kadar çok ayrımlara gittik ki gerçekten sınanması gereken bir toplum haline geldik. Kendi gettolarımızı oluşturduk, kendi alanlarımızı daraltıp o alanlarda daha az insanla daha çok şey yaşamaya çalıştık. Gazetelerimiz, televizyonlarımız, mekânlarımız ayrıldı. Artık "Şu mekânda şunlar takılır, bu mekânda bunlar takılır," demeye başladık. İnsanlar alışveriş yaptıkları mağazalara sıfatlar takmaya başladı. Bir marketten ürün alırken bile "Aman para onlara gitmesin," der oldular. Bu anksiyetelerle, korkularla, öfkeyle, nefretle yaşayan bir toplum haline dönüştük. Tabii ki sınavdan geçeceğiz. Yani biz insanız. Bu duruma bizim farklılığımız, zenginliğimiz olarak bakmak zorundayız. Bizi yaratan bize bu farklılıkları vermiş.

Birbirimizden farklı olsak da insan olmanın, bir olmanın, mutlu olmanın, iyi olmanın bir yolunu bulmamızı istemiş. Ama biz bu farklılıkları alıp bir olacağımıza, dik olacağımıza tamamen hadsizleşip ötekileşmeye, "En iyisi benim! En doğrusu benim! En cennetlik olan benim! En mükemmel olan benim!" demeye başladık. O sebeple bu kadar egoyu, bu kadar narsisizmi, bu kadar bencilliği kaldıramıyor dünya. Kaldıramadığı için de başımıza doğal afetler gibi sosyolojik ve psikolojik afetler geliyor.

A.T.: Birlik beraberlik reçetemizi yazar mısın?

A.K.: Birlik beraberliğin tek kalemlik reçetesi ya da tek bir anahtarı olmaz, olamaz. Birlik beraberliğin reçetesi uzun, anahtarı da fazladır. Bir kere affedebilmeliyiz, özeleştiri yapabilmeliyiz, savunduğumuz şeyleri akıl süzgecinden geçirebilmeliyiz. İnandığımız, bizi güçlü kılan ya da başkalarının karşısında bizi yücelten şeylerin insanları ezebileceğimiz şeyler değil, bizi geliştirebilecek şeyler olduğunu düşünebilmeliyiz.

İnanç, din, psikoloji, felsefe, kişisel gelişim, sosyal değerler, kültür... Tüm bunlarla ilgili öğrendiğimiz her şeyin bizi zenginleştirmesi, hayatta daha başarılı, daha iyi bir insan, daha çok paylaşımda olan biri haline getirmesi gerekir. Yani bir yarış ortamındaymışız gibi en iyisi olmak hali, tavrı içinde olmamalıyız. Bu insanın özüyle alakalı bir durumdur. Bu nedenle anahtar insanın içinde, içimizde. Acilen birliğin beraberliğin, aidiyet duygusunun, ailelerin, etkin diyalog ortamlarının, düşünce atölyelerinin, akıl sohbetlerinin, diğerkâmlığın, bilgi paylaşımının, yardımlaşmanın, ortak paylaşımların artması gerekiyor.

Farkındaysanız son zamanlarda ülkenin yaşadığı acı olaylardan, terör olaylarından dolayı tek bayrak altında, tek toprak üzerinde bir olmaya başladık. Artık "Zengini fakiri, x'i, y'si" demeden herkes aynı şey için bir araya toplanmaya başladı. Farklılıklar olmadan, farklı gruplar çatışmadan, ötekileştirmeden insan tabanında toplanmaya başladık. Bizim acilen herkesi, her kesimi bir araya getirecek organizasyonlara, eğitimlere, seminerlere, konserlere, etkinliklere ihtiyacımız var. Kanaat önderlerinin, aile liderlerinin herkese açık iletişimde olması gerekiyor. Daha kucaklayan, daha toparlayan diyaloglarda olmak zorundayız. Tabii ki korku ve kaygımız yüksek. Ama daha sağduyulu, daha birleştirici, daha kaygı azaltıcı, daha sakinleştirici cümlelere, diyaloglara ihtiyacımız var. Daha çok selamlaşmalı, daha çok tebessüm etmeli, daha çok hal hatır sormalı, daha çok uzağımızdakinden haberdar olmalıyız.

Ön kabullerimizle, katı inançlarımızla sorunları çözemeyeceğimizi anlamak zorundayız. Toplum da insan da esneyebilmeli. Katı olan her şey kırılır. Esnek olan her şey her yere uyum sağlar. Bu uyum sağlamayı da her şeyi kabullenmek olarak sakın algılamayalım. Uyum sağlama ve esneklik her şeyi anlayabilmemiz için bir yoldur.